ミネルヴァ・アーカイブズ

新宮凉庭傳

山本四郎著

＊

ミネルヴァ書房

新宮涼庭肖像（巨勢小石筆）

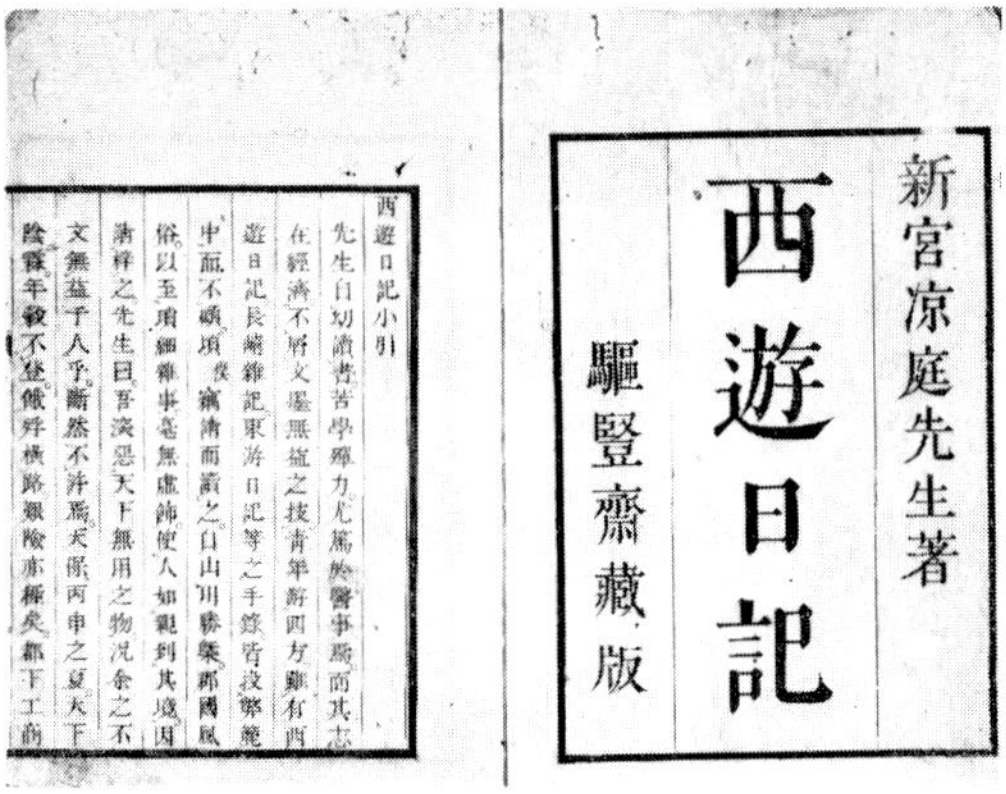

『西遊日記』扉および小引

『鬼国先生言行録』扉

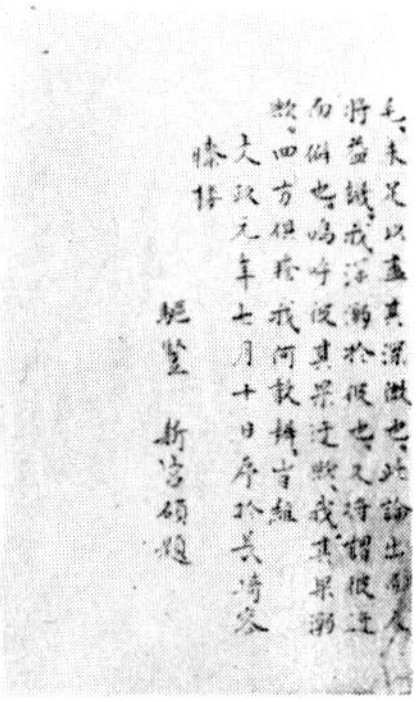

『血論』（凉庭自筆）表紙と序文末尾「文政元年七月十日云々」の部分（西舞鶴図書館蔵）

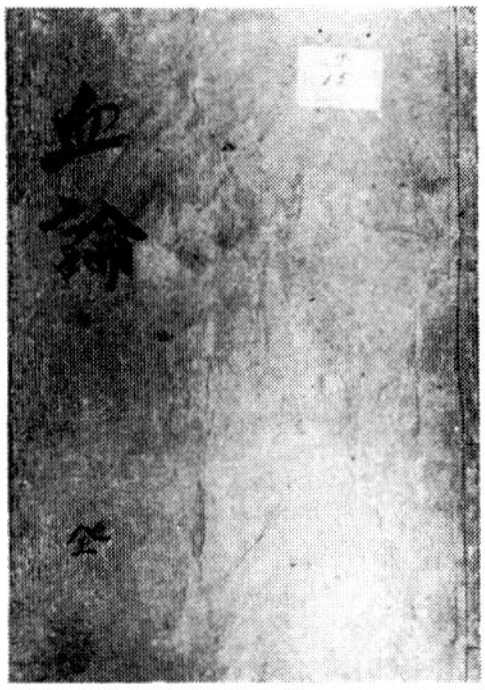

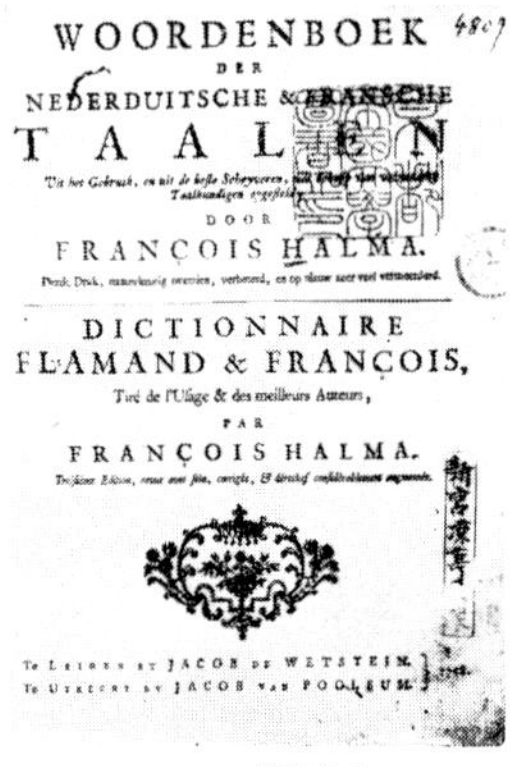

ハルマ蘭仏辞典

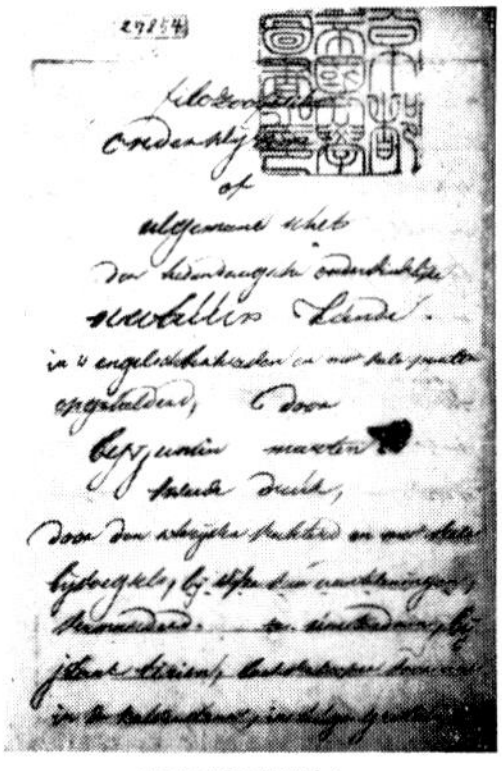

凉庭(?)筆写本

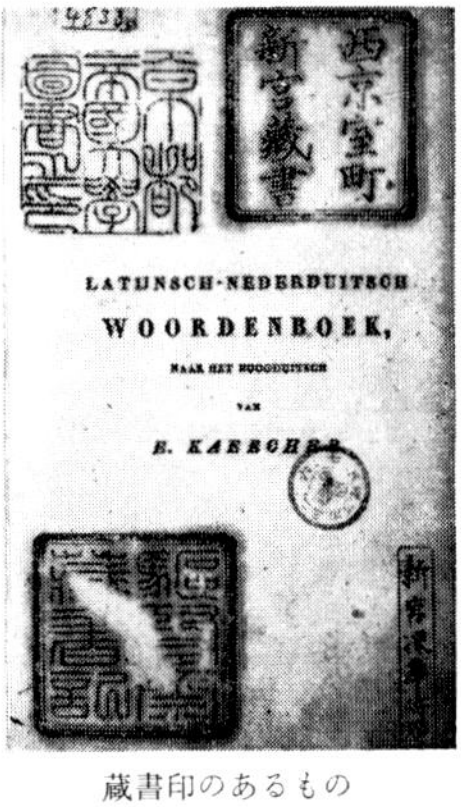

蔵書印のあるもの

新宮家旧蔵書（京都大学図書館蔵）

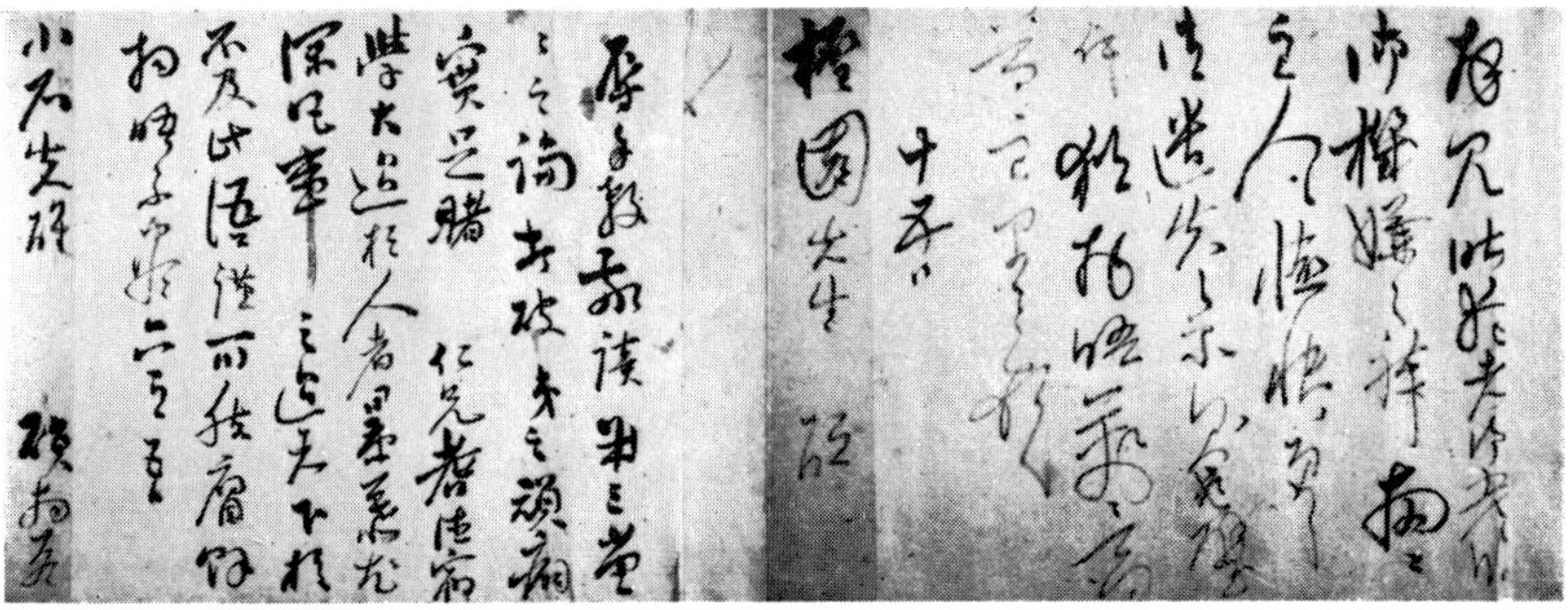

涼 庭 書 翰（小石元瑞宛）　　（小石秀夫氏蔵）

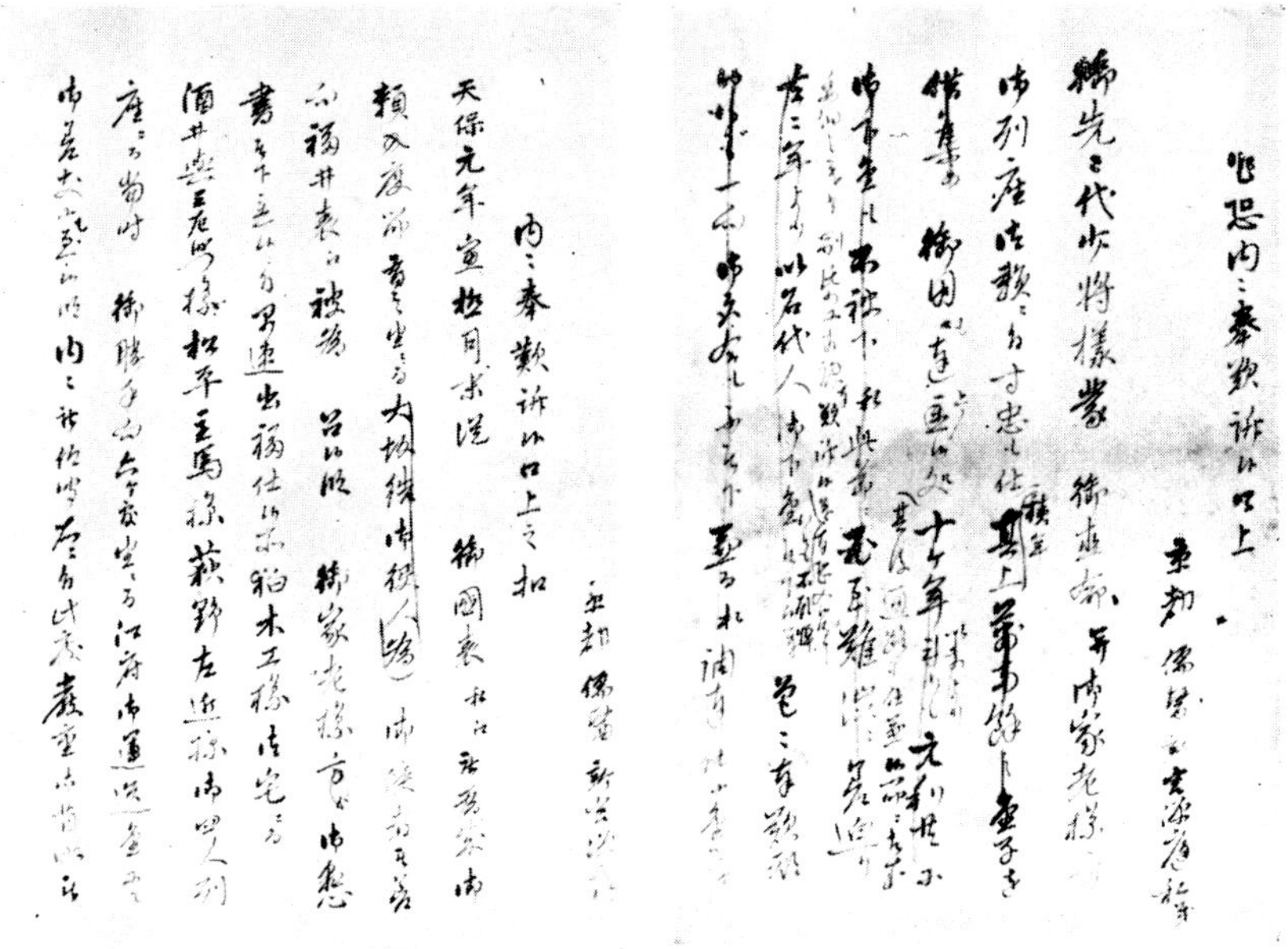

涼庭上書自筆草稿（越前藩関係）

（西舞鶴図書館蔵）

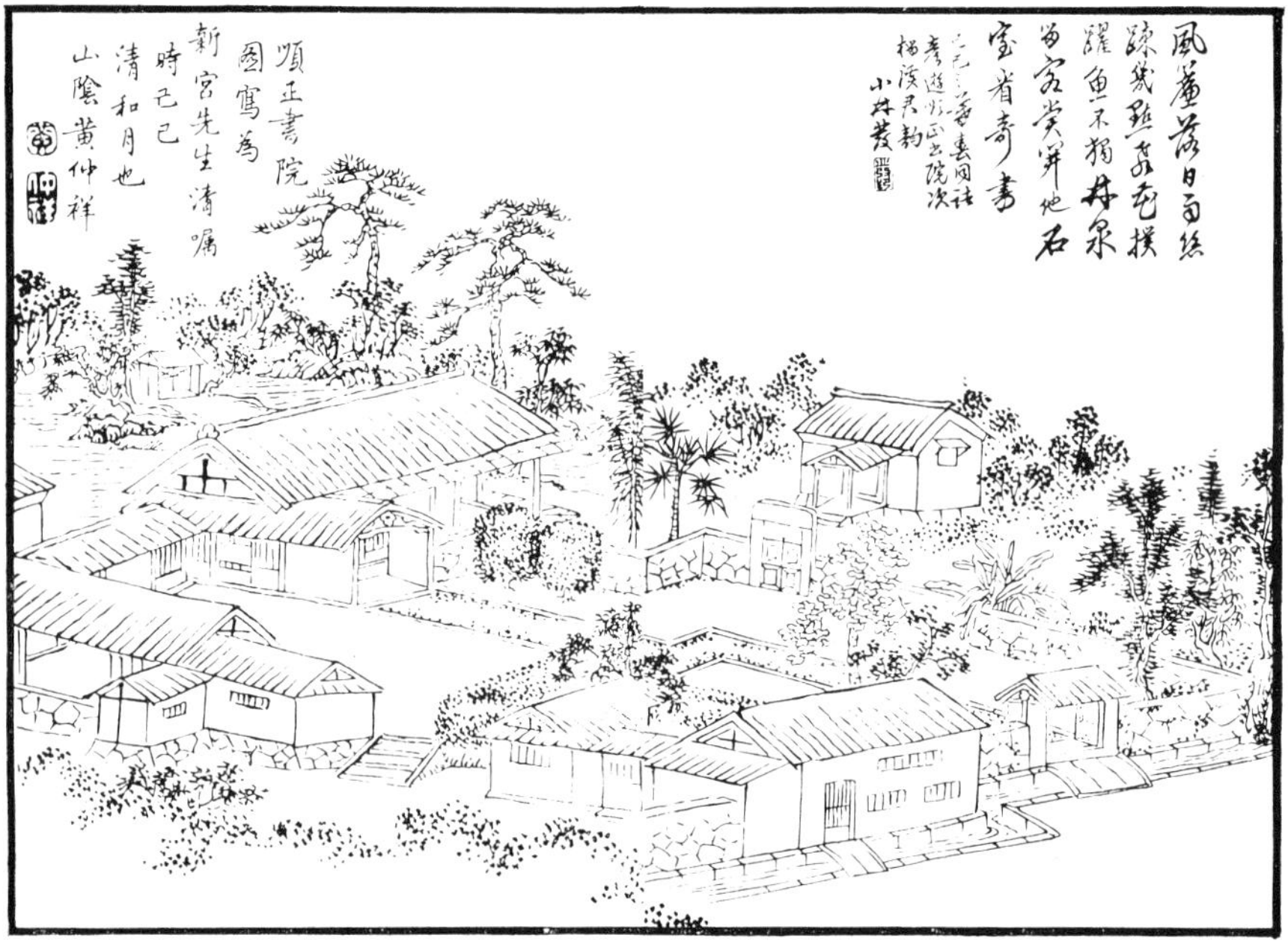

順正書院の図（『順正書院記』所収）

松平春嶽書（同　上）

間部詮勝書（同　上）

順正書院内部
（旧薬草園より本建築と池をのぞむ）

（順正提供）

（上）　順正書院玄関
（下）　講書の部屋

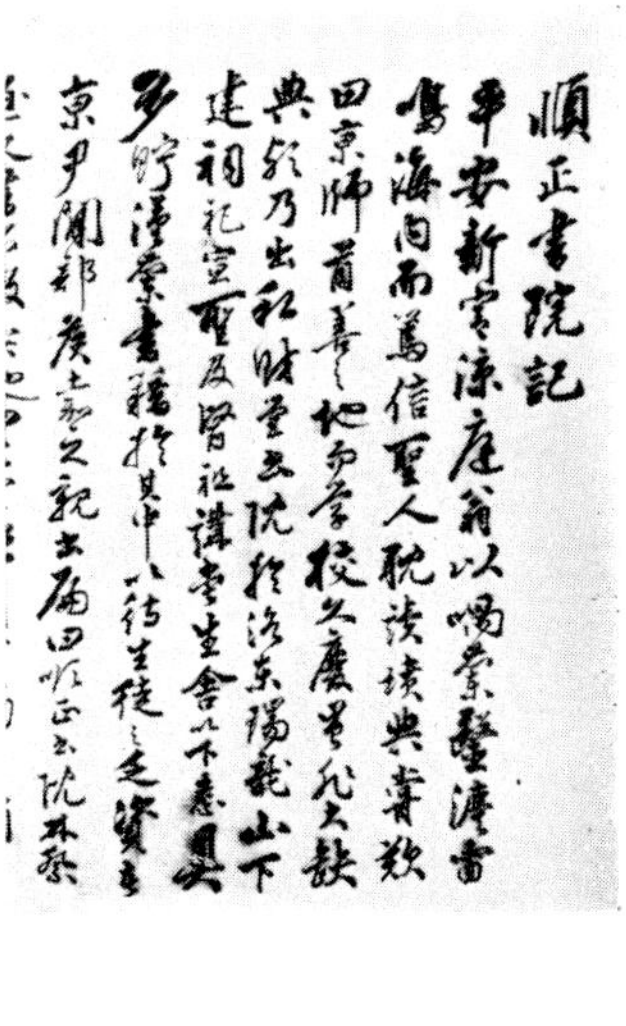

順正書院記

『順正書院記』斎藤謙・拙堂書
表記（右）と文初（左）
（京都大学図書館蔵）

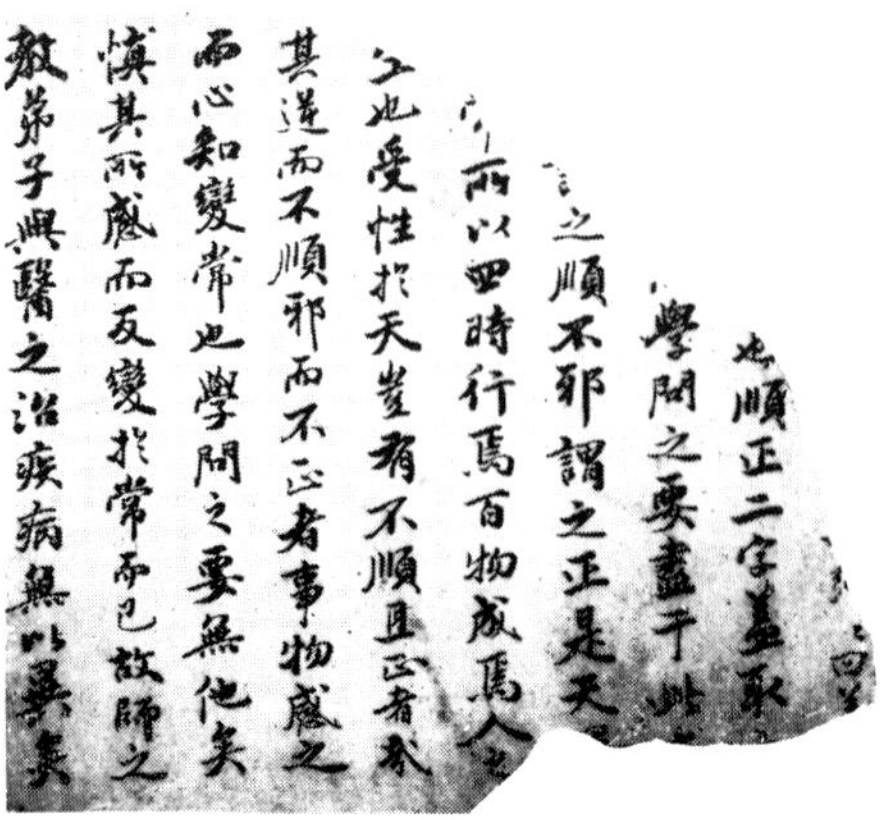

『順正書院記』篠崎小竹　表紙と文（京都大学図書館蔵）

『順正書院記』川田　興（同上蔵）

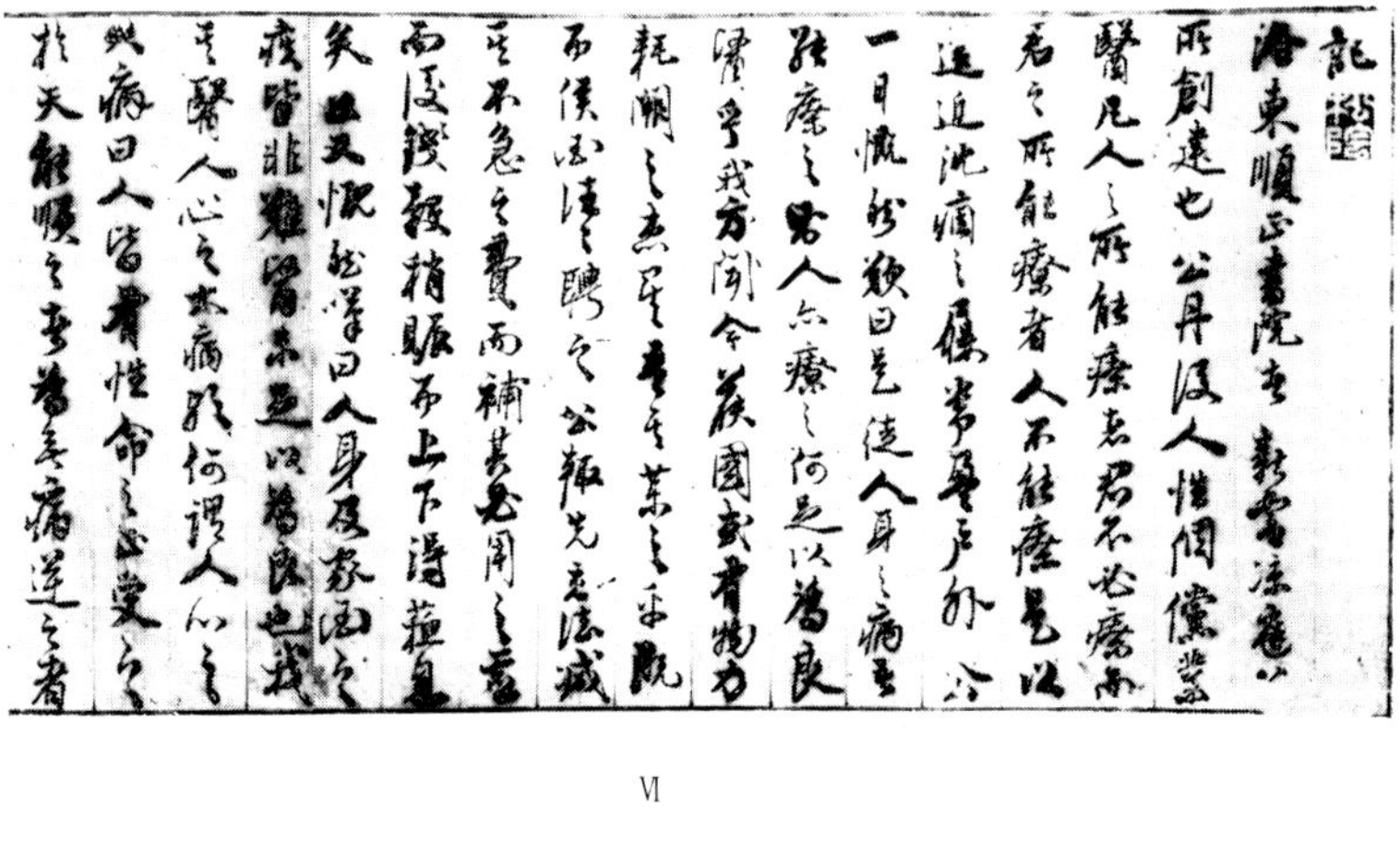

『順正書院記』後藤　機（同上蔵）

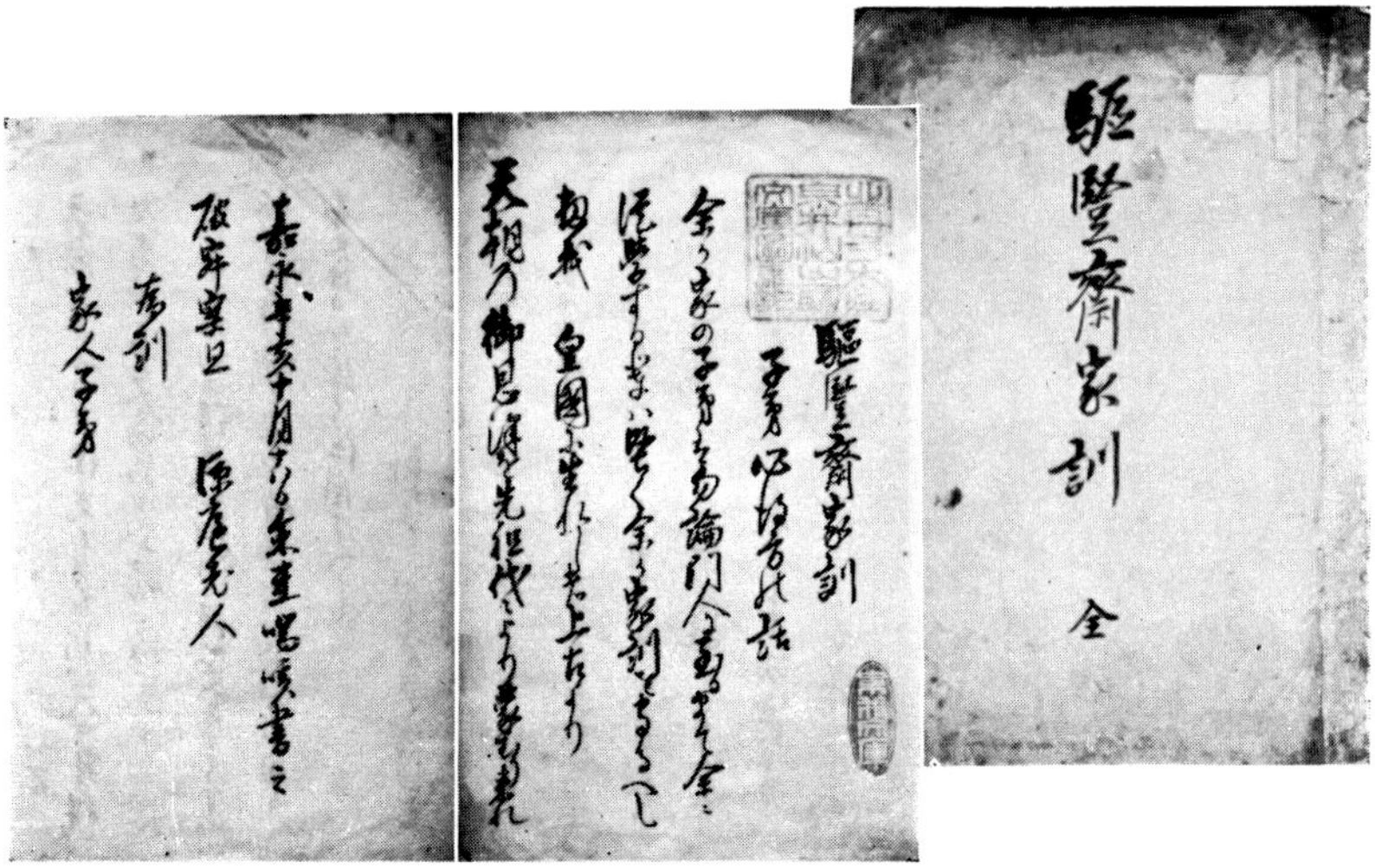

『駆豎斎家訓』（写本？）
（西舞鶴図書館蔵）

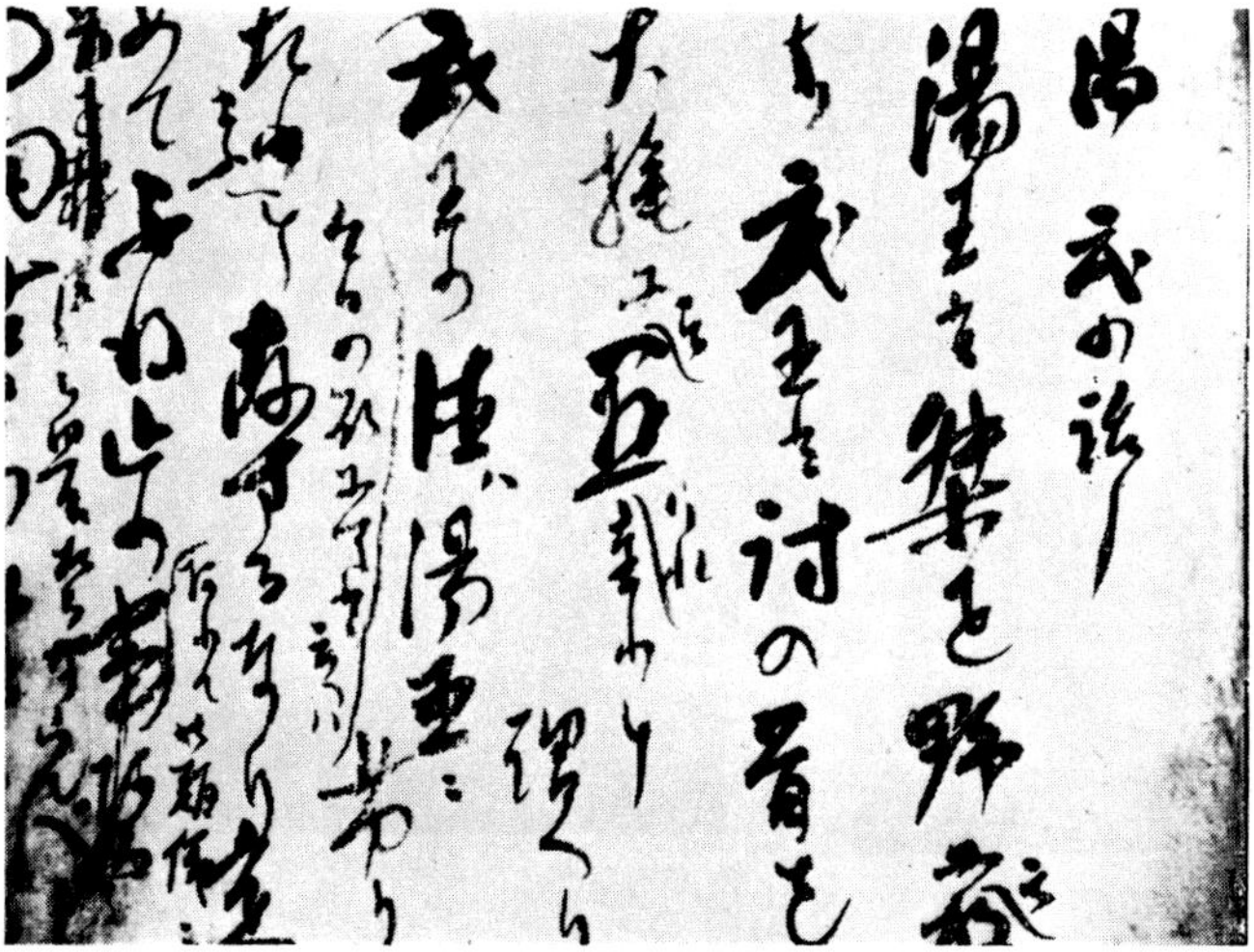

『鬼国先生夜話』（自筆本）（同上蔵）

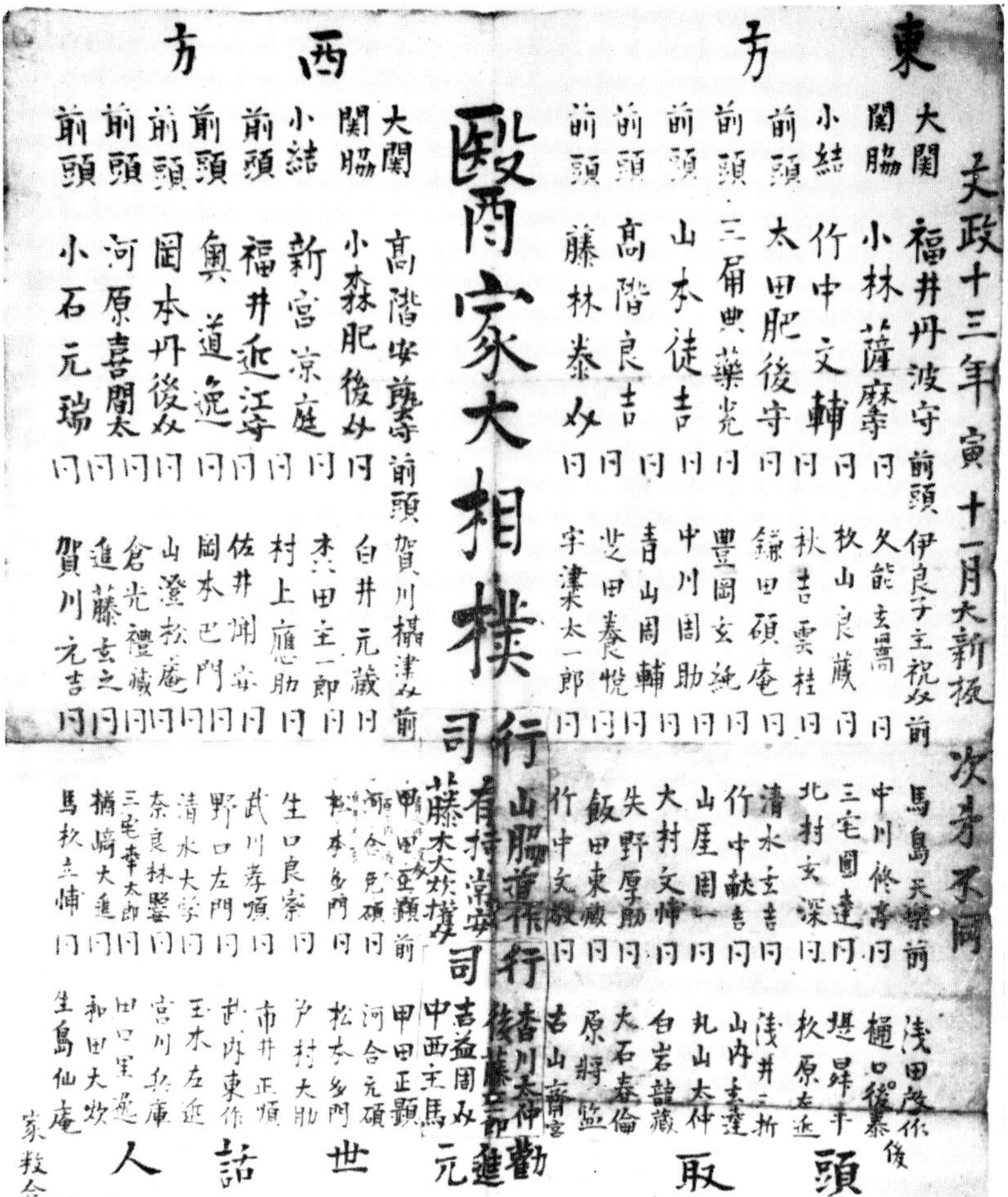

医家大相撲（文政13年版） （若林正治氏蔵）

本書を矢田梧郎氏の霊に捧げる

序

人間には長所もあり短所もある。その短所を隠したり、正当化することは、従来の伝記編纂会などで編まれた伝記の陥りやすい欠点であり、これではその人物の全人像を描きえない。本書は、このような弊に陥ることを避け、凉庭の人物をなるべく客観的に叙述したつもりである。本書は、もと新宮凉庭顕彰会の事業の一つとして出版する予定であったが、矢田梧郎氏の逝去とともに、これも実現しなくなった。

本伝記は、右にもすこしふれた新宮凉庭顕彰の推進者、矢田梧郎氏とわたしとの協力の所産である。わたしは、大学の卒業論文で江戸時代中期以降の外国文化の受容をとりあげた関係上、京都の蘭学者の詳伝があまり刊行されていないのを遺憾とし、卒業後もこの方面の研究を続けた。他の理由は、従来の京都人の伝記が、公卿・儒者・文芸家などに偏って、自然科学者の伝記に見るべきものが少ない、という事情にもよる。そして、すでにその研究は学術雑誌に発表もしたし、藤林普山の伝記は、すでにその顕彰会より発行し、小石元俊のそれは、人物叢書中の一冊として刊行され、辻蘭室伝も、『日本洋学史の研究』(論文集)の一編として、刊行の準備がすすめられている。ところが、最初に手がけた凉庭伝のみが、まだ陽の目をみていないのである。

いっぽう、矢田梧郎氏は戦後由良に移住して丹後の歴史を調査している間に、幕末の名医凉庭が丹後由良の出身であり、しかも郷里の人がほとんどその事績を知らない、ということを知ってこれを遺憾とし、顕彰会を組織し、講演会・遺墨展を数次にわたり開催、かたわら実地調査や照会によって資料を収集されていた。昭和三十六年一月九日の涼庭忌に、大阪より中野操医博・羽倉敬尚両氏を招いて舞鶴市で講演会を開いた際、矢田氏は両氏より、筆者も涼庭伝を研究していることを聞かれ、拙宅に来訪された。そして、二人で伝記を編纂することに、急速に話がすすんだ。その後、矢田氏は自分の書いた涼庭伝を持参された。その大綱は従来の涼庭の伝記資料となる『鬼国先生言行録』、『西遊紀行』、『但泉日記』の書き下しや『破レ家ノツヾクリ話』が主であり、そのほか、自ら採訪されたり、旧藩関係者に照会されたりした涼庭自書の資料（そのなかには、わたしの集めたものと重複したものもある）や祖先、子孫にかんする詳細な調査があった。

もともと矢田氏は歴史を専攻された方ではないので、史料考証という点では欠けたところがあり、それだけに涼庭の人物を高く評価されていた。そこでわたしは、従来考証した結果を話し、冒頭に述べたように、単なる彰徳録に堕さない伝記を編纂することを提案、快諾をえたので、爾来稿をすすめて、ほぼ完成した（新宮系図・現存の一族・学統はほとんど矢田氏の叙述を根幹とし、分家関係は羽倉敬尚氏の調査をも参照した）。矢田氏はいちおうそれに目を通され、気づいた点を疑問として提出し、あるいは訂正された。その間矢田氏は、由良神社の境内に涼庭顕彰碑を自力で建立され、さらに社会事業をおこすためにも東奔西走され、伝記出版のことはのびのびになっていた。矢田氏もこれを遺憾としつつも、ついに晩年は不遇のうちに長崎の客舎で一昨年末逝去された。わたしは、どうにかして本書を世に問いたいと思い、文部省の出版助成金を申請し、ミネルヴァ書房の杉田信夫氏に出版を交渉したところ、幸いにも快諾をえた。

もともと本書は、右の事情から、顕彰会より出版して、なるべく多くの人々に読んでもらいたいということを本旨とし、かならずしも原文（漢文が多い）通りとせず、書き下したり、平易に述べたりした箇所がかなり多い。

これは、かならずしも原文で引用する必要のないと判断した場合が多い。だが、学者の批判にも堪え、かつ後の研究者の労を省く意味からも、かなり繁瑣な考証をも加えた。しかし、かなり以前にほぼ完成したもので、今回若干補足したが、文章などは全面的に書きなおしたいと思うほど、モタモタしている。ある程度は修正したが、余暇がないままに、より多く事実を知って頂くということにして、読者の寛恕を請いたい。

本書執筆に際しては、必要な範囲において凉庭の時代の世相や京都の蘭学界の状況にも関説し、凉庭の地位を明らかにすることにつとめた。また巻末には、『新宮凉庭家訓』と『鬼国先生夜話』を資料として載せた。前者は、かつて羽倉敬尚氏が『文化史学』に連載された『蘭医小石家三代の行状』の「附載・新宮家々訓」、すなわち『駆豎斎家訓』を、西舞鶴図書館の糸井文庫のものによった。後者も西舞鶴図書館に所蔵されているものである。矢田氏はこのほか、諸家所蔵の凉庭の書を写真に撮影され、本書出版のときまでには送付すると約されたが、いまはそれも人手に渡っている。しかし伝記の資料となるものは、わたしが若干筆録しておいたので、別に遺憾とは思っていない。

なお、ここで矢田氏のことにふれたいのであるが、筆者もあまり知らない。一度だけ同氏の経歴をうかがったが、真偽のほどはわからない。矢田氏は、自分は足利氏の直系で、東大の古典学科を中退、第一次大戦勃発とともに船会社を始め、ヨーロッパに行ったとき、大使館よりスパイを頼まれ、ドイツの温泉場などによく行った、その縁で第二次大戦のときもドイツで暗躍、たまに内地へ帰ると憲兵につけられ、ついには陸軍大臣の証明書を見せざるをえなかった、と話された。戦後は夫人の郷里由良に住居、郷土史の研究をすすめられたが、七十歳をすぎても自転車で東京まで行くという壮健さで（これは新聞にも載った）あったが、晩年夫人に先立たれ、いままでの無理がたたったのか、急に意気沮喪したと話しておられたが、各地転々のうちに長崎で病没された。

最後に一言希望しておきたいことは、地方史研究の隆盛にともない、地方にとどめた凉庭の足跡について、なお多くの史料が存在するはずであり、それらについて読者諸賢の御教示をえたいことである。それによって増補の機をうるならば、筆者望外の喜びである。

本伝記の編纂にかんしては、前記中野・羽倉両先生や恩師柴田実先生より激励をうけ、西舞鶴図書館長瀬戸美秋氏、黒羽兵次郎氏、田谷博吉氏、若林正治氏よりは資料閲覧の便宜を与えられた。また出版に関し、ミネルヴァ書房社長杉田信夫氏および編集部長中西啓二氏よりもひとかたならぬ御世話になった。なお、校正ならびに索引の作製については同社の早田容子さんの尽力に負うところが多い。ここに深甚の謝意を表する。

一九六七年十二月二十日

著　者　識

備考＝文中、原文以外は当用漢字を用いた。たとえば歿と没のごときである。また大阪は江戸時代は「大坂」であるが、原文引用以外は大阪とした。「索引」中の人名は、そのすべてをあげず、凉庭と関係が深いか、または凉庭がとくに関心をもった範囲にとどめた。逸詩は博捜すればいくらもあるが、あまり意味がないので、若干にとどめた。

なお研究にあたっては文部省の科学研究費、出版には学術図書出版助成金の補助をうけた。

目次

第二部　各　論

第四章　理財家としての涼庭

序論　新宮凉庭とその時代

日本の蘭学　天文十二年（一五四三、一説前年）、ポルトガルの商船が九州の種子島に漂着したことは、わが国の歴史にあたらしい一ページをひらいた。彼らが伝えた鉄砲は、戦国大名に採用されて戦術を一変し、それについで渡来したキリスト教の宣教師によって、あたらしい倫理観が導入され、学校・病院などの教育・社会事業、活字印刷、天文・暦学・医学・洋画の技法などの学術・技芸が導入された。旧来の中国文化にかわる西洋の新来の文化は、安土・桃山文化に新生面をひらいた。もし徳川幕府の鎖国政策がなかったならば、新来の文化は、豪壮闊達な当時の時代風潮に合致して、かならずや文化の一大発展を遂げえたことと思われる。したがって、鎖国は二百数十年の泰平と国民文化の発達をみたものの、その反面、この期間にすさまじい発展をとげた西欧近代文化から、わが国をとざしてしまったことを考えれば、鎖国の功罪はおのずから明らかであろう。この間、〃鎖国の窓〃と称された長崎を通じて、わずかながらわが国に移入されたオランダ文化が、泰平の風潮のなかに、ともかくも一つの文化領域を形成したのが蘭学である。

幕初の武断政治は、幕藩体制の基礎確立とともに、しだいに文治的要素を加えはじめた。元禄時代の奢侈の風潮は、やがて財政の窮乏をもたらしたが、反面、商品生産の発達と流通経済の発展は、町人の手に富を集中させる結果となった。武士階級と農民の窮乏は、深まりゆくいっぽうであった。これが打開策として、八代将軍吉宗のとった実学奨励策は、親試実験の風潮を生み、漢訳洋書の解禁と天文・暦学の奨励はオランダ語研究を促し、やがて田沼時代の綱紀の弛緩は、蘭学発展の素地を築くこととなった。

八代将軍吉宗は、みずから神田に天文台を築き、長崎から西川如見父子を招いて、西洋の天文・暦学の法を聞き、オランダから名馬を輸入し、調教師ケイズルを招いて西洋の調教術を学び、馬種の改良につとめた。また、幕府の図書をつかさどっていた青木昆陽に、オランダ語を学習させた。そして、キリスト教に関係のない漢訳洋書の輸入を許可したが、これらはすべて、実用厚生を主眼としたものであった。

世界地理の知識からいえば、すでに新井白石が、潜入したイタリアの宣教師シドッチを訊問して『西洋紀聞』『采覧異言』を書いている。前者は出版されたものでなく、幕府の秘書となっていたから、当時は一般の眼にふれることはなかった。

田沼時代は、従来は風紀の頽廃した暗黒時代と考えられていたが、最近は田沼の積極政策が再検討されている。それにもまして、文化史上、この時代は蘭学の発展に大きな関係をもっている。取締りが、さほど厳しくなかっただけに、長崎出島のオランダ商館へ出入する大名や武士もあったし、南蛮渡来の珍らしい器具などを愛好する風がさかんになり、一部の学者は禁書をひそかに手に入れていた。長崎は、しだいに西洋文化をもとめる人々のメッカとなりつつあった。

蘭学発達の歴史において、その中心をなす医学は、西洋人がわが国に渡来した当初は、南蛮流の医学と称されていたが、鎖国後しだいに衰ろえた。しかし、従来の漢方医のなかにも、しだいに親試実験の考え方がひろまった。自分の眼で見たものでない限りは信用しない、みずから実験したものでなければ、確かだとしない傾向は、やがて宝暦四年（一七五四）の、山脇東洋の観臓にまでいたるのである。

日本における蘭学発展の基礎をおいたものは、明和八年（一七七一）、江戸の小塚ヵ原における、前野良沢・杉田玄白らの観臓、それにつぐ『解体新書』の出版である。一般に、物事はその起るべき気運があって起るのであるが、良沢・玄白の新しい研究も、以上述べた時代の風潮のなかから生れている。その後、良沢・玄白の門人大槻玄沢が江戸に学塾芝蘭堂をたて、またオランダ語の学習の手引書『蘭学楷梯』を著わし、翻訳に努力するにおよんで、蘭学は発展期に入った。当時研究された西洋医術は、なお外科を主としたのであるが、宇田川玄随（号槐園）が『西説内科撰要』を著わすにおよんで、洋方内科がおこり、しだいに眼科・婦人科などへ発展して行った。芝蘭堂では、伊勢の人で玄随の養子となった宇田川玄真（号榛斎）、鳥取の人で、のち京都へ移住した『波留《は る》麻和解《ま わ げ》』（日本最初の蘭日辞典）の著者稲村三伯（のち海上《うながみ》随鷗）、大阪の傘屋であり、わが国電気学の祖といわれる橋本宗吉（号曇斎）、地理学にすぐれた山村才助（号昌永）などが出て、蘭学はしだいに普及した。

京都の蘭学　『解体新書』の出版は、従来の漢医学に疑いをいだいていた医師にとっては、まさに旱天の慈雨であった。江戸は、しだいに蘭学の中心地となった。その頃、大阪に小石元俊*という医師があった。元俊は、かねがねオランダ医学の優秀なことを聞いていたのであるが、『解体新書』を見るにおよんで、一度江戸へ出て蘭学者の教えを受けたいと考えていた。そこへ偶然にも、天明五年（一七八五）秋、杉田玄白が主君に従って故郷の小浜に帰り、帰路九月一日に入洛した。元俊はすぐに玄白を訪ね、蘭法のことについて質問した。翌年元俊は江戸に行き、約半年間大槻の家に寄宿して、江戸の蘭学者たちと交わった。翌年帰洛してオランダ医学をひろめたのであるが、なお、漢方に重きをおいていた。とはいえ、関西に江戸の蘭医学を移した最初の人は、元俊である。

* **小石元俊**（寛保三〜文化五　一七四三〜一八〇八）大阪の人で、本姓は林野《はやの》、父が小浜藩の待遇に不満で出奔し（この点疑問あり）、小石と改姓、父は各地を転々として、のち大阪に住んだ。元俊は京都の桂村で生れている。その師淡輪《たんのわ》元潜・永富独嘯庵は、ともに山脇東洋の弟子であり、親試実験の学風や、オランダ医学の優秀さを受けついだ元俊が、関西蘭医学の祖となったことは、興味ぶかい。元俊は解剖にすぐれ、山脇一門の解剖には、つねに元俊がその中心であった。元俊自身はオランダ語を読めなかったので、大阪の町人天文学者間《はざま》重富と相談して、寛政二年（一七九〇）橋本宗吉を芝蘭堂に入門させ、のちには門人斎藤方策をも芝蘭堂へ入塾させている。また寛政十一年（一七九九）には、子元瑞を伴って第二回の東遊を行ない、滞在間元瑞（当時十六歳）を芝蘭堂に入れている。元俊が第一回の江戸行きから帰った年に、新宮凉庭は生れたのである。元俊については、拙著『小石元俊』（吉川弘文館・人物叢書）を参照されたい。

元俊は、前述のごとく、オランダ語は勉強しなかった。京都で最初にオランダ語を研究したのは、久我家の諸大夫辻蘭室*であった。蘭室は元俊より十二歳年少であるが、久我家に仕えて医を業とし、主君の病死によって閉門を命ぜられた間、オランダ語を学習した。たまたま、寛政四年（一七九二）、通詞の堀門十郎が京都を通過する際、一カ月ほど京都に滞在したので、これについて学び、後は独学で学習、ついに『蘭語八箋』を完成した。大槻玄沢とも文通によって教えをうけ、また、ラテン語やロシア語の学習にも手を染めている。

* **辻蘭室**（宝暦六〜天保六　一七五〇〜一八三五）本姓は村田氏で、近江堅田の辻家へ養子に行った。『蘭語八箋』は、蘭室の自筆本が京大文学部国文学の図書室に所蔵されている。出版はされなかった。橋本宗吉が大阪へ帰って蘭学をひろめたのは、蘭室が『蘭語八箋』を起稿するより約五年前のことであるが、京都では蘭室がオランダ語学習の草分けである。したがって、蘭室は京都の初期の蘭学界では、語学の大宗と仰がれた。また、製薬においても一家をなし、その昇汞丹製造はオランダ伝来のものに比して遜色がなかったといわれる。さらに蘭室は天文・暦学・梵字・諺文《おんもん》・ギリシア語・ロシア語など多方面に研究をすすめている。詳細は拙稿「辻蘭室伝研究」（有坂隆道編『日本洋学史の研究』所収・創元社近刊）を参照。

辻蘭室にややおくれて、吉雄元吉が寛政十二年（一八〇〇）に、学塾蓼莪堂を開き、『蘭訳筌蹄』を著わした（『新撰洋学年表』）。ついで、文化二年（一八〇四）ころ、稲村三伯*が海上随鷗と姓名を改めて京都に移住した。随鷗はかなりすぐれた門人を多くもったのであるが、京都における活動は明らかでない。

* **稲村三伯**（海上随鷗）宝暦九〜文化八 一七五九〜一八一一　鳥取藩の人で、青年時代に京都に来て漢医方を学び、のち芝蘭堂に入って勉強した。その著『波留麻和解《はるまわげ》』は、青年時代に江戸の蘭学諸家の援助で、心血をそそいで書かれたものである。波留麻《はるま》とは、蘭仏辞典の著者フランソワ＝ハルマのことで、和解とは翻訳の意味である。三伯は弟が咎めを受け（贋《にせ》金を作ったともいわれる）、藩侯に迷惑のかかるのをおそれて、いまの千葉県の海上郡《うながみ》にかくれた。その後月日もたったので再び活動をしようとし、江戸は将軍のいるところであるからというので憚かり、改名して京都へ来た。その盛名を聞いて、藤林普山や小森玄良、のちに緒方洪庵の師となって中環《なかたまき》などが入門した。京都の何処で学塾を開いたか一切わからない。のち一時大阪で塾を開いたが、再び京都へ帰って、そこで終った。墓は、東山二条の大恩寺にあるが、それすら知る人はすくない。

以上の小石元俊・辻蘭室・海上随鷗の三人が、京都の蘭学の草創時代の代表的人物である。それと同時に、山脇東洋の観臓に刺戟されて、漢方医においても、しだいに解剖するものがふえ、彼らはオランダ医学にも関心を示したので、漢蘭折衷派ともいわれる。荻野元凱・宮川春暉（橘南谿）・野呂天然・広川竜淵・三谷公器らがそれである。また、山脇一門も、依然解剖を続けていた。このようにして、京都というところは、千年の古都で、保守的性格の強い土地柄ではあるが、学問においては、日本における最大の中心地だけに、良沢や玄白によって江戸の蘭学がおこるまでは、医学においても、江戸に比して格段にすぐれていたのである。天文学においては、新しい学派に対して、旧派がなお権威をもち、当然の改暦も旧派の圧迫と反対のために容易に実現しえなかったということはあるが、これは、当時の陰陽家《おんみょう》が宮廷につかえて、全く前時代的な権威を持ちつづけていたからであって、医学のごとく、一般大衆と深いつながりをもつ学問は、そのような封建的権威にあまりわざわいされず、より広い社会的基盤において発達し、かつ、その学問が人命に関するものであったから、古いものに疑いをもつと、天文学以上に、より新しい傾向に向いえた。それにはやはり、儒学における古学派の発達との関連に目を向けなければならない。すなわち、伊藤仁斎によって唱えられた古学派は、当時の官学であった朱子学に比し、より一層、源にさかのぼって究めようとするもので、この学風が自然科学に影響したことは、きわめて大きなものであった。青木昆陽にしても、また、本草《ほんぞう》家（いまの博物学者）の野呂元丈にしても、あるいは医学の香川修庵・後藤艮山にしても、儒学的教養においては、この仁斎学派の影響下にあったのである。

さて、小石元俊は文化五年（一八〇八）、六十六歳で没し、海上随鷗また文化八年五十三歳で没した。元俊の没する一年前、新宮凉庭は『西説内科撰要』を読んで発憤し、蘭学に志し、海上随鷗の没する一年前、志を立てて長崎に向っている。この二大巨人の晩年は、京都蘭学界の第二期に活躍する人々が、しだいに志を立てて蘭学に向う時代であった。寛政七年（一七九五）には小森玄良（一四歳）が大垣にあって、江馬春齢に師事し、八年には藤林泰助（一六歳）が綴喜郡の田辺から出京して医を学び、翌年『波留麻和解』を得て帰郷、独学研鑽し、周防の斎藤方策また大阪に出て小石元俊に師事し、寛政十一年には、元俊の子元瑞*は父とともに東下して大槻玄沢に入門し、同年、小森は大垣から上京して伏見に住し、さらに数年後の文化二年（一八〇五）ころ、海上随鷗が京都で開業すると、藤林**・小森***の両人はこれに就いた。このように、江戸を中心に勃興したオランダ医学の輝ける波動が関西に及び、発展の緒につこうというのが、凉庭の青少年時代の蘭医学の状況であった。

* **小石元瑞** 天明四〜嘉永二（一七八四〜一八四九） 元俊の子。幼時より父の厳格な教育をうけ、一時大槻玄沢の教えをうけた。父の死後その学塾究理堂をう

け、京洛の名医として活躍した。元瑞は医家であるとともに、文人墨客とも広く交わった。頼山陽も、父が元俊と交わったところから、元瑞を頼って京都に来り、その世話になった。山陽の妻は元瑞の女中であり、これを小石家の養女として山陽に嫁がせた。小石家には元瑞宛の当時の名士の書翰数百通が残っている。その中には、佐野山陰・後藤松蔭・田能村竹田・梁川星巌・江馬細江（蘭斎の娘）・大塩平八郎など、当時の名士のものがすこぶる多い。

** **藤林泰助**（天明一 一七八一〜天保七 一八三六）　号は普山・筒域。山城綴喜郡普賢寺に生れ、寛政八年、京都に出て医学を学び、三伯の『波留麻和解』を購入して帰郷、医事の傍ら翻訳に努力した。のち、三伯が京都に来るにおよび、これに師事し、文化六年に京都で開業した。藤林は『波留麻和解』が大部であるのと、入手しがたい欠点があるため、これを簡約して『訳鍵』という蘭日辞典を著わし、広く普及した。藤林の本領は語学と翻訳にあり、『蘭学逕』・『和蘭語法解』・『和蘭薬性弁』・『西医方選』など、著訳書が多い。天保元年には有栖川宮家の侍医となった。詳細は拙著『蘭学の泰斗藤林普山先生』および拙稿「海上随鷗とその一門」（『文化史学』第十一号）参照。

*** **小森玄良**（天明二 一七八二〜天保一四 一八四三）　号は桃塢《とうう》、本姓大橋氏、美濃の人。美濃の医師（当時京都の伏見に移住）小森義晴は玄良の才を見込んで養子とし、玄良は十歳のとき伏見へ移ったが、十四歳のとき郷里の名医江馬春齢に入門した。玄良はのち伏見に帰り、海上随鷗に入門、京都に出て開業、御典医となった。文政三年、従六位下、肥後介に任ぜられた。のち官位もしだいに進み、ついに御医でないのに皇女欽宮《はやのみや》を診断するにいたった。当時の人はこれを名誉として賛えた。小森の本領は治療にあり、元旦・誕生日・土地の祭りの外は休まなかったという。著訳書は『蘭方枢機』・『病因精義』・『泰西方鑑』等すこぶる多い。また、藤林とは終生交わり、相助けあった。詳細は拙稿「小森桃塢」（『華頂短大研究紀要』第五号、昭和三十五年）参照。

新宮凉庭の略伝　新宮凉庭は天明七年（一七八七）丹後由良に生れた。幼時より群児にすぐれ、父逸楽のゆえに、十一歳の時に伯父有馬凉築の門に入って学僕となり、傍ら医事を学び、かつ経書を学んだ。十六歳で従兄有馬丹山に従って二年間江戸に滞在し、帰郷後開業、医名大いにあがったが、自分の技倆にあきたらず、二十一歳の時『西説内科撰要』を読むにいたり、オランダ医方の精緻に感じ、文化七年（一八一〇）、二十四歳のとき、医術修業のために長崎に向った。途中地方の名医を訪ね、また、治療をなしつつ行ったので、長崎には文化十年に到着した。

長崎に滞在間の凉庭の行動はかならずしも明らかでないが、吉雄永保（如淵）・その弟永民・末次独笑らに師事した。のち、吉雄永保に従ってオランダ商館に出入し、ドゥーフに認められ、フェールケ（これはやや疑問）、バティー等の商館医に教えをうけ、流行病が蔓延したときには、協力して治療にあたった。この間医術もすすみ、また翻訳にも従事した。長崎滞在は前後六年、文政元年（一八一八）長崎を去って帰郷、翌二年、三十三歳の時、京都に出て開業した。

京都に出た凉庭は、はじめ室町高辻南に開業、医名しだいにあがり、京洛の名医とも交わった。文政四年、父を失う。同六年、はじめて肩輿に乗ったというから、この頃は、かなり流行したようである。文政八年には、シーボルトが参府途中京都に寄ったが、この時小森と新宮が訪ねている。天保元年（一八三〇）母を失う。天保十年（一八三九）、東山に順正書院を建てて学問所とし、経書や医書を講じた。ここにおける医学教育は、八学科を設け、系統的であった点、当時としては出色のものであった。順正書院には当時の名士多数が訪れ、京洛の一名所となった。

凉庭のもう一つの特色は、彼が単なる医師でなく、治国をもって自ら任じていたことである。『破レ家ノツヾクリ話』は、凉庭の経済策をしめしたものであるが、これは、凉庭が南部侯のもとめに応じて、南部藩の財政改革に寄与した時に書したもののようである。凉庭は南部藩のほか、越前藩の松平家にも多額の融資をし、また、津藩の藤堂侯の学堂建設にも献金している。

凉庭には男の子がなかったので、養子をとっているのであるが、珍らしいのは、四つの分家を立てたことである。それには、多く門下の俊秀を選び、本・分家相協力して、新宮一門を繁栄させようという配慮からであった。

著訳書はすこぶる多く、『西遊日記』・『但泉記行』・『駆豎斎詩文鈔』・『泰西疫論』・『窮理外科則』・『解体則』・『人身分離則』・『駆豎斎方府』などがある。没後編まれた『鬼国先生言行録』は、涼庭の伝記である。

涼庭は嘉永七年（この年十一月二十七日安政と改元）一月九日六十八歳にて没、南禅寺の天授庵に葬った。

第一部　本　伝

第一章　家系と郷里時代

第一節　家　系

新宮系図　新宮家の系図は、いわゆる作為系図であって、信じがたい。かりにこれによると、次のようになる。

新宮行家（源為義第十子　もと、義盛）―光家―兼家―兼義―義政―政経―政道―頼春（芦溪姓　紀州より越後芦溪に移封　暦応元年（一三三八）没）

―政光（小次郎　備前守　応安二年（一三六九）没）―忠朝（帯刀　三河守　嘉慶元年（一三八七）没）―義春（帯刀　佐渡守　応永二十七年（一四二〇）没）―政重（大八郎　紀伊守　永享十二年（一四四〇）没）

―頼行（浅利姓　帯刀　土佐守　長禄三年（一四五九）没）―重光（大八郎　文明十六年（一四八四）没）―政意（志賀姓　太郎兵衛　駿河守　永正七年（一五一〇）没）―頼永（越後守　天文九年（一五四〇）没）

―義信（越後守　永禄元年（一五五八）没）―信友（三郎右衛門　相模守　天正九年（一五八一）没）―頼尚（左衛門　慶長十五年（一六一〇）没）―頼珍

行家は源為義の十子義盛、母は熊野別当長快の女田鶴原女房で、紀伊の新宮で生れたので新宮を姓とした。治承四年（一一八〇）以仁《もちひと》王の令旨を奉じて諸国の牒士として召出された時蔵人に任ぜられ、行家と改名したが、文治元年（一一八五）義経とともに西海に赴く時、乗船難破して和泉国で捕えられ斬首された。この新宮家と、凉庭の新宮とは別であること、後に説くとおりである。

頼春は足利尊氏に仕え、功により紀州より越後芦溪に封ぜられ、十二万石を領有したという。以後五代は芦溪を姓とした。その後頼行・重光が浅利姓、政意のころから志賀姓を名のった。

この頼珍が丹後新宮の祖となるのであるが、新宮氏系図には、

尾州清洲城主織田信煕と隙あり。織田氏の将大島土佐守、桜井九郎左衛門等七千余騎にて襲い来る。味方萩山監物、矢野七左衛門始め二千余人にて防戦数日の間、味方打死五百余人手負二百八十余人、外に援兵も無之城中疲労に堪えず、八月十三日新宮修理亮頼信、芦溪小次郎信房、太田小源次忠行、萩山伊十郎政永、松山甚三郎、福井弥五郎、臼井清三郎主従九人高田え没落、船人湊屋九郎兵衛に托し出帆、同二十一日若州小浜え着船、是より丹波路え赴く。修理亮、甚三郎、弥五郎三人は別れ行、信房、忠行、清三郎主従五人は丹後原の城主一色兵部殿に依頼す。同年十月原も亦落城す。ここに於て小原村に入り庶人となる云々 （一書には越後における合戦の日を天正十三年三月七日、他の書には天正十二年八月五日あるいは天正十三年四月二十八日としている）。

右系図への疑問　右の系図には種々疑問の点がある。まず第一に行家の後は左のようになっていて、光家、兼家などは見当らない。

行家
- 義房
- 家光
  - 惟義—惟信
  - 行方—行忠—行俊—行氏
    - 行房
    - 行継
- 行頼
- 西条—為貞—密末
- 行寛

また、承久の変後、熊野別当が滅亡し、室町時代に此地の名門七家が合議制で熊野地方の秩序を維持した時、楠姓で源行家を祖とする一家のうちに新宮姓のものがあったことがあると言うが、新宮氏系図記載の年代とはかなり違いがある。

第二の疑問は、新宮氏が移封されたという芦溪は、越後岩船郡下海府村、現在は山北村に属するわずか十二戸の沿岸小部落で、城址もなく、新宮氏在城の伝えもない。また、当時五万石から十二万石に増封の上移封されたというのも、石高の制がなかったので、事実でない。

第三の疑問は新宮頼珍の記事で、『丹哥府志』にも「加佐郡桑飼上村一色兵部詮忠城址」の記載はあるが、一色氏はすでに天正十年五月二十八日、一色義清が自刃して挙族滅亡している。新宮氏系図の天正十三年、十月原落城とあるのも信ぜられない。

家系の真実　右のごとく、新宮氏系図が作為系図であるとすれば、その真実はどのようなものであろうか。まず、涼庭の『但泉紀行』中の記述によると、涼庭自身次のとおり述べている（原漢文）。

我家系は清和源氏に出ず。越後より紀国に徙《いた》り上原と号す。数世五位に任ず。慶長年間、月久（道清）零落し、来って此州に潜み庶人となり、余に至るまで十世、国侯不肖碩の如き者を録し、禄五十石を賜う。始め藩士に列し恩遇も亦深し。始祖伯州伯耆守暦応元年卒法諡曰泰岳良運大居士より余に及ぶまで二十二世、年を経ること五百余年、支葉蕃茂して幾んど五十余家、宗兵衛又兵衛宗家たり。余が曾祖仙了初め又兵衛を称す。医として業を施す。祖父義珍《はる》道郭と称す。嫡を以て医を業とす。別に一家を興し、弟□□（二字消—実は須義）をして又兵衛の家を承がしむ。是を以て余が家嫡門たり。祖父弱にして耳聾、古今の医籍を渉猟し、沈思独特の見あり、天明寛政の間医名籍々、請迎する者特《ただ》に一州のみならず。寿八十四にして卒す。四男一女あり。嫡義休出でゝ有馬氏を冒す称涼筑。次玄良箕裘を継ぐ。三義憲称道菴由良村に住す。即ち余が父なり（下略）。

とある。これに続く父の記述は、次節に譲るが、新宮系図では、新宮家が紀州新宮―越後芦溪―丹後と移ったのに対し、涼庭の記述は越後―紀州―丹後と移ったとあり、また、旧姓が上原であるなど、記述は逆であるが、実はこの涼庭の記述の方が信憑性がある。ゆえに、頼珍が丹後に来て桑飼上村（現存の舞鶴市岡田上）で帰農するまでの新宮系図は、真実でないものと考え、それ以後のことを、伝承や菩提寺の過去帳などに基いて考察すると、次のような系図が作製できる。

頼珍　月久道清
室　玉室妙善大姉　慶長十六年（一六一一）辛亥十二月十九日没
――政親　又兵衛　寛永七年（一六二九）庚午四月二十三日没、巖翁宗林
室　賀法妙慶大姉　元和七年（一六二一）辛酉六月五日没

―義秀　三郎右衛門　慶安三年（一六五〇）庚寅九月十四日没　源室宗本
室　不詳
――義親　弥三郎　寛文十三年（一六七三）癸丑正月十一日没　陽山宗碩
室　雪巌妙紅　寛文四年（一六六四）甲辰十一月二十二日没

―頼成　惣兵衛　元禄十五年（一七〇二）壬午十一月六日没　郭道了然
室　即演郷心　享保十三年（一七二八）戊申六月三日没
――為頼　惣兵衛　元禄十六年（一七〇三）癸未四月十七日没　安相智心
室　外相妙言　宝暦四年（一七五四）甲戌二月十七日没

―頼寿　惣兵衛　天明元年（一七八一）辛丑五月三日没　不應了退
室　全室妙景　宝暦十三年（一七六三）癸未十一月六日没
――義俊　惣兵衛　寛政二年（一七九〇）庚戌六月十四日没　善覚亮本
室　不詳

頼定　又兵衛　万治三年（一六六〇）庚子五月二十八日没　虚道性無
室　心月妙鏡　承応元年（一六五二）壬辰三月二日没
――政住　次郎作　元禄九年（一六九六）丙子二月二十九日没　別相是雄
室　言正了説　元禄五年（一六九二）壬申十一月二十七日没

―頼意　正徳二年（一七一二）壬辰九月二日没　是性廓元
室　花看清拈　元文三年（一七四〇）戊午七月十五日没
――義兼　又兵衛　延享二年（一七四五）乙丑八月十日没　本岳玄法
室　秋林妙昌　享保三年（一七一八）戊戌八月十五日没

―義長　享延四年（一七四七）丁卯三月二十日没　悟竺仙了
室　不詳
――義英　寛政六年（一七九四）甲寅八月二十四日没　白翁了圭
室　要契智門　明和六年（一七六九）己丑六月十日没

―義珍　号道廓　文化五年（一八〇八）戊辰二月二十九日没
　室　不詳

―義休　福知山藩医有馬家を嗣ぎ名を凉築と改む――丹山
　　　　　　　　　　　　　　　　　　　　　　　　―春枝　凉庭室

―須義（小原新宮氏）　玄民、多病、産を破って早没

―義憲（由良新宮氏）　道庵　由良村に住し医となる。文政四年辛巳三月八日没
　中峯道庵居士、墓は由良松原寺にあり
　室　由良岸田氏の出、浜屋市郎衛門の女、天保元年庚寅三月八日没
　春峯貞心大姉、墓は京都高倉五条宗仙寺、髪塚は由良にあり

―女　大俣村儀間藤右衛門に嫁す

―凉庭

―女　阿壱　宮津藩士梶川作左衛門に嫁す

―女　阿本　田辺藩士福島仙了に嫁す

―女　千代　広島の人檜垣健蔵を養子とし、由良新宮家をつぐ

第二節　郷里時代

この節では、凉庭の出生より、文化七年（一八一〇）、二十四歳のとき、医術修業のため長崎遊学の途に上るま

でのことについて述べる。

出生　涼庭は天明七年（一七八七）三月十三日に丹後由良で生れた。誕生の地は、現在の国鉄丹後由良駅のすぐ北側であろうといわれる。『鬼国先生言行録』には、大要次のとおりに記されている。

道庵の妻は岸田氏で、由良村の浜屋市郎衛門の娘である。資性貞淑勤勉、はじめ道庵が細行を矜《つつし》まず、放浪自適、家産をつぶしてしまいそうであったので、岸田氏は日夜手ずから紡織をし、非常に苦しい生活をしながら一家を支えていた。はじめ一女をあげたが、道庵はいぜん家事を省みない。そこで、もし男子でも生れたならば、夫の素行は、あるいは改まるのではないかと考えるにいたった。

由良村の南に高い山があり、由良嶽と称し、山頂には虚空蔵の祠があった。岸田氏はここに参詣して男子を得たいと祈った。その効があったのか、虚空蔵祭の当日にめでたく男子を生んだ。これが涼庭である。人々はこれを不思議なことだとした。のち、あいついで三女を生んだ。

涼庭が生れた時、すでに二本の門歯がはえていた。衆は驚いて、これは鬼子である。すぐにとりあげてはいけないといい、かりに路にすて、不祥をはらい、外祖母がこれを拾って帰った。

もとより若干の伝説化もあろうと思われるが、これ以外に涼庭の出生について述べたものはない。また、二門歯のことも信ずるにたらないが、当時は鬼子を一たん棄てて、誰かに拾ってもらうという風習が、各地で行われていたようである。

幼少時代　この頃のことも、さきの『鬼国先生言行録』によるほかはない。同書は、幼少時代の逸話を大要つぎのように伝えている。

涼庭は幼時より人にすぐれ、村内の松原寺《しょうげんじ》の住僧某について読経の句読をうけ、かつ書を学んだ。つねに僧が諸経を講じて問答するのを謹んで聞き、一たび聞けば忘れなかった。

群児と遊ぶ場合も、自らその長となり、衆技の優劣を査別し、優れたものには果物などを与えて賞し、勧戒よろしきを得たので、群児はみな悦服し、唯だ命に従ったという。凉庭はつねに由良海岸の砂上で群児と遊んだのであるが、一人の子供を馬とし、自分はその上にのり、他の子供たちをまわりに排列し、意気揚々、国君巡行のすがたになぞらえた。

右のことは、凉庭の外戚の一族の岸田市兵衛が後年、凉庭の第二養子凉閣に語ったところである。この岸田は、後年凉庭の家事を宰領した人であり、この砂浜の遊戯を語るごとに

「自分は当時馬にさせられて先生をのせました。いま老人となっても主公と奴僕の関係にあり、人品の高下というものは早くから定まっているもののようです」

と話した。

右は、凉庭を知っている人の直話であるから、ほぼ実情を語っているとみてよいであろう。とにかく、凉庭は幼少の時代より群児にすぐれていたようである。

まえにも述べたとおり、父道庵がかなり放蕩であったので、凉庭は随分苦労したようである。そこで、伯父の有馬凉築の家に学僕となり、薪水の労をとったのである。

このことについて『鬼国先生言行録』には、貧困の原因を父の逸楽に帰している。すでに前節で述べたように、祖父道郭の長男は有馬氏をつぎ、二男玄民が家業をついだ。凉庭の父は三男である。二男玄民は、『但泉記行』によれば、多病で産を破り早く没した。家には借金が多く、田宅をあげて償還したので立錐の土地もなく、零落をきわめた。その上、一男があって無頼の限りを尽し、何ら家を顧みなかったので、凉庭はこれがために田地を買戻して与えた（五月十二日の条）。

涼庭は、八歳の時、伯父有馬竜寿斎に約半年間寄食したという。これは、家が貧しかったためではなかろうかと思われる。ついでこの竜寿斎には、十一歳から十七歳まで医を習うこととなる。

勉学 十一歳の涼庭は伯父の有馬涼築の学僕となった。寛政九年（一七九七）のことである。当時有馬家は、医名の高いにもかかわらず、財政的にはあまり豊かでなかったようで、涼庭は調剤の見習いのみでなく、家事労働にも服した。しかも、かかる多忙の中にあって、涼庭は勉学を怠らなかった。このころ、また経書を巌溪嵩台*に学んだ。かくて、十二歳の頃にはすでに『左伝』を暗記し、両三年後には『傷寒論』が解読できるまでになった。

涼庭勉学の逸話としては、深夜灯火が漏れて叱責されないように、わずかに点じた線香の火で読書したといい、また、雨の日は書巻がぬれるのをおそれて、傘骨につるし、外出歩行の間も書見を怠らなかったといわれる。

経書の勉学についても、次のような逸話がある。十二歳のとき、巌溪嵩台の机前で『左伝』を読んでいたが、たまたま鼻涕《はな》がながれて来たので、これをかもうとした。しかし、鼻紙がなかったので、『左伝』を破ってかんだ。先生大いに怒ったが、涼庭は、書は記憶してしまえば反故に等しいと答えた。先生ますます怒って暗誦せしめたところ、涼庭は一字も誤らなかったので、先生はその神童ぶりに驚いた、と。

涼庭は、閑があれば好んで医書や儒仏の書中の名文奇辞を朗誦し、老にいたるまで倦まなかった。そして、常に人に語って曰く。「人一たび之を能くすれば己れは之を百度し、人十たび之を能くすれば己れは之を千度せん」と。

＊ **巌溪嵩台** 嵩台は播州赤穂の塩問屋に生れ、志を立てて京に出で、吉益東洞に師事して医を学び、のちに儒者となった。名は恭、通称

は帯刀という。当時福知山の朽木侯は高名の儒者をまねいて藩の学事を振興しようと考え、京都の儒者を物色した結果、藩議は嵩台招聘に決した。そこで側用人に侯の親書を托して嵩台を訪わしめた。嵩台は親書の礼を尽したのに敬服し、十日間の猶予を請うた。

福知山藩士に佐原某なるものがあり、京都で岩垣竜溪に師事していた。この竜溪が嵩台と親交があったところから、竜溪にも嵩台招聘の斡旋を依頼した。これより先、嵩台は松江侯から一千石、高松侯から五百石で招聘をうけ、いずれにすべきやを竜溪に質していた。竜溪は「禄の多寡は論ぜず、両藩侯の人物および重臣の賢愚、藩風などを調べた上で決定すればよかろう」と答え、嵩台も道理至極と言ったので、いま福知山侯が二百五十石で招聘しようとするのは時機を失していると答えた。朽木侯は中二日おいて参勤交代に出府することになったが、その途次京都で親しく嵩台の家を訪ね、招聘に決した経緯を説明し、禄高は少いであろうが、松江十八万石の千石、高松十五万石の五百石に比し、福知山三万二千石の二百五十石は、かなり礼を尽したつもりであること、はじめ藩議は百五十石であったのを二百石とし、残り五十石は自分の用度から出すことにしたことを述べ、藩ではとくに先生を尊敬しているから、是非にと頼んだ。

嵩台はその言の道理に適い、かつ礼遇の厚いのに感激し、ただちに仕官を決定、かつ、大井川までお送りし、後から御供したいと申出た。侯は、其儀にはおよばないとし、福知山に邸を用意するから、帰城の日を待たれたいと述べた。

右が嵩台招聘の経過であり、このことは当時京摂の儒者間でも賞讃され、岩垣竜溪は一世の美談とした。

嵩台は安永のはじめ福知山に来住し、邸を十六軒町に賜い、惇明館の学事を督した。嵩台はまた池大雅と親しく、大雅は嵩台に儒を、嵩台は大雅に絵を学んだ。嵩台が福知山に行く時、大雅は「送嵩台先生応朽木公之聘赴福知山三月三日嵩台牴福知山之日此画費日四十余日」と題して、蘭亭青緑山水図を送った。この画は明治二年の洪水で流失した（『朽木昌綱公伝』中の、嵩台の曾孫裳川の「高祖嵩台先生の事を記す」に依る）。

のち、弘化二年に、涼庭は娘の松代を伴って城崎温泉に行く逐次、門生を遣して嵩台の墓に香華を供えさせたが、蘿苔墓に絡んで、はっきりしなかったという。涼庭は晩年にいたるまで、師恩を忘れなかったのである。

『駆豎斎文鈔』の「牛窪君に呈す」中に、涼庭は幼少時の勉学を五言詩で次のように述べている。

碩家素と貧困、幼より衣食に役せられ、閑を偸んで書を読み、燭以て晷《あした》に継ぎ、夜身常に寝に就くは、大率二時を過ぐと。

江戸行　涼庭は享和二年（一八〇二）十六歳の時、従兄丹山の学僕として、丹山の君主福知山侯の江戸藩邸に行き、二年後の文化元年に帰郷した。享和二年の四月には福知山侯の朽木昌綱＊が没しているので、この少しのちの江戸行であろうか。

＊**朽木昌綱**（寛延三〜享和二／一七五〇〜一八〇二）　朽木昌綱は西洋のことに興味をもち、とくに西洋の貨幣を収集して『西洋銭譜』を著わしている。昌綱は大槻玄沢の門に入って蘭学を修め、玄沢の長崎行にも援助を与えており、また、オランダ商館長ティチングと交わり、ティチング帰国後も文通して西洋の貨幣を送ってもらっている。当時、オランダのことに興味をもって深入りした大名を、蘭癖大名と称したが、昌綱もその一人である。涼庭と直接の関係はないが、京都の生んだ奇人として、名を掲げておく。詳細は、旧福知山中学校編『朽木昌綱公』参照。

江戸滞在間の涼庭の行動、とくにその医学研究が、どの程度であったかについては、あまり明らかでない。あるいは、この時大槻玄沢に会ったかもわからない。これは、のちに考証するが、もし会っていても、医学のことについて深く論議したとは考えられない。『鬼国先生言行録』ではこの時代の節倹と孝養について述べているが、のちにふれる。

郷里開業　十八歳で江戸より帰郷した涼庭は、ここで開業した。『西遊日記』によれば、郷里に帰って両親を侍養すること数カ月で正月になったというから、帰郷は秋ころであろう。十九歳の正月は、久しぶりに両親と新年を祝ったので、喜びにたえず、次の詩をよんでいる。

江口《ノ》千家物色新《ナリ》　無辺《ノ》草木大和伸《ブ》
慈親同《シク》酔《ウ》屠蘇《ノ》酒　不レ似前年客舎《ノ》春

また、八日には、

茅屋欣《ビ》迎《ウ》海国《ノ》春　山餘《シテ》二臘雪《ヲ》一半《ハ》為《ル》レ鱗《ト》

読書胸裏清如シレ水ノ　五畝ノ寒田堪ウレ養ウニレ親ヲ

と。居ること約一カ月、治療を請う者が日々門に満ちた。涼庭は専ら傷寒論・金匱・温疫の三書を考究し、常にこの三書を手にし、自分勝手に注解を下して、汗吐下（発汗法と、口から吐き出させるのと、下剤をかけるのとの三法）を以て万病に対し、天下の技はこの三法よりほかにないとまで考えた。まず、尋常町医の域を大して出なかったようである。

ところが、医名のあがるにしたがい、丹後・但馬二州の重患が治を請うてやってくる。そうなると、汗吐下三方では、どうも治療が困難になって来た。困難や疑問が胸に横たわり、変に応ずるに足りない。そこで、諸家の方書をあさりはじめた。たまたま、丹波檜山の近藤一之進の宅で、宇田川玄随の『西説内科撰要』を見、黄疸篇を読んで、はじめて眼を開かれた。かくて西遊の志をもつにいたったが、両親は許さなかった。

右は、大体『西遊日記』によったのであるが、涼庭が『西説内科撰要』を読んだのは、諸書に、二十一歳の時となっている。そして、『新撰洋学年表』によれば、ここで涼庭は宇田川門に学び、数年ののち、長崎に行ったと述べている。しかし、この宇田川入門は、他の書に全然述べられていないので、すこしく疑問である。左に若干考証しておきたい。

涼庭の江戸行と宇田川入門について　さきに、涼庭が江戸に行った時、大槻玄沢に会ったらしいと記したが、それは、『新撰洋学年表』天保十年の条に、

大槻磐溪曰く、余十二三の時、新宮涼庭先生を先人の側に見る。時に先生一介の書生、余童子何ぞ知らん。記す、其議論風生、常人に非ざるのみと。後余西遊、亦接語匆々心事を論ずるに及ばずして去る　（以下略、原漢文）

とあり、また『駆豎斎詩文鈔』の第三冊の『与大槻槃《ママ》渓』には、「僕少時嘗て尊公に謁す」とある。これは、年次・場所を欠いているが、この両者より推すと、凉庭が大槻玄沢に会っているようである。ところが、大槻磐渓は玄沢の息子で、享和元年の生れであるから、凉庭が十六〜十八歳の間江戸にいた時は、二〜四歳にあたり、十二、三歳の時とはいえない。また、磐渓十二、三歳の時は、文化九、十年のことで、凉庭は七年に長崎にむけて出発し、博多を経て長崎に入ろうとするころである。もし十六〜十八歳の江戸行の時に玄沢と会っておれば、磐渓の記憶に、あまりにも相違がありすぎる。かつ、凉庭は二十一歳ころ『西説内科撰要』を見て驚いたのであり、『撰要』は寛政五年（一七九三）に出版されているから、玄沢と会っていても、立ち入った話はしていないと思われる。

　つぎに、宇田川入門のことである。もし凉庭が入門しているとすれば、文化二年から七年までのことであり、凉庭が十九〜二十四歳、磐渓が五〜十歳の間である。磐渓の十二、三歳というのも、記憶の誤りを考えれば、生きてくる。この時、宇田川玄随はすでに没して（寛政九年）、養子玄眞（榛斎）の時代である。玄眞の伝記の研究がすすんでいないので、断定はできないが、この宇田川入門が『新撰洋学年表』以外に全然記載されていないこと、また、長崎遊学の途中、大阪の橋本宗吉にオランダ医学の精緻なことを聞かされて、非常に驚いていること（『西遊日記』、後述）を併せ考えると、若干疑問と思われる。ただ、この『西遊日記』の記載が、単なる修飾的な語句とすれば、磐渓の記述も無理でなく、宇田川に長崎行きを奨められたことも考えられるので、凉庭伝に特筆される事項となろう。

　なお、磐渓が西遊したのは、文政十年の二月下旬のことで、小石元瑞の許に滞在している（『磐渓事略』十八ページ）。この時、涼庭にも一寸会ったのである。時に涼庭四十一歳、磐溪二十七歳である。

また、養子涼閣の『北邪新論』の題言に、

先人涼庭先生嘗テ涼閣等ヲ教テ曰凡ソ疫邪ノ病性歳時一ナラズ、蓋シ歳運気候及ヒ風土人情ニ従テ変化ヲ為ス乎。且ツ余カ経歴ヲ語ン。童年ヨリ漢医方ヲ学ビ、傷寒・金匱ヲ暗記シ、後世ノ医書ニ及ビシ時、一時疫邪大ニ吾郷丹後由良ニ行レ、腸胃ノ症多キヲ以テ三承気ヲ用テ全効ヲ収メタリ。其後補中益気湯ノ効ヲ奏セシ疫アリ。冠弱ニ至リ内科撰要ヲ閲シ、蘭医病理ヲ説クノ詳密ナルニ深ク感シ、其源ヲ窮ント欲シ、遂ニ遊ビ（下略、後出）

とあり。在郷当時の治療の状態および、長崎遊学の原因を尽している。しかし、宇田川の名は出てこない。

第二章　長崎遊学時代

第一節　西　遊　行

郷里出発　宇田川玄随の『西説内科撰要』によって蘭学への眼を開かれた青年凉庭は、長崎遊学の志をおこし、近藤一之進もまた、これをすすめた。しかし、両親は容易に許さず、数カ月が過ぎた。ところが、田辺藩の家老に、英哲の聞えの高い内海杢なる人物があり、凉庭の志に感じ、官に懇請した。ここにおいて、凉庭は官許を得て素志を達することをえたのである。この修業のため、修業料と月俸二口を支給された。町医でかかる待遇をえたのは、当時の田辺藩としては異数のことであったという。右は『鬼国先生言行録』によったが、『西遊日記』では、凉庭が父母に長崎行を懇請してやまなかったので、両親もついに許したとあり、官許や修業料のことについては、記していない。以下は、主として『西遊日記』（口絵参照）による。

さて、長崎遊学の許可をえた凉庭は、将来の希望に胸をふくらませ、旅装をととのえ、金五両と韻礎一帖・道中記一帖の入った嚢を首にかけ、文化七年八月六日、数十人の人々に送られて、郷里を後にした。

凉庭は、まず友人三宅七介に別れを告げるため、大俣村に向ったが、訪ねて見ると、運悪く七介は不在であった。あきらめて、七介の家を後にすると、まもなく向うから七介がやって来たので、樹陰に休み、煙草を吸いながら、長崎遊学のことを話した。七介は奇士であったから、大いに遊学のことを賀し、両人は手を分って去った。

福知山を経て京都へ　この日は猛暑炎熱、さながら炉炭の中を歩むようであったという。夜に入って福知山に着き、伯父有馬涼築の家に入った。時に涼築は偏枯（いまの半身不随）を患い、舌がもつれて十分に物を言うこともできなかったが、顔には喜びの色があり、近親相集って、話に花を咲かせた。涼庭はここに五日間宿泊し、涼築を診察した。

十一日は早朝福知山を出発した。暁の炊煙がたちのぼり、松風の音は雨のごとく、涼気は膚に快かった。福知山城を去る一里ばかりのところに土師《はじ》川が流れていたが、大旱のため水がわずかに踵を没するにすぎない。さらに一里ばかり行くと、草ぼうぼうの広野があり、捨てて耕そうとするものがない。涼庭は怪しんで土地の人にたずねた。

「二百年来民戸が大いにふえている。僅かの土地が荒れても惜しいのに、こんな広い土地が捨てて顧られないとは、どうしたことですか」

その人は答えた。

「この村は街道筋にあり、丹波・丹後・但馬三州と交通上の要地です。そのため、諸役の負担が日に重く、また賃金も農耕で稼ぐ分の二倍ほどにもなります。したがって、農業には力を用いないのです」

この時代は、平和がうち続き、交通量もしだいに増した。幕府の制に助郷役《すけごうやく》というのがあり、交通量が急増し大名や公用の武士が通行したときは、宿場に常置の人馬以外に、宿場付近の農村に人馬の数をわりあてて、その村からは食糧・馬糧携帯で、運搬に従事させたのである。これは、農民には重い負担であり、時には助郷役の軽減を訴える助郷一揆もおこったのである。さらに、課税も、江戸時代初期は、三公七民（三分を税としておさめ、七分は農民の所得となる）が一般であったが、百数十年を経た享保のころには、すでに五公五民となり、貧乏な藩では、一そうひどく、その上、諸種の課役があったから、農民の生活はしだいに窮乏し、寛政以降の農村は、戸口・人口ともに、わずかながら減少しているところが多い。後年経済家として活躍した涼庭の眼は、はやくもこのような状況にそそがれていた。

さらに行くこと二里ばかり、多保市《とうのいち》村に着き、大野山善行寺（正しくは善光寺、日蓮宗、福知山市岡の壇にある）を見る。堂宇壮麗、経書の師巌渓嵩台の記によれば、この寺は三度火災にかかったという。前方には大池があって、水は清く、底まで見透せた。山は低く、地は平らかで、非常に眺めがよい。煙草をとり出して旅の疲れを休め、さらに前進する。ようやく暑気甚しく、入道雲が山のごとくもり上ってくる。日暮に榎原村にいたり、茶店で夕食をとり、檜山に近藤一之進を訪ね、ここで一泊、夜おそくまで医事を談じた。

十二日は小雨であった。須智・園部をすぎて、さらに行くこと四里、雲雨の間に亀山城をのぞむ。茶店で昼食を喫し、足を早めて老坂《おいのさか》を登り、地蔵堂に休憩する。この峠から遠望すると、洛都十万の民家がはるか眼下にある。この日ついに京都に入り、新町松原下る丹波屋市助方に宿をとった。

京都滞在　十三日は、暑熱が甚しかった。この日、内海杢と禅僧が訪ねてきた。この二人は涼庭と同郷で、かつてともに京洛の地に遊ぼうと約束したものであるから、終日詩を賦して歓を尽した。この時の涼庭の詩は、

短褐論《ズ》レ交《ヲ》鬢未《ダ》レ霜《ナラ》　風煙佳《ナル》処渡《ル》二年光一
京城《ノ》山水秋還《マタ》好《シ》　天下何《レノ》辺《カ》不《ラン》二我郷《ナラ》一

結句を評して、篠崎小竹は「故友相逢如故郷」とした方がよいとしている。詩作の上からは、その方が趣きがあろうが、「天下云々」としたところに、かえって青年涼庭の気負った心情がみられる。

十四日は旧知の中神琴溪*を訪ねた。涼庭は、琴溪は医材があって凡ならず、ともに語るべきものとし、次の詩を呈している。

　養栄ノ腐語世流ス㆑涎ヲ　駆毒ノ快言誰カ著ク㆑鞭ヲ
　腐語快言両カラ灰燼トナル　有リ㆔他ノ実地ノ順フ㆓天然ニ㆒

夕食後祇園社に参拝した。新築早々で旧観はなかった。茶店で夕食を喫し、深更に旅館に帰った。

十五日には吉益南涯**を訪ね、巌溪嵩台先生の書をさし出した。南涯は涼庭を入れて席をすすめ、数時間にわたって医事を談じた。その『傷寒論』を説くのを聞くと、まま臆測に出るところもあるが、非常に心を用いていることが考えられ、温疫・傷寒の弁にいたっては、自分の説と吻合していると涼庭は述べている。論は山陽地方の人物に及ぶ。南涯は、門下の俊秀としては備前の赤石順治・柴岡宜全・長門の柏杏庵だけであると述べた。赤石順治は、のち涼庭が訪ねた人物である。

南涯の邸を辞して旅館に帰った涼庭は、坂本・渭東両人の訪問をうけ、つれだって付近を逍遙し、酒屋に入り、鶏肉で杯を傾けた。それより出水《でみず》の人を訪ね、家書を示した。主人は非常に喜んで酒肴の用意をした。涼庭が、夜に入って恐縮だといえば、主人は笑って、今夜は中秋の名月にあたり、「自分は商人だが、一杯の酒をすすめるぐらいの用意はある」と答え、鴨川畔の酒楼に案内し、簾をまいて月を賞しつつ、杯を傾けた。時すでに十時、雨ははれて月が出、東山が黒くくっきりと浮びあがり、清い光が下界を照らす。そこで涼庭は一詩を賦した。

鳧《ふ》水①一川ノ月　鴨東ノ萬点楼
清風吹キ二微酔ヲ一　三十六峰流ル

①　鳧はカモ、賀茂川の意

深更旅館に帰った。

十六日は二三の患者を診察した。午前中川修亭***を河原町に訪問、医話に時をすごした。中川修亭は、博聞で、はじめより定論をおかなかった。修亭の邸を辞して、京を発し伏見にいたり、ここより船に乗って大阪へ下った。草葉には露が宿り、十六夜の月が川面を照らしている。行くほどに、淀城は水に映じて両岸の芦の花は雪のごとく白く、爽涼この上もない。涼庭は心身ともにのびのびとして、思わず蘇東坡の赤壁の賦を口ずさみ、古人の雅懐水の如きを嘆じつつ、一詩を賦した。

一川ノ明月夜雲空シ　両岸ノ清光落ツ二短蓬一
白ハ是レ芦花青ハ是レ水　十分ノ詩料櫓声ノ中

船中で一睡するうちに浪速の京橋についた。時にまだ東の空は白んでいなかった。

* **中神琴溪**　古医方家。近江山田村の人。寛政三年四十九歳の時京都に住んだ。富士川游博士の『日本医学史』には「実ニ識見ト胆略トヲ以テ当時ノ古方家中ニアリテ一頭地ヲ抽ンデタル人」であったと評している。
** **吉益南涯**　吉益東洞の子で、当時の京都の名医であった。
*** **中川修亭**　吉益南涯の門人で、医史に精しかった。

以上のごとく、涼庭は前後五日間京都に滞在したのであるが、ここでは蘭学者を全然訪問していない。当時の京都では、小石元俊すでに没し、海上随鷗はまだ在世中である。藤林普山・小森桃塢はすでに京都で開業し、小石元瑞また究理堂を継承していた。もし涼庭が大槻玄沢と会って、医事を語っておれば、さらには、九州遊学前宇田川門に入っておれば、蘭学者を訪問してしかるべきである。したがって、凉庭の蘭医学に対する知識は、当時まだそれほど深くなかったとみてよいであろう。それは、次の大阪における凉庭を見ると、一そう明瞭となる。

大阪滞在　十七日は天神橋に止り、東の方、大阪城を望んで、その要地であることから、豊臣秀吉の英略をたたえ、一詩を賦し、同日は天満の橋屋文四郎方に一泊した。主人は一面識もなかったが、かつてその兄の重患であるのを凉庭が治癒したので、大いに歓待された。

十八日は橋本宗吉*・野呂天然**両人の門をたたいた。凉庭は、この二人から蘭方のことについて聞かされ、「始め聴て喜ぶべきが如く、中ごろ驚くべきが如く、遂に怳然として自失す。是に於て西遊の志益々堅し」と述べている。これが、前述のごとく、凉庭が長崎遊学前に宇田川門に学ばなかったという大きな証拠となるであろう。とにかく、喜び、驚き、自失した凉庭は、橋本宗吉よりできうるかぎり学ぼうとしたのか、あるいは、旅費のために治療をしたか、約半カ月橋本の家にとどまった。この半カ月間、いかにし、何を感じたかは、明らかでない。

* **橋本宗吉**　宝暦一三―天保七 一七六三―一八三六　すでにすこし述べたように、大阪の傘屋であり、その才を見込まれ、小石元俊と間重富（長涯）の共同出資で、芝蘭堂に入塾した。彼は語学の天才で、半年間勉強する間に、オランダ語数万を覚えたといわれる。小石・間両人のために蘭書を翻訳し、また、電気学にも詳しかった。晩年は藤田顕蔵のキリシタン事件に坐し、不遇のうちに終った。

** **野呂天然**　原文には野呂とのみであるが、天然以外にない。天然は江戸の人で、刻苦十年余、ついに漢蘭二法を折衷して新医学をおこしたが、あまり流行しないので、著述をもって後世に伝えようと京都に入り、学塾蜉蝣草堂をおこした。

岡山に向う　九月六日、新しく交わった人々と別杯を傾けて、凉庭は大阪を発ち、山陽路の旅を続けた。この日、天気澄明、稲の穂は黄色に色づき、はじめて山野幽淡の思いを生じた。故郷を出てからすでに一カ月、光陰矢の如きに驚き、次の詩を賦した。

生ムレ我ヲ者ハ天地　育クムレ我ヲ者ハ慈親　已ニ仮テ二乳哺ノ徳ヲ一　長成ス七尺ノ身　渥恩深ク二滄海ヨリモ一
寸分モ未ダレ報ヒレ仁ニ　張リテレ眼ヲ常ニ苦学シ　蠖屈シテ欲ス二終ニ伸コトヲ一　京摂人寥落タリ　東方誰カ絶スレ倫ヲ
至道或ハ埋メレ跡ヲ　名家未ダ二必ズシモ真ナラ一　寒暑一短褐　草鞋山又津　昼錦ハ非ズ二吾カ志ニ一
探ルハレ勝ヲ非ズ二吾人ニ一　願クハ括シテ二天下ノ美ヲ一　醇乎トシテ更ニ欲スレ醇ナラント　全ウシテレ身ヲ反シ二父母ニ一　又寿セン二昇平ノ民ニ一

京摂に人物少なく名家かならずしも真ならずと、すこぶる気負った詩で、小石元瑞は、「君視我家先人不在眼可恨」と批評している。これによると涼庭はかつて元俊に会ったようである。

大阪をへだたる三里、土地は広大にして豊沃、大道坦々として尼崎城にいたる。ここは魚市がすこぶる多く、鮮魚が店頭に満ちている。西宮・深江・魚崎・青木の諸村を過ぎると、麻耶《まや》山を背にし、瀬戸内海を前にして巨家が多い。米を水車でついているが、多くは酒屋である。江戸でいう灘運りの酒がここでできる。この夜三影村の小田仙菴の家に一泊する。

七日早朝三影を発し、三里ばかりにして脇道に入り、湊川の楠公の墓に詣でてその精忠をしのび、一詩を賦した。ついで兵庫に入る。舟船輻輳し、大阪と通じているので、すこぶるにぎわっていた。さらに二里ばかりにして須磨・一の谷を過ぎ、源平の合戦をしのび、平敦盛の五輪塔や平知盛の碑をみ、詩を賦す。この間うっそうたる松樹、一面の白砂を賞し、昼食の間、懐古の七古十二韻の長詩を作る。さらに舞子浜で奇松を見、淡路島と、はるか彼方に紀州の山々をのぞみ、夕刻明石城にいたる。高班国を訪ねたが、当直で不在のため、大久保駅に一泊した。

八日早朝出発、暁風は飄々として、秋の露が降りている。海上に日出を見る。和気に五体ものびのびとする。凉庭は思わず北海厳殺の気の故郷と、南海に面した摂津播磨の地とを比較する。これより村々は土石を多く用い、美田は広々としているが、山に樹の少ないことが注目をひく。行くこと五里、加古川の駅に出る。姫路城を望んでは、再び豊臣秀吉の雄大な気象を偲ぶ。さらに三里、正条駅の三輪敬節の家に一泊する。敬節の愛する菊が満開で、旅情を慰められた。一詩を賦す。

＊**三輪敬節**　名は信、字は了友、号は揖川。その家は「三輪の寺小屋」といわれ、のちの名士の多くはここで教育された。三輪家は宿坊本陣であった。敬節は天保八年五十四歳で没した。

九日、官道を東に転じて二里、室津の港にいたる。大船が檣を接してすこぶる壮観である。ここで名村三左衛門を訪ね、七日間逗留する。三左衛門は肥後侯の旅館の主人で、古医方を攻究し、華岡青洲に学んで乳癌の切開に麻睡薬を用いていた。

十五日は船を買って赤穂に入り、田淵順悦を訪う。その二子はともに亀井南冥に師事したが、まだ医を解するにいたらない。杯を傾け、詩を餞とする。

十六日は赤穂を発ち、三石駅をすぎ、折れ山に入り、北方村（現吉永町）に赤石順治を訪う。順治、また明石希範、のち退蔵（弘化四年、六十三歳で没）と称した。男子の大蔵とともに吉益南涯の門弟で、『傷寒論』を研究した。朝夕討論して気血水の説を聞き、少なからず得るところがあった。ここで、書家武元君立（登々庵）に会う。ここに六日間留宿した（凉庭は十二日間としているが、二十一日に辞去しているので、六日間である）。宅の前に槐雨山楼がある。

二十日は武元君立・赤石大蔵とともに田圃道を山に沿うて一里ばかりの志津谷に向う。ここには有名な閑谷黌《しずたに》がある。門を入れば堂があり、棟宇宏崇、巍然としてそびえている。堂上では四書五経を講じ、自由に聴講させている。山腹には聖廟を建て、その傍らには創立者、芳烈公池田光政の霊を祭っている。日没後、赤石家に帰る。

二十一日、赤石氏の宅を辞して西行八、九里、岡山に着き、藤井駅に宿泊した。

二十二日、早朝出発して岡山に入る。さすが大藩だけに、東西一里、富商軒をつらねて、繁栄をきわめている。坂倉・河辺両駅を過ぎ、農家数戸連らなり、夕陽が紅葉に映える中に芦垣竹門の雅致ある家を見付け、一泊を請う。さる医生の宅である。

広島に向う　二十三日は矢掛・高屋の両駅をすぎて、日没神辺駅にいたり、小早川文吾を訪ね、赤石大蔵の書をわたす。文吾は名巓・号は景汲、恵美三白に医を学び、菅茶山の門下であるので、ここで一泊した翌日は、菅茶山を訪ねた。茶山は和気春のごとく、当時有名の詩人であったので、門人三、四十名もあった。頼山陽がいた。やがて酒肴が出され、山陽は時務を論じ、また「肺腑而能語医師色如土」の十字を書して餞してくれた。

二十五日は尾道に入り、医生某の宅に一泊し、二十六日は山崎闇斎を信奉する朱子学者某を訪い、午後灰屋某を訪い、二人の娘から蘭竹を描いて贈られる。二十七日は小早川隆景築くところの三原城を見、香積寺に僧道高を問う。かつて由良に来て凉庭の診断を受けた人である。不在。投宿五日間（実は七日間）。

十月四日、香積寺を発し、頼春水門人の石井某を竹原村に訪い、討論して益を得た。翌五日は頼春風（山陽の叔父）を訪う。六日竹原村を発し、行くこと七里、村長宅に一泊、七日、ついに広島に入り、斜陽に映える天守閣をのぞんで出雲屋権平の旅館に宿泊した。

広島滞在　翌八日は権平の仲介で、山陽の名医恵美三白に会う。三白は剛直寡言、古人の風格があり、用吐の方に秀で、山陽十州の重患が続々と治を請うた。涼庭は吐方を用うるのに苦しんでいたので、十分問いただし、豁然として得るところが少なくなかった。

涼庭は、恵美三白の家に文化八年八月まで、約十ヵ月滞在した。ここで特筆すべきことは、中井厚沢・星野良悦（二代）に会ったことである。文化八年正月十七日、涼庭は石原柳菴（医生）と武元登々庵にめぐりあい、両人が中井厚沢と睦じかったので、柳菴を介して厚沢に会った。その家は三白の近隣であった。涼庭は、早朝か、または夜おそく厚沢を訪ね、互いに討論した。この間しだいに熱が入り、涼庭は「自分は面熱し背に汗し、嘗て苦学するところ、一掃して用無く、あたかも鷹を失った鷹師のように感じた」とその所感をのべ、「天下にこのような道のあるのを知ること、何ぞ晩きや」と嘆じたというから、余程の感銘をうけたようである。厚沢の友人星野良悦もまた医理にくわしかった。ここで「身幹儀」を見たが、これは良悦の父初代良悦の創作するところで、微細なところにまで心を用いていた。人がこれを嘲笑したので、涼庭は「身幹儀の説」を作った。身幹儀とは、人体の構造を木で示そうとしたもので、今日の人体模型にあたる。初代良悦は、これを江戸にまでもって行き、江戸蘭学諸家の絶讃を博したものである。涼庭の文を左に引いておこう（原漢文）。

身幹儀の説

芸国星野良悦翁、医をもって山陽に著わる。人となり慷慨、患を救い、病を恤いて険難を避けず。嘗て刑屍を解剖し、以て内景を観る。又之を冎（副）し以て身幹儀を造る。議者或は謂く。其事残忍人情に非ず。余おもえらく然らず。天下君子之忍あり、小人之忍あり。君子之忍は小人の能く忍ばざる所也。小人之忍は君子能く忍ばざる所也。尭之丹朱に於けるは至愛なり。而して之を忍び位を他人に禅《ゆず》る。周公の管蔡に於ける至親なり。而るに之を忍び誅滅を加う。蓋し忍に大小あり。天下を以て其の私を易《か》えざるなり。此二者、聖人公道を以て之を断ず。而して庸人の情、或は忍ぶこと能はざる所なり。今翁の心を以て之を推す。天下不測の病に罹り、非命に死する者、一にして足らず。而して医深く之を救うの方を求めず。袖手坐視、以て其の斃るるを待つ。君子豈之が為めに惻然動心せざるを得んや。是固より翁の大いに忍びざる所なり。是を以て奮然身を挺し、死人を刳剝し、以て生人を救うの術を求む。天神之を許し、地祇疑わず。然して庸人之を非《そし》るは何ぞや。君子小人、其の見大小有って而して忍ぶ所情を異にすればなり。聞く、翁嘗て忍の字を其室に扁し、以て自ら警むと。余を以て之を観るに、翁の忍ぶ所、果して君子之忍なり。設令《たとえ》聖人出ずる有るとも、必ず斯に取るあらん。余且《しば》らく翁に代り以て凡庸の嘲を解くと云う。

この文にあらわれたところを見ると、あたかも解剖をはじめたころの反対論と賛成論とを思わせる。すなわち、死屍を解剖することは不仁であるという考え方に対して、それにより、生者を治療し、生命を延ばすのは、むしろ仁であるとする論であり、新しい学問がおこる時に、つねにあらわれる論争である。

なお、涼庭は中井厚沢について、次のごとき興味あるエピソードを伝えている。厚沢の家には江戸の先輩の訳した書数部を所蔵し、秘して誰にも見せず、視ようとする者は、謝礼金若干を出さねばならなかった。涼庭も見たかったのであるが、嚢中払底してどうにも仕様がない。たまたま厚沢病篤く、涼庭のために薬餌を与えて約一カ月の間看病した。厚沢は深くこれを徳とし、はじめて書を見るのを許した。そこで涼庭は喜んで昼夜兼行で四十五冊を六十五日間かかって写し終ったというのである。

右のごとく、涼庭の広島滞在十カ月間は、三白の秘方をきわめ、身幹儀を見、厚沢によって蘭説の精微にして、自らが講究すべき学であることの感を一そう深くし、さらに訳書数十冊を筆写しうるなど、多大の成果をおさめた。八月一日、資財も尽きたので滞在することが出来ず、諸友に別れをつげて恵美氏の許を辞し、広島を発った。二日、城東の瀬野村文哉なる者が涼庭に師事した。これは涼庭が発泡の処方によって、向灘村村長の三年越しの腰痛をなおし、その一族瀬野村利兵衛の妻の瀕死の病をなおして深く信頼されたからである。そこで文哉をすすめて涼庭を迎えさせた。涼庭はここで一ヵ月滞在したが、その評判をきいて、治療を請うものが続々とやって来た。この間患者三百四十人、十二月末にえた金子は二貫五百目、このうち四百目を謝礼として厚沢にわたした。

文化九年正月、郷里を発ってからすでに一年五ヵ月、光陰流るるがごとく、心中不安であったが、芸備二州の重患が来って治を請うので、やむことを得ず、ついに七月まで止まり、千四百人を治療し、六貫四百目をえた。しかし、素志は西遊にあるので、心はあせり、山県郡の富農が金五貫目を積んで治を請うて来たが、金銭は得易いが光陰は得難いとしてこれをふりきり、八月三十日、故旧と別杯を傾け、備後の学生浅田容斎を帯同して広島を発った。

ここで『西遊日記』の記事は一ヵ年とび、文化十年九月一日、久波浦・小方駅を経、錦帯橋を渡る。その奇工に感歎し、高森駅の旅館に一泊する。二日は徳山を過ぎて福川に一泊、三日早朝出発、宮市で菅公廟に詣で、大道村に一泊、四日は小郡を過ぎ、周防より長州に入る。厚狭駅に一泊。五日は吉田小月を過ぎ、絵のごとき風景をながめつつ、長府山口にいたる。さらに赤間関（下関）に出る。海上には舟の東するもの、西するもの、港は来往の船舶で終日混雑をきわめる。旧知の石原柳菴を訪い、医話に討論を重ね、旅館に帰る。

六日は浅田容斎と阿弥陀寺に登る。安徳天皇陵があり、また壁上に平氏敗北の図が描かれている。これより壇の浦の戦を回顧し、一詩を賦す。

七日、研海をわたる。急潮大渦に舟は木の葉のごとく舞う。巌柳島をすぎ、与治兵衛迫戸（瀬戸）といわれる難所をすぎる。昔与治兵衛なるものが、兄の仇と豊臣秀吉をねらい、発覚して頭を刎ねられたので、これをあわれんで、かくなづけられた。小倉駅にいたり、筑前に入り、里崎駅に一泊した。


北九州行　八日箱崎にいたり、箱崎八幡に詣で、博多に一泊した。殺生禁断の鶴がいて、人が来ても驚かない。九日午後は、亀井南冥の弟で、詩僧の幻庵を禅悦堂に問う。十日は福岡にいたり、亀井南冥を訪う。南冥は西方約半里の姪浜に居るというので、そこを訪ねた。当日は南冥気分すぐれず、病であろうと思われた。南冥は言葉おだやかに、態度も敬を失わなかった。凉庭が海魚十尾を進呈すると非常に喜こび、「駆竪斎」の三字と医箴一語を書いてくれた。

十一日は海風激しく、終日浅田のために『傷寒論』を講じた。翌日は天晴れ波も静かになったので、市街に出で、はるか海上をのぞみ、名護屋をたずねようとしたが、時間が惜しいと議論中、降雨のため中止した。十三日の午後は幻庵を訪ねて書を請い、急いで大宰府の旅館にたどりついた。十四日は菅公廟にいたり、菅公をしのんで一詩を賦す。山家・原田・轟木を過ぎ、佐賀の手前の堺原駅に一泊する。ここで凉庭は石炭のことをのべている。「凡そ肥筑の間、石を以て炭に充つ。臭煙硫の如し、蓋し其質硫黄に属して麤《そ》なる者（あらいもの）、所謂石炭是也」と。

十五日、堺原を発し、佐賀城に入る。本荘から舟にのり、島原の諸山をのぞみつつ行く。十六日には海中で日出を見、黎明諫早に達し、日見嶺に登る。これより下って長崎にいたり、石村儀兵衛宅に宿泊した。

第二節　長崎時代

長崎における涼庭の活動については、『鬼国先生言行録』・『西遊日記』を主とし、これに、涼庭の著書の序文等から関係箇所を加えて述べる。筆者は、長崎について詳細に調査したわけではないが、『旧幕時代の長崎』・『ヅーフ日本回想録』(『異国叢書』のうち)や、「長崎談叢」の若干号には、涼庭についてほとんど、あるいは全く書かれていない。長崎における蘭学資料研究会大会で当地の人に質したが、新知見をえられなかった。

涼庭の見た長崎　待望の長崎に入った涼庭は、十七日に長崎を見てまわった。はるばる京都から出てきた遊学者にとって、それは胸躍る思いにちがいない。涼庭は長崎をいかにみたか。

地勢は三方が山で、西南が欠けて港口となっており、たこつぼのようである。口の広さは百歩ばかり、港口をはさんで聳える山は天門山と名づける。肥・筑二侯が警護の兵およそ千人、大砲や武器を陳列して外寇に備えている。港の広さは南北一里、東西十余町、水深く岩なく、小さな湖のようである。大風雨といえども一つの碇で泊することができる。中国・オランダの商船、万里の彼方から貨物をもたらす。おもうに、人間は利益を追うに急であるのは、天下皆然りである。戸数は一万ばかり、商業によって生活していないものはない。これが九国の饒邑、本邦の巨港たるゆえんである。聞くところでは、天正・慶長の間佐賀侯の支配に属し、住民に自由に交易させ、シャム・交趾《コーチ》もまた来って貿易した。のち江戸幕府の所有となり、私貿易を禁じ、利益は皆官に納めた。官はその代りに食禄を以てした。商人は職が分れ、奉行所に隷属している。ゆえに市民は賜う所があって租税がない。シャム・交趾等と貿易を断って何年になるか知らないが、通訳はいまなお残っている。

奉行所は山寄りにあって、奉行二人をおいている。賞罰はすべて奉行の管轄下にあり、村長が九名あって、町年老とよび、（寄）百務をあずかり聞いている。その富強は大名に比し、一村の権は皆町年老に帰している。およそ天下の政は、権力が強まると衰え、驕ると傾くもので、時弊の行きつくところ、山崩れ水漲《みなぎ》るがごとく、その勢いは防ぐことができない。饒邑長崎のごときは他に例がなく、長く繁栄を続けるのも、また怪しむに足らない。

吉雄如淵に入門　涼庭の長崎における最初の師は、吉雄六次郎*（のち権之介、号は永保・如淵）で、『西遊日記』では、入門の月日は、この年、すなわち、文化十年の十月二日、福嶋某の仲介によったと述べている。それまでの状況については、『鬼国先生言行録』によると、涼庭は、はじめ某禅寺の門の傍らの小舎に住み、導引や発胞膏を売って、わずかに衣食の資をえていた。ついで治療もしだいに繁昌したので、吉雄に入門したという。

* **吉雄如淵**　長崎の大学者吉雄耕牛の末子。耕牛六十二歳の時の妾腹の子で、六二郎と称した。二兄定之助・献作が蘭外科であったから、彼が家業を継いだ。如淵は、これまた長崎の大学者であった志筑忠雄（中野柳圃）に文法語格を習い、文化六年にはオランダ商館のヘートルについて英語を、商館長ドゥーフにフランス語を学んだ。涼庭は「其の横文を解す天下無比」と評している。天保二年（一八三一）五月二十一日、四十七歳で没した。

吉雄如淵は、青年時代に破産し、兄献作の家に寄食していた。その学力においては、涼庭の師として十分であったが、如淵の一つの悪習は遊蕩であった。『鬼国先生言行録』によれば、如淵はしばしば丸山遊廓に遊んで、教授してくれないので、涼庭は師のありかをさがし、愛妓を買って師を遊ばせ、その面前で横文字を徹宵で勉強したという。

初期の涼庭の医術活動　『西遊日記』によれば、吉雄如淵に師事して間もなくの出来事が二つ述べられている。その一は、旅館の主人の子幾治が翻胃（食物がのどを通らず嘔吐する病）を患い、昼夜腹痛で嘔吐し、呻吟する声は四方にとどろいた。涼庭は、治療してやろうとして、腕のなるのをおさえがたかったが、そしらぬ顔をしていた。すると、如淵の門人四名が、涼庭に『傷寒論』を講じてほしいと頼みに来たが、修業で暇がないと辞退した。四人の者は、たってと頼むので、その請をいれ、毎日朝八時から夜八時まで講義した。旅館の主人は、涼庭が医学研究生であるのを知って、切に治療を求めた。そこで涼庭は吐薬ならびに酸剤を用い、減食を厳守させ、一ヵ月ばかりで全治せしめた。

その第二は、旅館の隣りに五坐屋某というのがあり、その女は若くして寡婦となったが、咳嗽《がいそう》寒熱（せきのでる風邪）を患って六、七十日、痩せて骨ばっていた。医師はみな労瘵（疲労の病）であろうとし、涼庭に治療を請うた。涼庭がみると、皮膚全面に疥癬《かいせん》の痕があるので、癬毒が内攻したのであることを知り、毎日野羊の乳を椀に三杯飲ませ、併せて発癬の薬を用いたところ、一ヵ月ならずして癬大いに発し、ついに死をまぬがれた。

右のごとく、その治術をあらわしたので、石村儀兵衛の別邸で読書していたが、患者がつぎつぎと集まり、先来者が退かぬうちに、次の患者が来るというありさまで、つい七ヵ月をすごしてしまった。文化十一年正月より七月の間、治療した患者は千四百余人、銀十一貫五百目と銭百六十緡を得たという。ここにおいて、患者を断わるため、七月十七日ひそかに長崎を発して竹尾温泉にいった。患者二百人を浅田容斎と塩見仙菴に付した。

八月二十三日には竹尾を発し、大村に一泊、二十四日、船で大村を発って時津につき、夜に入って献作の家にいたった。

涼庭の勉学　献作の家の楼上には、如淵がいたので、同居を請うてオランダ語を学んだ。ここで、通詞の石橋助十郎が所蔵するプレンキの外科書を手に入れ、昼夜熱心に研究した。その時の所感は、はじめはボーッとしてつかみ所がなかったが、ようやくにして前途に光明を見つけうるばかりなったという。

文化十二年の正月も、献作の楼上で迎えた。この年は、足土を踏まざること二百五十日と記しているから、部屋にとじこもって、勉強これ努めたのである。この間、字の九品（九品詞）、事の六格、文の六時（現在・過去・未来等の時制《テンス》）を学び、日々短文五つを復習した。如淵の状況は、既述のとおりであったから、如淵の一族吉雄忠次郎永民*にも師事した。

この年、凉庭はまた、天文学者末次独笑**について、算数を学んだ。

* **吉雄永民** 吉雄耕牛の弟作次郎の孫で、のち文政五年（一八二二）九月、馬場佐十郎の充員として、江戸の天文台に天文方となり、高橋作左衛門とシーボルトとの間を周旋したかどで、幕府より咎めをうけ、米沢の上杉佐渡守のもとに永牢となり、天保四年（一八三三）二月二十九日に没した。

** **末次独笑** 名は忠介。著名な天文学者である。凉庭は、独笑の家は代々街長（乙名《おとな》）で、博聞強記、もっとも星学を得意としたが、性格が剛直で人を皮肉ったりしたので、不世出の人傑であったにもかかわらず、識る人が少ない。まことに惜しむべき限りだと述べている。間重富、重新父子も日蝕観測のため長崎に行き、末次に質問して疑義が釈然としたということである。

右のごとく、凉庭の長崎時代の師は、吉雄如淵・同永民・末次独笑の三人である。ところで、足土を踏まぬこと二百五十日間の勉強ぶりを『鬼国先生言行録』によると、夜読書の灯火の上に米少量を入れた土罐をおき、粥を作って炊さんの手間を省いたほどだという。この年十一月、長崎の大火で献作の宅が焼けたので、福島某の家に移った。

凉庭の長崎時代の猛勉強は、今日京都府立医大の図書館に蔵する凉庭の筆写本によっても、その一端を窺うことができる。書名は、Willem Sewel: Nederduitsche Spraak Konst, 1705 で、いたるところに朱線が施されて、その研鑽の並大抵でなかったことが窺いしられる。

初期の翻訳　涼庭は、文化十二年に、プレンキの外科書と解剖書とを訳したとのべている（『西遊日記』）。これが、涼庭の死後出版された『解体則』である。

さらに、この年はゴルトルの外科書を翻訳して、『窮理外科則』を出版しようとしている。このことは、同書によせた吉雄永保（すなわち如淵）の文化十二年の序文で明らかである。永保は次のごとく記している。

丹後の処士新宮涼庭篤《あつ》く西洋医方を好む。其志汎く採りて普く之を試むるに在り。乃ち長崎に来り、余に従って蘭語を学ぶ者三年なり。学既になる。近く趲尓徳児《ゴルトル》著す所の窮理外科則十余篇を翻し、今将に第七篇を以て上梓せんとす。余に題言を徴す。云々」（原漢文）

同じく本書の第七篇の附言は、長崎今籠町の菊谷芳満（藤太）の文化十三年三月に書いたもので、はじめに芳満の家が世々蘭館と関係し、蘭方の精確を知るものの、見聞の限りでは隔靴掻痒の感をまぬがれず、ここに涼庭について学んだと言い、涼庭が朝夕之を講じて生徒を教えたという。芳満らは、涼庭の講義後これを筆記し、十篇に輯録、これを備忘のために上梓したと記している。

末次独笑もまた、文化十三年七月付の跋で次のごとく述べている。

（前略）新宮涼庭子予之忘年の友なり。夙に西洋医術を信じて妙《よ》く其の語を解す。近く趲尓徳児《ゴルトル》氏著す所の外科書を訳し以て予に見示す。予未だ医事を学ばず、而も之を読むこと三復。即ち其の法とすべく、度とすべきを知る（原漢文）。

この本は、まず第七篇を出し、ついで第三篇を出版した。この第三篇には、斎藤方策が序文を寄せ、吉村文哲（芸州人、名は忱）の例言七則には、本書が門生の講義筆録を公刊する旨を記している。そして、涼庭の長崎における活動について、次のごとく述べている。

忱長崎に在り。聞く。蘭人医事を語れば、則ち嘖嘖《せきせき》先生を奨推し、病めば則ち必ず先生の薬を服す。先生に従うに及び、其の彼方の書を訳定するを見るに、その稿身に等し。又薬籠を侍執して屢々蘭館に出入し、親しく其の館に入りて治を施すの暇には必ず西医を叩いて討論切磋、面に其の訣を受け、親しく其の方を験むるを見る。窃かに惟へらく。先生学精しく術熟し、空論奇を衒う者の比に非ざることを。云々」(原漢文)。

右の涼庭の著書の序文、例言等よりして、涼庭の勉学ぶりや、長崎到着後年余にして、弟子に蘭書によって教授したこと、吉村文哲の言は、師に対するほめすぎがあるとしても、長崎における涼庭の地位が、かなり確固たるものであったことを、うかがい知ることができるのである。

青年客気　ここで、涼庭の長崎における生活の内面にふれてみたい。青年客気、ときに名前をあげるために、芝居を打つこともあり、また、女性関係もあるものである。まず、つぎに示すエピソードは、『新宮涼庭先生言行録』に記されている。本書は『鬼国先生言行録』を仮名交わりに抄訳したもので、さらに諸家の追憶が挿入されている。次の話は、吉岡清造なる人物が伝聞したものである。

涼庭が長崎滞在間、売れっ子の娼妓と親しくなり、一日いつわって病と称し、客を断わり、土地の名医にみせたが、なかなか治癒しない。そこで涼庭に診を請うた。もとより仮病であるから、一診にして快癒、涼庭大いに医名をあげたという。

この娼妓については後日譚がある。それは、門人横井俊輔の子俊介が語ったところであって、のちの涼庭の処世法からみても、根拠ある話と思われる。

この妓が、涼庭がのちに盛名をはせているのを聞いた。涼庭はこの妓と結婚約束をしていたので、一日出京し、治に託して凉庭を招き、先の結婚約束の履行をせまった。すでに結婚していた凉庭は大いに困り、夫人の智慧をかりて追払った。凉庭はまた、この妓をシーボルトの妾とし、その便宜でシーボルトの蘭書を借用したという。

右の、シーボルト関係の話は、すこし疑わしい。

もう一つは、凉庭が長崎滞在間、青楼にのぼったことである。これは、凉庭の『方府私話』巻之下に出ている。凉庭自身「慙を曝して」門弟に話したのである。

自分は年二十四五（一本では三十四五）の頃長崎にいたが、二三年前より顔色痿白、飲食胃に停滞して和せず、大便秘し、小便繁く、十日に五日は風邪のごとく、生命も持ちかねると思われた時、ふと青楼に登り、輿に乗って半年余も日に三遍づつ通ったが、何となく酒を二三杯づつ飲むようになり、自然と飲食の胃に停滞するのを忘れた。

と。なお、『駆竪斎家訓』には、「遊所に近づくべからず、必ず梅毒を得て其の身夭折するのみならず、子孫を絶すべし。余が覆轍を以て固く戒めとすべし」とのべており、凉庭また、長崎で梅毒におかされたことを語っている。

蘭館出入　凉庭がオランダ商館に出入りするようになった動機については、『鬼国先生言行録』には、師の如淵が蘭館宿直の日は暇が多く、教えを受けるにも便益が多いので、布被の嚢を負うて従った。ドゥーフは凉庭の勉学心の深いのに感じ、如淵と協議の上、蘭館の医師としたと述べている。『西遊日記』は、また別の話を掲げているので、これによって述べてみよう。

文化十三年の正月は、福島氏の別邸で迎えた。この年四月、ゴーゼマン*というものが頭痛をわずらった。フェールケは胆汁のためだろうとし、吐薬を用いた。しばらくはおさまったが、また再発した。そこで、ついに凉庭に治療をもとめたが、官制によれば、長崎に戸籍をもつものでなければ、重病で治療を請うたとしても、オランダ商館に入ることが許されなかった。そこで凉庭は、一時長崎豊後街の籍をとって官許をえ、蘭館へ行って治療を施した。

ゴーゼマンは底なしの酒ずきであったから、頭痛と高熱に苦しんでいたので、凉庭は血を七十銭（銭とは目方の単位、一銭は約三・七グラム）放出し、茶調散（諸風のぼせ、目くらみ、頭痛を治す薬）に苦薏石膏を加えた薬を飲ませ、さらに消黄丸を併用し、酒量を減らせることを厳命した。ところが、再び頭痛がおこることがなかった。オランダ人は、凉庭を良医としてほめた。

＊ **ゴーゼマン**　ヂルク＝ホゼマン Dirk Gozeman のことで、商館の簿記役、のちに荷倉役をした。その名は『ヅーフ日本回想録』にも、大槻玄沢の『西賓対晤』にも見えている。フェートン号事件のとき、英船フェートン号が蘭船を装って長崎へ入港した際に、助手スヒンメルとともに委員として派遣せられ、英船に捕えられた人物である。

つぎにフェールケ＊のことについてである。凉庭の『西遊日記』には、文化十二年度の記事の最後に、「蘭館医あり。苛児結《ヘールケ》と称す。余其の奇術驚くべきものあるを欽び、之に親炙せんと欲するも、官制あり。故なくして館に入るを許さず」とあり、文化十三、十四年の記事にもフェールケの名前が出ている。ところが、フェールケは文化十一年六月十二日に没しているというから、凉庭の記事は、すこし疑わしい。あるいは、凉庭がフェールケについたのが、長崎到着後間もなくであって、『西遊日記』は長崎滞在間の出来事を、不正確に書いたのか、長崎着の年次が誤りか（途中一年の空白―三七ページ）、あるいは、他の医をもフェールケとしたのかであろう。

＊ **フェールケ** Johanes Feilke　はオランダ Hoorn の人。古賀十二郎著『西洋医学伝来史』には、長崎在留九年、文化十一年六月十二日に没したとある。また、呉秀三博士は、その在日期間を一八〇〇～一八一四（文化十一年）とされ（史学会編『明治維新史研究』三八三ページ）ている。その他の諸書では、文化十四年を没年としたものが多い。なお、松尾耕三著『近世名医伝』の付録には、来朝のオランダ医師の略伝がおさめられているが、その中にフェールケはない。また、ドゥーフの回想録にも、フェールケに関する記事が全然な

い。

右のごとく、フェールケの没年から考えると、凉庭の『西遊日記』の内容には種々疑問の余地があるが、以下、『西遊日記』に記載されている事項は、傍証のないままに、本文通りに引用し、凉庭の活動の一班をうかがうことにした。

蘭人直伝　いよいよ蘭館出入を許された凉庭は、これからオランダ医師の治療を見、またその指導をうけることになった。『西遊日記』によって、その状況を引用してみよう。まず、文化十三年については、次のような例がある。

青貝屋某は、漆器を売って蘭館に出入していたものであるが、咳嗽発熱、諸薬ことごとく験しがない。時はいたずらに過ぎ、しかも日に二、三勺は血を吐く。医者はおそらく風労で不治の病症であろうとした。フェールケは一診して、血八十銭を放出し、和胸湯に乳汁を加えたものを、日に一升ばかり飲ませ、石灰水一ぱいを併用せしめた。また、亜麻仁油《レインオーリー》五滴を用い、諸症ようやく退いた。再び血六十四銭を放ち、前記の療法を七日間続け、病勢大いに減じた。また血五十銭を放ち、一カ月たたずして全治した。

通事某が、黴毒が眼に入り、液がにごり、膜が爛れ、前方が見えなかった。フェールケは、まず吐酒石を六厘五毛与えて吐かせ、猛升汞水を蜂蜜で和したもので眼をそそいだ。このように吐薬を用うること五回、のち甘升汞一厘七毛、大黄末三分を内服させ、六、七十日でなおった。おもうに、病毒が胆汁に発したならば害をなすので、このような原理をはっきりさせて治療にとりかかることは、かくのごとくである。蘭人が手っとりばやく、しかも果敢、いい加減には言わないし、軽々しく承諾しないし、すこしも人をあざむくような気持がない。水夫や炊事夫といえども、一言半句約束を違えることがない。もし誤ったことを言えば、かならずそれを明らかにする。中国人の詭詐百端、児戯に類するものとは同一の談ではない。自分は性疎漏で、ややもすれば約束したところを忘れてしまう。自分は蘭館に入るごとに、赤面してそわそわしてしまう。のちにドゥーフは自分をあざ笑ってロスメンスと称した。これはオランダ語で、疎漏人という意味である。

涼庭が性疎漏であったことは、『立誠堂詩文存』（後述）にも「性忽略而簡易」とあり、また、中林竹溪の描いた牛若丸の像に賛した詩にも、一字脱落して、横につけ加えたのがある。なお、右の中で興味をひくのは、オランダ人と中国人との比較である。江戸時代初期には、儒学全盛の影響をうけて、中国崇拝熱が、かなりさかんであった。『解体新書』が翻訳されたころは、森島中良の『紅毛雑話』にしても、大槻玄沢の『蘭説弁惑』にしても、世間のオランダに対する誤解を除こうとして、世人の誤った見解を述べているが、その中には、オランダ人は犬のごとく片脚をあげて放尿するといったことまでが語られている。東洋精神西洋芸（技術のこと）の考えは、幕末まで日本人を支配した観念であり、そのような中に、蘭学者がしだいに、西洋が精神においてもすぐれていることを悟るにいたるので、涼庭が長崎に行って、オランダ医術の優秀さと同時に、品性においても、中国人と比較にならぬことを発見したのは、体験による、もっともよい実物教育であった。つぎは、ドゥーフの愛妓の妹の病気をなおした話である。涼庭は語る。

ドゥーフの愛妓の妹が、歯齦に胡桃《くるみ》大の肉塊ができ、時に破れて出血した。このため大いに疲れ、一年半ほど病蓐に伏し、フェールケに治療をもとめた。フェールケは水蟹《ワーテルカンクル》腫と思い、これを除こうとしたが、なお疑って、治療しなかった。そこで自分に診断を請うた。自分は、手あたりに綿一片をとって百合油厳酢を漬け、焼いた鉄でこれをのばし、日に二三度やってみた。一月ばかりにして肉塊は消え、血はまた出なくなった。フェールケ、ドゥーフは深く自分の術を信じた。おもうに、フェールケは軽々しく手術せず、その病気を重視したのである。自分は軽卒で、実にそれが何の病気であるかを詳かにせず、にわかに効をあげたのは、全く僥倖《ぎょうこう》であった。諺に、めくら蛇におじずとあるのを思い出して、自ら一笑した。フェールケは人に対して涼庭は良医だと言うが、その都度自分は顔が赤くなり、ひや汗を流したことである。

文化十四年の正月は、彭城《ほうき》東作の読書亭で過した。東作は唐館に属する通訳で、儒学を攻究し、門人が雲集していた。涼庭は大いに喜び、ここに寓居し、益友として仰いだ。この年の記事として『西遊日記』に述べられている事項は、次のとおりである。

ドゥーフは常にしばしば感冒にかかり、大便少なく、飲食進まず、鼻みずが牛のよだれのごとく垂れた。そこで自分は巴豆一味を粟粒ほどの丸さにしたものを、一日おきに朝一丸づつ飲ませたところ、便通もよくなってきた。このようにして六七回、のちまた感冒にかからなくなった。フェールケ、ドゥーフは深く丸薬の特効に敬服し、いよいよ自分を厚遇した。

×　　×

徳見茂四郎は元来虚弱で、多年足を患って、鶴膝風のごとく、足ははれて熱をもち、脛の大さは大きな胡蘆（ふくべ）のごとく、痛みに耐えかね、疲労もまた、甚だしいものがあった。多くの医者もただ拱手傍観するのみであったが、フェールケは一たび診断して、これはゴルトルのいう風骨《ウイントドールン》疽である。すでに散らせるわけはなく、勢いのおもむくところ、かならず膿まないで髄を腐らせ、骨膜をおかすであろう。解剖して骨にまで至ったならば、なおらないまでも苦しみをまぬがれるであろう。およそ医理の上でどうにもならないものは、苦しみをとるだけで満足せねばならぬと言い、メスをとって骨に達するまで割いた。このため出血は三、四合ばかり、傷の長さ三寸、その中へ硫黄《ズワーフル》創脂《バルサム》をはさみ、膿ができて痛みはやみ、はれもひいた。自分はこの治療法の明決果断なるに敬服した。

×　　×

吉雄権之介が時に悶え苦しみ、五体が煩疼し、身をふるはせた。そのありさまは発狂したようであった。フェールケは一診して、胆汁が害をなしたのだと思い、吐酒石五厘を用いた。はき気を催したので、ぬるま湯を大きな椀に五六杯進め、胆汁をはかせること一升ばかり、のち再発しなかった。

右のごとく、凉庭は自ら治療し、またフェールケの治療を学び、技術も大いに進んだ。これらが、後年大いに役立ったことは、いうまでもないが、同時に、治療・施薬が、風土や人種に大きな差異のあることをも発見したのである。たとえば、凉庭は、その著『泰西疫論』の後編で、下剤の薬が邦人とオランダ人とでは大いに異なることをあげ、「是余が多年蘭人を療し験したるところなり」と述べているがごとくで、他の著述にも、しばしば述べている。

なお、『鬼国先生言行録』には、凉庭の治療費について述べている。それは、ドゥーフとフェールケが、日本とオランダと比較すると、日本の治療費が非常に安いとし、凉庭が一診すれば銀五銭、薬価一服は銀三銭としたので、凉庭も経済的にかなりの余裕ができたというのである。

疫病と治療　長崎には文化十三年ころから火災があり、十四〜五年ころに疫病が流行した。これは凉庭にとって、絶好の修練場であった。その詳細はのちに述べることとするが、この火災と疫病のことについては、諸書に一致しないので、左に若干考証したい。

火災と疫病についいては凉庭の著書にも、この記述は区々である。すなわち、

『鬼国先生言行録』では、文化十四年の秋、長崎に大火があり、災後疫病が流行した。ナポレオン戦後久々に蘭船が入港し、この年、ドゥーフは帰国、バティーが蘭館医として到着した、とある。ドゥーフは文化十四年十一月三日（西暦十二月十日）に日本を去っており、後任のブロムホフは、この年の七月三日に来朝している。バテ

ィー Bateij は、ブロムホフとともに来朝した。

『西遊日記』では、文化十四年のところで、疫邪流行のことが出ている。ここに出ている蘭医は、いぜんフェールケである。また、治療のことは書かれておらず、日記もここで切れている（この日記は、後述のように、巻一となっており、巻二は続刊する予定であったらしいが、出版されていない）。

『療治瑣言』巻の上では、「神経熱」の項で、「文化十三年長崎火災後、冬ヨリ翌年ノ夏ニ延テ此疫（神経熱）大ニ流行シ」とあり、涼庭は翌年七月に来朝したバティーに質問に行っている。巻の中では「文化十四年長崎災後ニ疫病流行セリ」とある。

『方府私語』では「長崎ニモ文化十三年火災ノ冬ヨリ十五年ノ夏マデ」が、疫病流行期であるとしている。

『泰西疫論』の吉雄永民の序文（文政六年）では、「丁丑（文化十四年）之秋新宮涼庭氏と蘭医抜的《バティ》乙之客寮を訪う……此時吾崎罹災後、人多く疫を病む」とある。

『白雲遺稿』には、涼庭の言として「文化丁丑（注―十四年）災後疫邪大ニ流行ス」とあり、十四年としている。

『長崎年表』（明治二十一年刊）の文化十三年七月十五日の項には「正午紺屋町出火十数町ヲ延焼ス」とあり、割注によれば、家屋三四一戸・土蔵九棟焼失、家屋五十九戸破壊なる旨が記され、窮民の救賑が行われた。同年十一月十二日夜は本古川町に出火とあって、大した火事ではない。翌十四年には火事の記事はない。文政元年（文化十五年、四月二十二日改元）六月には「春来疫病流行ス、此月最盛ナリ」とあり、割註に「銭三百貫文ヲ出シ貧民ヲ賑ス」とある。

とにかく、疫病は文化十四年から文化十五年（文政元年）にかけて、長崎に流行した。その病状は、二、三日の問うわ言をいうので、医者は何の熱かわからず、温疫論・傷寒論で発汗または下剤茈胡附子などを主としていたが、あまり効果はなかった。涼庭はスゥイントンの『妄語熱篇』などを熟読し、其の法をもって処方したが、失敗もまた少なくなかった。かくして諸法を試みるうち、補中益気加附子（不詳）を用いることを覚えて、やや功を奏し、攻伐の法がかえって害をなすということを、他の医者よりも早く悟ったが、まだその理論が充分にわからなかったので、自然になおるのか、薬がきいたのかわからず、何か神助でもあるかのように思っていた。そこへ、バティーが蘭館医として来朝したのである。

文化十四年の秋、吉雄永民と涼庭とは、バティーをたずねた。バティーはオランダの医学の大家プレンキの門下で、内科を得意としていた。涼庭はバティーに分離術について質問し、ついでに、流行の疫病のことについて話すと、バティーは手をうって、これこそ神経熱であると断じ、自分がナポレオン戦争でモスコーに遠征し、モスコーが火を発したのちにも、かかる熱が流行したと話し、吉雄忠次郎を通じてヒュッヘランドの神経疫論や、コンスブリュグの治療書をわたした。この翻訳が、のちの『神経疫論』と『腐敗疫論』である。涼庭がこの書をひらいてみると、徴候や療法が適確である。そこで、かなりな重症でも、はじめからこの方法によって治療すれば、死ぬということがなかったという。これとほぼ同様の記述は、『白雲遺稿』にも述べられている。

大体、以上が涼庭の諸書を参照しつつ、比較的妥当と思われる涼庭の行動を整理した結果である。なお、その療法は、『療治瑣言』によると、「其初メニ吐方ヲ怠ラズ、半バニシテ大黄ト阿片トヲ並ベ用ユルノ機変ヲ肝要トス」と述べている。

涼庭の師事したオランダ人医師　最後に、涼庭が長崎で師事したオランダ医師について述べておくと、以上述べたところで、フェールケはやや不確実であるが、バティーは確実である。ところが、『駆豎斎家訓』によれば、このほかにハーゲン、スロイトル、アンスリー等に学んで鴻益を得たといい、また他の著書にはブレイトホフなる人物も出ている。

ハーゲン Gerrit Leendert Hagen は、文化十四年に日本に渡来しており、文化十五年（文政元年）のカピタンの江戸参府に随行しているから（古賀十二郎『西洋医術伝来史』）、涼庭が師事したことは、十分考えられる。

スロイテルについては、『泰西疫論』に、スロイテルが涼庭に、西洋で柑橘類が得難いと述べたと記しており、アンスリーは、涼庭の他の著書には出ていない。また、ブレイトホフは『治療瑣言』前編に、「余文化十三年蘭医蒲跬徳福夫《ブレイトホフ》ヨリ健胃駆風ノ一散薬ヲ伝ヘリ」とし、また『泰西疫論』後編に『碩、蒲跬篤福弗《ブレイトホフ》ノ口伝ニ従テ之ヲ大麦煎汁ニ加ヘ用ユ」とある。しかし、傍証がないので、これら二名の医師については、その存在および涼庭との師弟関係を明言しがたい。

商館の役員中、医師は一名よりいなかったらしい。斎藤阿具博士は商館長、次席の荷倉役のほか、書記・医師・簿記役・助手等が、古くは十人程度、後世は五六人としておられ、ドゥーフはその回想録で、一七九九年渡来時、医師は一人としている（邦訳七九ページ）し、また、蘭館役員として、商館長・荷倉役・書記・医師各一人・手代四人・水夫二人、計十人をあげている（同九二ページ）。そのうえ、涼庭が長崎滞在間は、ナポレオン戦争のときで、一時本国から船が来なかった。したがって、これだけ多くの商館医がいたとは考えられない。

涼庭の江戸参府随行説について　『鬼国先生言行録』には、ある年、江戸参府の期にあたり、フェールケが肺患にかかり、涼庭に看護治療を請いつつ東下した。その次の江戸参府には次期のカピタンに従医がなく、官許をえて涼庭の随行を請うた、とあり、さらに、この両回の何れか不明であるが、大阪通過の際、奉行の歓待で忠臣蔵を上演、涼庭が台本を訳したことや、尾張通過の際、尾張侯がオランダ人を下乗せしめて侍女たちにみせようとし、蘭人との間に紛糾をおこしたのを、涼庭がうまく周旋し、ついに下乗通過せしめた話までのっている。しかし、これらはどうも疑わしいとしなければならぬ。

いま、この点をすこし考証すれば、文化十一年の参府は、涼庭が長崎に到着後五カ月のことで、もとより『西遊日記』にも蘭館との交渉について記載はなく、随行はまずありえない。ドゥーフの回想録には、随行医の氏名は全然書かれていない。大槻玄沢の『西賓対晤』には、文化七年に随行したフェールケが、病気のため蘭学者との面会を謝絶し、文化十一年（この年は『西賓対晤』の最後の年）には、フェールケの名前も、涼庭の名前もない。しかし、『宇田川榕庵自叙年譜』（岡島千曳著『紅毛文化史話』所収）の文化十一年の条に、フェールケが随行したことを述べ、古賀十二郎氏も『西洋医術伝来史』に、文化十一年にはフェールケが、文政元年には、ハーゲンが随行したと記しておられる。『徳川実記』（四五・五三の両巻）および『通航一覧続輯』（四九巻）にも、涼庭および随行員の名前は記載されていない。したがって、『鬼国先生言行録』にあるように、随行の蘭医がなかったので、涼庭が代って随行したというのは、信じ難い。

第三節　帰　郷

長崎発　涼庭が長崎を発して帰郷の途についたのは、文政元年であるが、その月日は明らかでない。西舞鶴図書館所蔵の、涼庭自筆本と推定される『血論』の序文に「文政元年七月十日　序於長崎容膝楼　駆豎　新宮碩題」とあるので（口絵参照）、長崎出発は、七月十日以降と考えられる。

涼庭の帰郷について記載したものは、『鬼国先生言行録』よりほかにないので、これによると、次のようである。

まず熊本に行ったところで、肥後藩の藩士のために西洋砲術書を講じ、藩主がこれを聞いて、二百石で召抱えようとしたのを辞退した。ついで、広島の恵美三白に会って、自己の発明にかかる吐根吐酒石の功能を説き、三白を悦ばし、しばらく広島に滞在して、弟子もかなりふえたという。

帰郷・迎妻　涼庭が帰郷した月日は明らかでない。ここで涼庭は、有馬涼築の娘で、かつ従姉妹になる春枝を妻とした。春枝の母は涼築の後妻で、田辺藩士山中氏の娘であった。涼庭は、春枝とは有馬家に学僕をしていたころから親しんでいたと思われる。その婚礼はきわめて簡倹で、新婦を送ってきたものは一婢と一僕、婚筵に用いた肴は、ただ一二種の脯菜のみで、送婢が酌をして式を終えたという（『鬼国先生言行録』による）。

この有馬家は、『但泉紀行』によると次のとおりである。

有馬氏八世の祖玄哲法印が医をはじめ、天正年中京師に移り、玄哲・涼筑・涼及と三代が法印で御医となり、涼及の名は海内に知られ、幕府の聘に応じ、また後水尾帝の恩遇ことに厚く、高麗製の神農の塑像および書、琅菜鎮、白金薬秤を賜った。ところが、涼及は違勅の罪で岡崎村に住み、兄涼遊は藩に仕え、弟は紀伊侯に仕えた。兄の家は代々二百石。

涼庭の父の兄竜寿斎義休は新宮家より出でて有馬家をついだこと、既述のとおりである。なお、右の涼及は奇行の多かった名医で、伴蒿渓の『近世畸人伝』にものせられている。

第三章　京都における凉庭

　長崎遊学から帰って故郷で妻を迎えた凉庭は、翌文政二年の春、京都へ出て開業した。長崎において苦学数年、蘭医直伝の凉庭の名声は、まもなく京都の蘭医家中屈指のものとなった。当時京都における蘭学者には、直接医は業としなかったが、辻蘭室が健在であった。医術にはそれほど名声はえなかったが、師稲村三伯の『波留麻和解』の後をついで『訳鍵』を著わした藤林普山、同門で、医にすぐれた小森玄良、京阪における蘭医学の祖小石元俊を父とする、名門の小石元瑞があった。凉庭は後進ながら、これらの名医に伍して門戸を張り、相扶けて京都蘭学界の黄金時代を築いた。とくにその学塾順正書院は、日本の医学教育史上注目すべきものである。

　つぎに注目すべきは、理財家としての凉庭である。凉庭は、自ら千両医者と称したほどに流行した。当時各藩は財政窮乏をつげていたので、凉庭は諸藩に融資した。また、藩学の設立に献金した。南部藩・越前藩・津藩など、その関係した範囲は広い。

　また、凉庭は多くの蘭書を翻訳した。訳語にも、現在まで用いられているものがある。これら凉庭の多方面の活動は、すべて京都在住間のことである。ここでは、つとめて年次を追うて凉庭の業績を記述し、さらに、のち章を改めて詳述する。

第一節　文政年間

京都開業　文政二年、京都に出た凉庭は、一体誰を頼ったか、明らかでない。開業前は、一時旅館にいた。その当時の逸話として、最初の門人横井俊輔の子俊介が語っているところは、次のようである。

横井俊輔は十九歳のとき、医を志して上京したが、信従するにたる師なく、遊学の資に窮して按摩を業としていた。一日三条大橋畔の伏見屋から呼ばれたので、旅客に按摩をしていると、この客がすこぶる医事に精通しているので、その人を得たことを喜び、自ら請うて連夜按摩をし、遂にこれに師事した。この旅客が凉庭であった。俊輔は京都開業後の凉庭にとって、最初の門人であった。凉庭は俊輔の篤志を容れ、家事一切を託した。俊輔は凉庭が居を定めて開業するのに、大いに尽すところがあった（『新宮凉庭先生言行録』。ただし横井俊輔は、文政二年九月小森玄良に入門している――「小森門人帳」）。

凉庭が開業した場所は、室町通高辻南（右の書では室町綾小路下ル）である。

この文政二年には、凉庭は丹後の谷侯を診察したようである。そのことは『但泉紀行』よりほかに記載がない。すなわち、凉庭は、余は二十七年前に（谷）侯の病を診たと述べ、同書には、余が京都に移ってから二十七年たったと書いているので、文政二年のことであろう。谷侯とは、丹波山家一万石の藩主である。

元瑞・山陽と凉庭　翌文政三年のことについては、頼山陽が凉庭にあてたと推定される書翰がある（『頼山陽書翰集上巻』書翰番号一八〇、原書翰には宛名なし、日付は五月三日）。これはあるいは奥道逸宛であろうともいう。

（前略）拙荊不順、胎鬼か人胎か不可弁、小石貴兄に請一診可申指図に御座候、不敢別格、此辺御廻候も被成候はゞ、御

枉過御一視可被下奉煩候

頼山陽は小石元瑞を頼って上洛し、元瑞には種々世話になっている。その妻女も、小石家に下女としてきていた近江の梨影なる女をいったん小石家の養女として、妻に迎えたほどである。この時梨影が懐妊したのが、辰蔵（同年十月七日生る。夭死）である。この当時、凉庭と元瑞の交友をしめす資料はないが、のち文政七年（一八二四）に凉庭が『泰西疫論』を刊行したとき、元瑞は跋をよせている。元瑞がこの跋で凉庭との関係を述べていないのは残念である。

文政十一年三月三十日、山陽は凉庭に書翰を送り、鮮鬣棘一頭をもらった礼を述べ、自宅の庭および書斎を一見かたがた来訪されたい、多忙中とは思うが返事がなければ来るものと思うと書いている。凉庭は例によってあわてたのか、贈物の添状に全然賜物を書かなかったのか、山陽は「従翰来、翰中、徹頭徹尾不見其事候へども、定て拝戴候事と、忝奉存候」と述べている。この文面によれば、両者の関係は、ここにはじまったものとは思われない。凉庭また山陽の門客となった（『頼山陽全書』下巻二五八ページ）。しかし、山陽の伝記を見れば、凉庭と山陽との交渉はけっして頻繁ではない。おなじ蘭医でも、小石元瑞はたんに山陽を世話しただけでなく、多くの芸事に通じていたから、常に山陽と交渉があったが、凉庭は元瑞と本質的に異っていたからであろう。

普山と凉庭　藤林普山は、当時蘭学者として活躍していたが、文政元年ころから、『和蘭薬性弁』の著述にとりかかった。これには新宮凉庭が参加している。刊行は文政五年で、凉庭またこれに序文を寄せている。普山と凉庭がいかなる関係にあったかは、本書によせた近藤惟和の序文である程度推察できる。

（前略）さきに丹州内海君疾あり。治を四方に叩くも験無し。後崎陽に遊び、診を西医に請うに数年の患立どころに癒ゆ。

君大いに其術を奇とし、就て医学の則を問う。西医之に語るに六則を以てす。其一は解剖、其二は生理、其三は病理、其四は薬性、其五は治疾、其六は摂生なり。なお匠の家を建つるに次序あるが如しと。君益々其説に心酔し、吉雄、新宮二先に議し、其の書を得て載帰す（中略）藤林先生に嘱して訳を請う。先生六部中に就いて先づ薬性書一篇を訳す。新宮先生これに与かる（中略）。藤先生之を訳す。是を戊寅（文政元年）に肇め、今壬午にいたるまで五甲を逾ゆ（下略）

とある。凉庭の序文には「我藩の大夫内海贘斎、此書の世に益あるを信じ、藤普山に属（嘱）して之を訳し、不肖碩をして之に参ぜしむ」とある。ここにいう内海贘斎とは、凉庭の長崎行きに尽力した内海杢のことである。彼の学問に対する情熱は、この二事をもってしてもわかるのであるが、当時蘭学者として翻訳方面に令名のあった藤林普山に訳文を嘱し、自藩出身の新進の凉庭を参与させた（おそらく文政二年京都開業ころか）ところに、内海の配慮がうかがわれるのである。

凉庭の診療　『駆豎斎家訓』（付録・口絵参照）には、

余は京都に出張し、大いに流行したれど、五ケ年が間は乗輿致さず、三十七歳の時より乗輿致したれば（下略）

とあり、『鬼国先生言行録』にも「三十七歳後始めて肩輿に乗る』とあるから、文政六年は、開業医としての凉庭にとっては記念すべき、エポックを画する年であった。この前後の模様は、『鬼国先生言行録』によれば、次のような逸話によってうかがわれる。

凉庭は大抵毎日宅診数十百人、午後往診は五十家におよんだ。凉庭は往診する時には一刀を佩び、外套を被り、脚橐を穿ち、裳を褰げて奔走した。家に帰る時間が惜しく、途中四条小橋の、おそらく屋台店で、田楽を食して病家に行き、家にあがると左手で刀を脱して右手で脈をとり、診療終ればすぐにたって次の病家へ急いだ。

疲邪等危急の者があれば一日中数度往診してすこしも労を厭わなかったし、時には徹夜其傍にあって動静を看視し、あるいは夜中に門を叩いて急診を乞う者があればおきあがり、従者を戒めてただちに往診し、すこしも時間をかけることがなかった。常に曰う。大患にあって其傍に坐し、親しくその苦悩煩悶を見、かつ父母妻子の憂慼をみれば惻隠の心油然として禁じ難い。よってその術を思い、もしまだ術を得なければ反覆之を考える。そうすると、治術を自得する。あたかも神助あるがごとくである、と。

千両医者　涼庭が、当時いかに流行したかは、涼庭自身が門生に語った次の語によって知られよう。

今の医者で、収入の点で自分に及ぶものはまれであろう。山中春齢（鴻池善右衛門幸澄、鴻池八代の当主、白楽軒とも号した。天明五年生、天保五年五十歳で没）の謝礼のみで、歳費をまかなうに足り、他に年収二千五百両がある。年千両を得るものを千両医者というが、自分はかくのごとくである。

と。これは、いますこし後のことであるかも知れないが、参考までにここに掲げておく。かつ、これは医家として、かならずしも賞めた話ではない。涼庭が、のちに俗医と誹謗される一端も、かかるところにあると思われる。

涼庭の治療法は、患者によって次の三種に区分された。

イ、楽屋療治……療治急激にして薬価低廉

ロ、付合療治……他の医者に永くかかっている患者に、最初他医の調剤と同様のものを飲ませてまず信用させ、あとは自分の技倆を尽してなおす法

ハ、豪家療治……治療に日を要してもよく、また苦い薬をいとうものに対する法

最後の豪家療治には、伊丹の富豪小西某・前述の鴻池らがある。

なお、鍋島侯の招きで往診した時には、謝礼として千両箱にノシをつけて贈られたので、涼庭は門人に「余は

今一回の千両医者となれり」と語ったという。

かくて凉庭は余程の蓄財家となった。しかも凉庭は喜捨を喜ばず、日常倹約に努めた。これには、凉庭なりに一つの考えがあった。今で言えば、ギブ＝アンド＝テイク give and take にあたるもので、後述の天保の饑饉に、その主義はもっともよくあらわれている。したがって、その行為は俗医をもって評されたことがあった。その例を左に示しておこう。

凉庭の門人猪野玄碩の子宗碩が緒方洪庵塾に従学した時、同塾の門人に、新宮は志操卑劣にして豪家のために腰を屈す、薬価に比して謝金の高きは盗賊に類すると罵られた。この時、宗碩はこれを弁じ、相手を殺そうとしたという。しかし、『適々斎塾姓名録』には猪野宗碩の名はない。また、後年広瀬元恭は、新宮は俗医であると言ったと伝えられる。このように、凉庭の評判は、かならずしもよくはなかった。それには誤解もあるが、その若干は、凉庭自らがその種子をまいたとみられても致し方がないであろう。

シーボルトと凉庭　文政六年、シーボルトが蘭館医として来日した。彼は広く自然科学一般に通じ、その鳴滝の塾には、全国の俊秀が従学した。その詳細はここで述べるまでもないが、その『江戸参府紀行』中に、凉庭に関する記事がある。

文政九年二月、江戸参府に随行したシーボルトは、十日、京都に入った。日本の友人たちが宿舎に訪ねて来た。シーボルトは次のごとく記している。

其中に小森肥後介及び新宮凉庭 Riotai あり。凉庭はヨーロッパ学問の大崇拝者にして当地にて最も行はるゝ医師の一人なり。日本に於ける和蘭図書の最大所蔵家として架蔵の図書は黄金三百枚に値する程なりと云ふ（異国叢書本、呉秀三訳、三九四ページ）。

涼庭はシーボルトによって高く評価されている。これは、あながち、涼庭が長崎の蘭館医師として尽力し、オランダに名が知られていたことのみによるのではなかろう。換言すれば、涼庭の地位が、かなり高まっていたからであろうと思われる。

ここで、シーボルトと涼庭との関係について、若干の考察を加えてみたい。それは、『鬼国先生言行録』にある記事である。それによれば、シーボルトが日本に来た時、再三涼庭に書を寄せて教えをもとめたが、涼庭はこれに答えず、シーボルトが江戸参府の際も強っての希望で、やっと腰をあげて面会したというのである。その原因として、同書は、跡部山城守が、外国人に会うのは、従来種々の面倒がおこるからと警告したからだと伝えているが、これは事実を混同したものであり、またシーボルトの『参府紀行』にも、涼庭のかかる態度には、何らふれていない。次に若干の考証を加えたい。

跡部山城守の警告云々は、さらに後のことである。一体に文化・文政時代は、世に化政時代、または大御所時代として、幕府の綱紀もゆるみ、文化の爛熟期であった。文化年間は、なお寛政改革の松平定信の方針をうけついだ松平信明があって、綱紀もさほど緩んではいなかったが、その死後、とくに文政年間は全くの爛熟期であった。蘭学者への取締りが厳しくなったのは、文政十一年十二月のシーボルト事件以後である。小森がシーボルトに会って大いにもてなしたのも、かかる時代であったがゆえである。

この件に関し、『新宮涼庭先生言行録』で横井俊介が聞いた話として紹介しているのは、全然別個の原因である。それは、前章で述べた、涼庭が長崎滞在間に馴染となって夫婦約束までした娼妓にまつわる話である。そして、

『鬼国先生言行録』が、この娼妓が入京した場合に凉庭が会いたがらなかったのを、シーボルトに会いたがらなかったのと混同したのではないかというのである。もともとシーボルトに会いたがらなかったというのが根拠のない話であるから、混同説を出すこと自体が不適当であると筆者は考える。

しかし、シーボルトの記述から窺いうる限りは、凉庭は小森玄良ほどにはシーボルトをもてなしていないし、その参府の帰途にも凉庭は会っていない。あるいは、小森が宮廷医であるのに、凉庭が一介の開業医であったためであろうか。とりたてていうほどのことではないが、両書に種々書かれているので、すこしく触れた。

凉庭の評価　ところで、当時における凉庭の客観的な評価はどうであったか。当時の資料によって窺ってみよう。

(1)『平安人物志』　この書には、文政年間には元年・五年・十三年版がある。五年版では、「医家」の条に小森玄良・吉雄元吉（王貞美）、小石元瑞の三人の蘭医の名があり、また「蘭学」の項には、辻蘭室と藤林普山の名が見える。凉庭の名は、まだ出てこない。文政元年版にはなかった小石元瑞が、ここではじめて名を列ねている。文政十三年再版ではじめて凉庭の名が出てくる。「医家」の項に、

本外　新宮碩　号驅豎斎室 町夷川北　新宮凉庭

とあり、著書には『窮理外科則』があげられている。その他の蘭医では小森・小石がある。また「物産」の次の項（文政元年版には「喎蘭学」、五年版には「蘭学」と明示）には辻蘭室・藤林・小森とならんで凉庭の名が再出され、他に宇野蘭斎、加藤啓造の名が見える。

文政五年といえば、藤林四十二歳、小森四十一歳、小石三十九歳、凉庭三十六歳である。開業以来三年である

から、まだ医者として数えられなかったのであろう。肩輿に乗るようになったのは、その翌年のことである。

(2)『海内医林伝』　本書は山木善美の著者で、序文は文政十一年である。山木は医家で、その序文によれば文政五年ころより調査にかかっており、本書は小冊子ながら信憑性の高いものである。それによると、

室町竹屋町　西洋学　新宮涼庭

　名碩字涼庭号駆豎斎丹後人少出入蘭館以西洋学顕世著外科則十二篇疫論二篇医学八則駆豎斎随筆

とある。

(3)『医家大相撲』　これは当時流行した、いわゆる医家番付（口絵参照）で、板行されたものではないが、京都では珍らしいものである。若林正治氏の所蔵にかかり、「文政十三年寅十一月大新板　次第不同」と書かれている。行司には山脇道作ほか六名、勧進元には荻野河内守（元凱か）と畑柳泰、頭取には川越佐渡介ら六名、世話人には浦野保生院ら七名があげられている。これによって最上段の大関から前頭五枚目までを、東西にわかって記すると、次表のごとくになる（因みにこの番付では、計百二家があげられている）。

	東方	西方
大関	福井丹波守	高階安芸守
関脇	小林薩摩守	小森肥後介
小結	竹中　文輔	新宮　涼庭
前頭	太田肥後守	福井近江守
〃	三角典薬小允	奥　道逸

〃　山本　徒吉　　岡本丹後介
〃　高階　良吉　　河原喜間太
〃　藤林　泰介　　小石　元瑞

右の表によると、やはり典医が上席を占めているようで、小森は関脇であるが、藤林・小石がともに前頭五枚目であるのに対し、涼庭が小結の地位に出ているのは、その力倆のほどを物語っている。文政末年には、涼庭はおしもおされもせぬ洛中の名医であった。

儒医論難　長崎の蘭医直伝の涼庭が、京都に開業すれば、ここにかならず新旧両派の争いがあったとみねばならない。『鬼国先生言行録』には、涼庭が川越衡山・高階只園ら儒医の迂を論難したと見えている。すなわち、涼庭は一日町奉行組与力某の家で高階芸州にあった。高階安芸守は、前の番付の、西の大関にある、当時の名医である。芸州曰く、

「卿は西洋万里外の書を読み用いて我邦の患者を療せんと欲す、独り風土飲食の異同を思わざるか」

涼庭「劉漢去って今千有余歳、風土飲食また今日と同じからず。而して今の医猶長沙の書（中国医書のこと）を株守す、此れまた如何」

芸州は、はたと行詰った。

涼庭は人となり快豁で善く談じ、胸懐を吐露して隠匿することがなかった。川越和州は傷寒論説を主張し、患家で衆医と討論しては、やりこめていた。ある時、与力某が病気にかかり、和州を招き、また涼庭にも治を請うた。涼庭が患家に行くと、すでに和州が来ていて、下座についた涼庭に質問した。

「卿は西洋の医法を講ずると云ふが、それは語るにたらない」

涼庭「僕の医道は洋法のみを墨守するのではない。それでは傷寒論によって質問するが、貴殿はかつて此患者を陰性とされたというが、事実ですか」

和州「その通り」

涼庭「それでは傷寒論に、少陰之を病と為す、脈微細但だ寝を欲すとある。今この患者脈浮芤数日寝ないのは何故ですか」

和州は沈吟して答えなかったので涼庭は、

「裏急後重とは何を謂うのですか」

と問うと、和州は冷笑して、

「内部急迫後部下重の謂である」

涼庭「然らず、後は肛、いわゆる、むしろ鶏口となるとも牛後となる勿れで、口後相対する肛でなくて何であるか」

和州面色土のごとく、また口を開くことができなかったという。涼庭は後日、芸州・和州が屢々衆医を困しめるので技癢にたえず、青年客気、ついにやりこめた。病家で論争するのは失徳であると自戒した。

おもうに、蘭医学を専攻した涼庭にとって、儒医の迂は自ら明らかであったろう。京都の蘭医学の創始者小石元俊も、江戸から帰って山脇一門と論難したのであるが、実はこの山脇家は有名な東洋を出した、いわば漢蘭折衷派の名門で、親試実験の学風を重んじたのであり、元俊も東洋の孫弟子にあたるから、両者は対立をはらまなかった。凉庭の場合は、さらに後年のことであるから、一般的にいえば、その対立はさらに少なかったのではなかろうかと思われる。しかし、反面、興隆しつつある蘭医学に対し、旧派医学者が快く思わなかったということも考えられる。右の問答では、明らかに新興の洋方家に対する鞘当ての意が含まれている。

父母の死・凉庭の孝養　文政四年三月八日、父の道庵義憲がなくなった。病状など詳しいことは判らない。謚は中峯道庵居士、由良の松原寺《しょうげんじ》に葬る。凉庭は「除喪の作」を作った。

門逕蕭々薜蘿長く
幽窓坐せば夕陽斜に到る
一庭の桃李零落するに任せ
忍び見る慈親手ずから植えるの花

また、凉庭の母は、夫におくれること九年、文政十三年（この年十二月十日に天保と改元）の、夫の命日の三月八日になくなった。この十五年後、凉庭は城崎温泉へ湯治に行き、故郷の松原寺へも立寄っている。京都を出発したのは三月十五日、二十五日の記事は、

二十五日早起、松原寺に詣り香典を捧げ先子の墓に謁す。母氏の碑も並び立つ。乃ち髪塚なり。実は京師高倉宗仙寺の中に葬る。母氏は里中岸田氏に出ず、婦道貞正劬労も又多し。余之を拝し泫《げん》然として涕《なみだ》下る。後の祭を主る者知らざるべからざるなり。敬く一絶を賦して祭文に代うと云う。

万花飛び尽して雨糸の如し
骨肉携え来って墓碑を拝す
祖霊をして血食に飢えしめん事を怕《おそ》る

ここで凉庭の孝養について一言ふれておこう。凉庭が父母の膝下にあったのは、きわめてわずかの期間であったから、その伝えられているところも多くない。

その幼時有馬家の学僕であったころ、夏には枯葉・朽葉などを集めて浴湯を沸す時、かならず裸体になったという。これは、母の手織の衣類を汚すことを怖れたからであった。

また、丹山に従って江戸へ行くとき、母から贈られた銀五十銭を大切に貯え、その上に江戸の邸で十数人の児童に教えてえた銀三分中から筆墨の費を除いたものを加え、銀百二十銭で母のために青梅縞一反および物品若干を買って帰った。

さらに、のちに長崎に遊学した時、とくに藩から賜った修業料月俸二口と、今まで貯わえた金全部とを父母奉養の資とし、その後も毎月二方金をかならず父母に送った。

京都へ出てからの凉庭は当時の流行医であったから、孝養の点でもぬかりはなかったことと思われる。

第二節　天　保　年　間

天保年間、凉庭について記すべき特異な事項は、天保十年の順正書院の建設と、諸侯に対する用達である。これらは別に章節を改めて詳述するが、この項では、一応年代的に諸侯との用達関係を略述しておきたい。

諸侯との関係　江戸時代は、幕府の財政は、はやくも幕初百年を経た元禄時代に傾きはじめた。諸藩においては、幕府ほどに多方面の収入源をもたなかったから、その窮乏はいっそう早く、かつ、その度もひどかった。幕府の三大改革やこれに並行する諸藩の改革において、財政の立直し、倹約の励行、殖産興業策の採用が大きな課題となり、さらに諸藩で藩札を発行し、国産の専売を行ったのなどは、その打開策をしめすものである。しかし、農業における商品生産、商品の流通を統制し、幕府・藩の財政に組入れることに着眼しなかったものは多く失敗した。最後の手段は、農民への重税・藩士への封禄の棒引き（半知《はんち》借上《かしあげ》）・豪商への借金であった。これらはこの時代に関しては周知の事実に属するから、詳述はさけるが、凉庭もまた、かかる社会情勢の中にその蓄財を諸侯に用達て、間接的にはくずれゆく封建体制を補強する立場に立ったのである。いま、その概要を述べれば、

第一に越前藩との関係がある。これは天保元年にはじまり、弘化・嘉永の頃にまでおよんでいる。

第二は南部藩との関係で、これは天保十一年のことである。凉庭は、藩財政立直しのために、わざわざ盛岡まで赴いている。

第三は鯖江藩との関係で、凉庭は藩の用度を助けるため五千両を貸している。時期は天保九年以前である。

第四は天保十四年に、但馬出石藩に対して学校建設資金の献金方を願出ていることである。

第五は綾部藩から財政立直しの相談をうけて、これに答えたことである。時期は天保九年以降に属する。

第六は津藩との関係である。津藩には、養子凉閣が京住のまま百石で召抱えられたので、その謝礼の意味で藩校へ献金している。

『破レ家ノツヾクリ話』の相馬九方の序文によれば、凉庭は、諸侯の窮状をみて、概然として救国の志を発し、

諸侯に『医国策』を献じたという。その内容は、

政治の本は民に在る。民を肥さずして国が富み君が栄える道理はない。孟子は「五畝の地これに植うるに桑を以てすれば五十の者以て帛を着るべし。而して黎民飢えず凍えず、王たらざるものは之れあらざるなり」と論じたことを説き、人民を搾取することを止めてその生活を豊かにし、その購売力担税力を培養すべし、それには耕耘の費用、施肥の資料を供与して積極的に農産物の増産を図る必要があるとして、当時農本国の日本に適当する政策を説き、一方では諸侯自身の財政整理を慫慂し、「自らは整理の余地を残しておいて民に倹約を責めると云う如きは、古来名君のなさざりし処である」

と叫んで、諸侯の財政改革を促したのである。

× ×

ところで、凉庭がこのように、諸藩の用度をまかなうために奔走した理由は、何によるのであろうか。のちに見るように、凉庭はきわめて倹約家であって、その蓄財は莫大なものであり、鴻池が、自分の方へ預ければ年五朱の利をつけるといったのであるが、凉庭は、自分は守銭奴ではないとしてその申出をはねつけ、しかもその金を諸侯に用達している。そして、その大半は還らぬ金となったのである。さらに、自分が仲に立って、鴻池にまで融資させ、それが倒されて鴻池からうらみ言をいわれると、自分も大いに損をしたのである、あなたのような富豪には、大した額ではないだろうと述べている(一五一ページ参照)。

そこで、この原因を考えてみると、一つは凉庭の名誉慾が支配しているように思われる。丹後から出た一介の蘭医凉庭にとって、諸侯と交わるということは、たしかに名誉であるにちがいない。しかも、諸侯は当時財政難に苦しみ、借金につぐに借金をもってしていたから、融資によって関係をつけることは、きわめて容易であった。

第二に、涼庭は本質的に武士気質であり、町人を守銭奴と考えている。そうした封建的なイデオロギーが、封建領主の財政難による苦境を黙視しえなかったと解することができる。

第三に、涼庭は、たんに人を医すばかりでなく、国をも医する救国済民の考えがあった。しかも理財の道に長じていたから、藩財政のたてなおしにも、かなりの興味と自信とをもっていたのではなかろうかということである。もとよりこれ等三つの原因は、相互に関連をもつものであるが、涼庭はこれらによって財をふやそうとしたものでなく、そのうえ、のちに順正書院を作った時も、これによって諸侯との関係をよりいっそう深めているところから、観念的には封建支配に何ら疑念をもたなかった涼庭が、救国済民の志望と、自己の名誉慾を満足させるためにとったのが、この、諸侯に対する融資であると考えたい。

さらに涼庭は、この結果用達した金額の大部分をふみ倒されることとなった。後年涼庭はこのことを回顧して、他人に金を借すものではないと、強く戒めているのである。

頼山陽と涼庭　山陽については、前節にもすこしふれるところがあったが、山陽は文政五年十一月、水西荘に移り、亭を山紫水明処と称した。この頃山陽を中心とする京都の文壇の人々が『山陽全書』（上、六二五ページ）にのっているが、涼庭の名はみえない。

天保二年十二月十一日、山陽は来春匆々豊前へ帰る雲華*を主賓として会を催おす予定で、その前日元瑞に書簡を出した。その中に「尚々今夕春琹子と申候はゞ善助御同伴にてもよし或は新宮氏も妙々唯児意」とある。元瑞が涼庭と同伴して会に臨んだか否かは明らかでないが、涼庭も京都の文人墨客の仲間入りをして、間々風雅の遊びに加わったことが明らかである（『頼山陽書翰集』下、『頼山陽全書』下）。

＊雲華（安永二～嘉永三 一七七三～一八五〇） 名は大含、別に鴻雪・染香人と称した。古城正行寺の住職で学僧として名高く、文政二年、高倉学寮の擬講となり、天保五年講師となった。枳殻邸の東に住し、妻をなくしてから、祇園のお露を引取るという艶聞もあり、山陽とはかなり以前からの親交があった。

山陽は天保三年六月十二日に喀血した。この喀血は十六、七日頃まで続いた。山陽の妻梨影《りえ》によれば、

六月十二日よりちが出、誠にけしからぬ事と存、早そく新宮へ見てもらい候所、誠にむつかしく申、ひつし（必死）のしよう（症）と申、誠に自身もかくごう（覚悟）致……

とある。新宮がすぐよばれているところに、頼家の新宮に対する信頼がしのばれる。山陽の行状によれば、涼庭と元瑞は山陽の病を不治と断じ、秋吉雲桂は猶療すべしとしたのであるが、山陽は死を覚悟した。しかし気はなおたしかであり、七月下旬には福井榕亭の書画の曝涼を見に行き、榕亭（八十歳）も診察してくれたし、また、この頃元瑞のねり薬をものんでいた。

山陽は元瑞に主として見てもらっていたが、「色々細工、療治いたし候故、断然漢方」に転じ、王道で、生死は度外におくとした（八月中旬）。主治医は福井榕亭であったが、下旬には、また福井が「間ニ合ヌユヘ」小石の蘭法にもどり、涼庭もこれに協力した。すなわち、九月四日、山陽が元瑞にあてた書翰に「尚々新宮へも見舞くれと申遣置候」とある。また、十二日の書翰では、脱肛に涼庭の膏薬を用いている。山陽の没したのは、九月二十三日のことである。

周知のとおり、涼庭は小石元瑞とともに山陽主治医の一人であった。山陽が没した時、涼庭は左の一篇を作っている。

哭頼先生
連年の肺患素《も》と医し難し
痛想す先生喀血の時
一燭熒々《けいけい》風雨の夜
壁間空しく見る丹を乞うの詩

右大意は、連年の肺病は不治であった。先生喀血のとき、風雨の夜自分は治療に行った。そのとき、灯りにより壁をみたところ、丹（精製した薬）を乞う詩がかかっていたが、当時のさまをいたましくも回想する、というのである。

小石元瑞と涼庭　前節につづいて、元瑞との関係をのべる。小石家には、涼庭の元瑞あて書翰三通があり（口絵参照）、また、元瑞の日録（随分忠実につけてある。内容は食事、訪客などの欄に区分されている。現在では四冊より残っていない）によると、間々涼庭との往復が見られる。

書翰の一は、七月十一日付のもので、「容躰は夜に入って安静肺炎かと思う。御見込には感心した。先達ても大蟲草閑熱の薬で快方に赴いた。その後肺の薬のみで治療しているが、又早々に御趣意の薬を試みてみる」旨のことが書かれている。年次不明であるが、天保三年七月十四日付元瑞宛の山陽の書翰では、喀血後一ヵ月目に血痰があったことを述べているので、この頃のものではないかと思う。

他の二つの書翰は年次は不明である。一つは、「昨夜は御機嫌の躰にて主人も愉快に思った。お忘れの品をお届けする」というのと、他は、元瑞の論の堂々たるに感服して「仁兄の耆徳宿学大いに人に過ぐるは景慕にたえない」という日常書翰で、日付は前者が十五日、後者が六月五日である。両者の関係を示すものとして、かかげておく。

遊行　涼庭は医業もさかんとなり、洛中に名を知られるようになると、文人墨客との交渉をもつようになった。京都は名所の多いところであり、そのうえ、化政時代の余風をうけて、彼らはともに名所に月雪花をめで、詩歌にその感懐を託した。涼庭がいつ、誰とどこに遊んだかの詳しいことは明らかでないし、また、いちいち述べる必要もない。いま『駆豎斎詩鈔』がほぼ年代順に配列されていると思うので、その主要なものを記してみよう。

天保三年正月、涼庭はその感懐を左の詩に託した。

簪纓《しんえい》繋がず自由の身
我は是れ昇平鼓腹《こふく》の民
一縷《る》の竈煙《そうえん》四十を過ぎ
煉丹香裏又春を迎う

宮に仕えなかった涼庭にとっては(簪は冠をとめるための髪のもの、纓はひも、転じて官吏の意味)、まさに自由の身であり、昇平鼓腹の民であった。ときに涼庭年四十六歳である。

この詩についで、「雙林寺途中作」「仁和寺」「嵐山途中口占」「嵐山に宿す」「嵐山の帰路」の詩があるので、祇園円山の雙林寺、御室の仁和寺を経て嵐山にいたり、ここに一泊したことが明らかである。「雙林寺途中作」に、

宿雨初めて晴れて暖烘《た》くに似たり

菜花薫徹す午天の風

とあり、「仁和寺」に、緑亭々たる中に山桜が風に馨を弄ぶとあるから、春もたけなわの長雨ののちに、やや遅咲きで名高い御室の桜をめでつつ、嵐山へ桜と新緑とを賞しに行ったようである。嵐山の途中は翠竹叢間に寺が見え、黄花堆裏に渓流が音をたてていた。雨は近く雲は低くたれて嵐山も十分見えなかったらしい。嵐山に宿して奇松怪石を見、世塵を洗う渓流に心まで洗われ、春を惜しむ人々の来るのをみて一泊、翌日は一日近傍の佳景を賞で、処士（官に仕えない者）の尊きを知り、天竜寺畔黄昏こめるころ帰路についている。

これ以後、「哭頼先生」までに、つぎの五篇がある。「寄黄檗璞巌禅師」「宇治納涼」「謁璞巌禅師」「下澱川舟中作」（澱は淀に同じ）「題山中氏之茶室」である。よって前同様、天保三年の作と思われる。「宇治納涼」中に「長流六月寒し」とあるから、六月に黄檗山万福寺を尋ね、璞巌禅師を訪い、また、宇治にも遊んだようである。したがって、詩にもやや禅味をおびさせたものがある。璞巌禅師に会った時の詩二首の一つに、

紫髯《しぜん》の狂漢気平かなり難し
瘠骨《そうこつ》の高僧神《しん》更に清し
誰か道《ゆ》う空門一事無しと
風疎竹を過ぐ是れ何の声

起句と承句に涼庭と禅師とを対比させ、疎竹をすぎる風の声に空の意を託したものであろう。

以上の次に、舟で淀川を下ったことが出ている。宇治で納涼してのちに、舟で淀川を下ったのか、また、大阪の鴻池山中氏を別の時機に訪ねたのかは、明らかでない。「哭頼先生」の次に、「冬日過法隆寺」の詩があり、

ついで「宿山崎観音寺」の詩がある。この詩は「竹裏寒うして雪を留め」とあるから冬である。しかし、この二つの詩が連続しているのか、さらにはまた、山陽没年の天保三年の冬のことなのかあるいはその後かは明らかでない。ついで「山行」以下六篇の詩の次に、天保八年の詩があるから、以上の法隆寺、観音寺のほか、「登伊吹山」の伊吹山登山などは、天保三年より天保八年の間のこととしておきたい。

この間、涼庭は越前藩用達の関係で東奔西走したろうことは、次章に述べるごとくであり、また天保六年には『泰西疫論』の後篇を刊行している。同時に、翌年『窮理外科則』を刊行しているので、著述の上でも多忙であったことと思われる。

天保十年の順正書院の設立、翌十一年の盛岡行に関しても、それぞれ詩を賦している。盛岡から帰ってのち、「癸卯暮春過鴨東」の詩にいたるまで、すなわち天保十四年までの三年間では、「舟発徳島」「溯澱川」「吉野口占」の三篇がある。

最初の徳島行きについての事情は明らかでないが、詩によると、

春湾月落ちて宿雲晴る
一葉の扁舟夢を載せて行く
鳴戸依稀《いき》①として天未だ白まず
煙中唯急潮の声あり

① ぼーっとする意。

とあるので、春に徳島に行き、未明に鳴戸の潮声を聞きつつ大阪をめざしたのであろう。次の、淀川を溯る詩は「梅霖新に霽れて緑蔭鮮かなり」とあるので、梅雨の候である。したがって、徳島行きの帰りではないと思われ

る。次の吉野行は「桜花十里春駘蕩」とあるように、もちろん観桜のためである。

内外情勢と凉庭　ここでしばらく、当時の内外情勢を概観し、それに対する凉庭の態度をみよう。松平定信が老中になったのは天明七年（一七八七）で、ついで寛政の改革が行われた。朱子学以外の儒学は異学として弾圧され（寛政異学の禁）、また、林子平は寛政四年（一七九二）、前年に出版した『海国兵談』が世を迷わすものとして処罰された。改革は急にすぎて、むしろ前代の田沼時代を追想するものもあった。しかし、林子平が処罰されてから四カ月後、ラクスマンは最初のロシア使節として根室に来り、さらに翌年には松前に来た。幕府は、従来注意しつつあった北辺に、いっそう注意しなければならなくなった。文化元年（一八〇四）には、ラクスマンのあとをついでレザノフが長崎に来航したが、幕府は通商を拒否したので、文化三年にロシア人が北海道でわが番所を襲撃して焼き払うという事件がおこった。

この間、定信は辞職したが、松平信明によって、定信の政策は守られていた。しかし、外交問題はいよいよ急を加え、文化五年（一八〇八）には、イギリスの軍艦フェートン号がナポレオン戦争を利用して長崎の蘭館を奪おうとし、長崎港に入って乱暴を働いた。文政八年（一八二五）には、外国船打払令が出され、沿岸に近づく外国船は、二念なく砲撃すべきことが令せられた。

文政十年には、シーボルト事件*が起った。これを機に、幕府は蘭学者に注意しはじめた。シーボルトは国外追放となり、蘭学者の一部は処罰された。

*　**シーボルト事件**　シーボルトは長崎の鳴滝に塾をひらき、日本の学生を教育して、日本の蘭学発展史上一新紀元を画したが、その反面、日本の学生からいろいろの知識をえ、また、高橋景保から国禁の日本地図、土生《はぶ》玄碩からは将軍から下賜された葵の紋入りの衣服をもらった。シーボルトが任を終えて帰国する時、長崎港外で突風にあい、船は岩にのしあげて沈没した。この船をひきあげて積荷を検査した

ところ、前記の品々がシーボルトの所持品の中にあったところから、シーボルトは国外追放となり、高橋・土生は入牢、高橋は獄死した。

もう一つ、文政十二年には大阪でキリシタン婆福岡貢が検挙され、蘭医藤田顕蔵も同罪として磔刑に処せられるという事件がおこり、蘭学者に対する警戒は厳しくなった。

しかし、文政年間は化政時代のうちでもとくに華やかな時期であった。将軍家斉は政治に飽いて奢侈にふけり、上下をあげて泰平を謳歌した。まさに江戸時代最後のデカダンの時代であった。下級武士は困窮し、農民は重税にあえいだ。その上、天保期には大飢饉があり、各地に百姓一揆や打こわしがおこった。なかでも、天保八年（一八三七）の大塩の乱は、幕府の頽勢を明瞭にしめすものであった。この年、将軍家斉は四十五年にわたる将軍職を辞し、第十二代の家慶に職をゆずったが、なお大御所として実権をにぎっていた。したがって、老中水野忠邦も、家斉在世中は改革に着手することが出来なかった。

天保九年にはモリソン号事件がおこった。モリソンとは、前年浦賀、鹿児島に来て撃退された船の名であるが、オランダは一年後に、しかもアメリカをイギリスと間違えて報告した。長崎よりこの報に接した幕府は、いそいで相模伊豆海岸の巡視を命じ、地図を作製させた。この際、はからずも水野忠邦の配下の鳥居耀蔵と蘭学者で伊豆の代官であった江川太郎左衛門の製図競争となり、鳥居は江川に及ばず、面目を失した鳥居は、大いに江川にふくむところがあった。

一方、蘭学社中では英人モリソンが中国に来ていることを知っていたから、モリソン号とモリソンとを混同し、モリソンが軍隊を率いて日本に攻めてくるであろうと考え、海防の論が俄然さかんとなった。高野長英や渡辺崋山、さらに昌平校の儒者古賀侗庵らが海防の急や開鎖の論を草したのは、かかる背景による。

一方、鳥居耀蔵は蘭学者にふくむところがあり、長英・崋山らの会同に密偵をいれて彼らが無人島に渡航を企てているとし、これを一せいに検挙した。これが天保十年の蕃社の獄で、凉庭が順正書院を建てた年である。この年、幕府は蘭学医師に奇異の説を唱えぬように示諭するところがあった。ついで翌十一年にも、天文方へ蘭書を翻訳するものは暦書・医書・天文書・窮理書（科学書）類を、関係者以外に世上に流布せしめぬようとの注意があった。天保十二年、家斉の死後に忠邦の天保改革がはじまり、蘭学の取締りは一層厳重となった。蘭学者は以後国防上の蘭書翻訳に力をそそぎ、封建体制を破るべき可能性をもった蘭学も、ついに封建制を補強する学問へと転化していったのである。

× ×

右のような情勢に対して、凉庭はいかなる態度をとったであろうか。『鬼国先生言行録』には次のように伝えている。

大阪町奉行跡部山城守、私かに先生に曰く、大御所（文恭院公――家斉）洋学者を忌む。卿宜しく自から意を加えよと。是より先生蘭書教授を宮本元甫翁に托し、己は則ち陽に蘭書を読む能はざる者と為し、多くは蘭学者と交わらず。唯常に儒書を読み、儒士と交わり、経学を講じ、画工を会し、書画を弄し、以て楽しみと為す

とあって、すでにのべたシーボルト関係の記事（六二ページ参照）に移っている。これによれば、凉庭は明哲保身に急である。悪く解すれば、宮本元甫*をその矢面に立てようとするものである。

* **宮本元甫** 同書の割注に曰く「名寛、号葵園、美濃人、性温厚閑雅、人を教えて倦まず。初め長崎に遊び吉雄君に従って蘭語を学ぶ。性強記、人蘭語典と称す。又詩歌文章及び書を能くし、晩年高槻侯に仕う。（新宮）義健の蘭書を読み得るは実に翁の賜也（なお第七章

第五節「師友門人」参照）

また同書の別の箇所には、その明哲保身について、次のように伝えている。

幕府の布令、亦宜しく慎しみ守るべし。違背を訾《し》議（悪口をいう）すべからず。是れ聖人の道なりと。故に先生西勃児篤《シーボルト》、大塩平八郎、宇野甚助、入江十郎左衛門、高野長英等の人と為り、早くも其機微を察して深くは交わらず。事発するに及んで人々皆危ぶむ。而して先生泰然として毫も連累を受けず。常に曰く、予高談直言を好み、快に乗じて胸懐を吐露し、隠匿する所なし。故に邪辟隠謀者は其謀の漏泄を懼れ、敢て我耳に触れず。是れ亦禍を免がるるの一術なりと。

跡部山城守との関係については、『駆豎斎詩鈔』に「丁酉（天保八年）十月浪華の市尹跡部君の庭上霊芝を生ず、此を賦して奉祝す」という題の詩があるので、この頃はすでに交渉があったことをしめしている。ただ、シーボルト事件の前にはどうかということになると、跡部山城守が大阪町奉行に在任したのが天保七年四月二十四日〜天保十年九月十日であり、涼庭が訪問したのが天保八年十月であるから、『鬼国先生言行録』の記事が、たとえ厳密をかくとはいえ、文政十二年のやや前から交渉があったかどうかは疑わしい。よって、この跡部山城守の注意は、天保期ではなかろうか。したがって、涼庭の厄をまぬがれたのも、蕃社の獄前後のことを意味しているものと思われる。そして、涼庭の言は、あるいは涼庭が平素から蘭学者を一枚看板にするのを危険としたか、または、文政・天保のころから警戒しはじめたか、そのいずれかであろう。

京都の蘭学界と涼庭　つぎに、この時代の京都の蘭学界の状況を述べ、涼庭の地位について記することとする。

既述のとおり、文化の初年が京都蘭学界の新旧の交代期である。文化・文政の交は、辻蘭室は六十歳代で、孤高よく究学の道にいそしんでいた。特異な医家野呂天然は、文化十年五十歳のとき、京都に出て生象学を唱えた。

新進の藤林・小森・小石の三名はともに三十歳代、もはやおしもおされもせぬ蘭医学界の中堅として駢馳していた。その評価こそ、なお漢医学の支配していた京都においては、一二を占めるにはいたらなかったとはいえ、やがて文政末年には、さきに示した医学番付のごとく、小森・新宮の関脇・小結をはじめ、東西合して十六名家の中に顔をそろえていた。したがって、その実力からいえば、この四名は京都全医学界の王座に君臨するものと見て差支えはない。

凉庭をのぞく他の三名の活動の頂点は、文政時代にあった。そして、天保五年三月、野呂天然まず七十一歳をもって没し、翌六年十二月、辻蘭室は八十歳の高齢で没した。蘭室は病の床につくまで蘭書に親しみ、製薬を怠らなかった。さらにその翌七年には、藤林普山が五十六歳で没した。京都の蘭学界に、第二の転機が近づいたことが明らかである。

この中にあって、ひとり凉庭は天保六年の『泰西疫論』の出版についで、翌七年に『窮理外科則』第二篇を刊行するなど、京都蘭医学界の耆宿として活動、諸侯への用達に多忙でありながら、その研究は遅滞なく続けられていた。そして、天保十年には順正書院を建て、世間的に華々しい活動に入った。天保十四年には、小森桃塢が六十二歳で没し、病弱であった小石元瑞は、かえって六十六歳の長寿をたもち、小森の死におくれること六年、嘉永二年に没した。

一方、新しい活動としては、医学の面では天保九年、豊後の人日野鼎哉が四十二歳で京都に来て開業した。『近世名医伝』の日野鼎哉の伝に、鼎哉が京都に来たときの状況を、

是より先新宮凉庭都下に開業す。医名籍甚、能く其の右に出づる者なし。鼎哉の至るに及び、後遂に駕を並べて斉馳する

に至る

と述べている。この時はまだ小森・小石元瑞は生存していた。

さらに天保十三年、長崎医人楢林栄建が、高島事件の累を避けるためであろうか、京都に来て日野鼎哉の家に寄寓した。栄建は三代栄哲（高連）の子で、長崎にあって種痘の輸入に努力した。日野を頼ったのは、種痘の関係からであろうが、入洛後一時岩倉村にかくれたこともある。のち弟の宗建と連絡し、ついに種痘の業を完成したのであるが、また、しばしば涼庭や船曳卓堂などに招かれ、京津間を往来、患者の診療に立会ったという（古賀、前掲書、一四九〜五〇ページ）。ただし、涼庭が種痘にどの程度の貢献があったかは明らかでない。

弘化四年には、甲斐人広瀬元恭が二十八歳で、京都で開業した。『日本医学史』には、元恭が江戸より京都に来て開業した理由を述べた箇所に、「京都は寥々として聞ゆるものなし」とし、京都が江戸に比していちじるしく劣っていたように述べている。また、『新撰洋学年表』では「当時上国の蘭方大家は、京都に新宮涼庭あり、大阪には緒方洪庵あり」と述べている。

もとより、これらの記述より京都の蘭学界全般を推すことは妥当ではないが、幕末における江戸の蘭学は素晴しいものがあり、大阪では偉材緒方洪庵が適塾にあって、天下に名を轟かせ、門下に多くの俊秀を擁していたから、京都はこれらに比するときはたしかに見劣りのしたことも否定できない。しかし、その中にあって、涼庭の名声が、いかに大であったかは、以上の記述からも読みとることができるであろう。

天保末年より弘化・嘉永にわたっては、牛痘の研究と普及とが一つの中心課題となり、小石元瑞の子中蔵もこれに加わった。この頃、全国的には海防が重要な課題であったが、小藩ぞろいの、しかも海防にあまり縁のない山城としては、この方面の発達はあまり見られず、蘭医学界には往時の生気は見られなかった。涼庭は、この時期には医学界においても、また世間的にも、もっとも華やかな名声を得ていたのである。

さらに医学以外では、銅版画の松田玄々堂（天保七年『地球図並略説』刊）がある。言語学の光井道沢は天保十一年、三十六歳の若さで京都に出たが、翌年には志を果さずして若死した。

×　　　×

前節についで、『平安人物志』の天保九年版によると、「医家」の欄に涼庭・元瑞・桃塢のほかに、あらたに日野鼎哉の名前が見える。涼庭の著書は『窮理外科則』のほか、『泰西疫論』が加わっている。また、蘭学にあたる項では、蘭室・桃塢・涼庭のほかに、奥沢蘭雞の名がみえる。この人物については明らかでないが、医家の欄では奥沢蘭鶏堂・輿仲・また若狭介を称したとある。

なお、次節に関係するところであるが、ここで一括しておくと、嘉永三年版の同書では、涼庭のほかに広瀬元恭と小石中蔵が新たに加わっている。他はすでに没したこと、前にみたとおりである。

第三節　晩　年

涼庭の晩年は、すでに述べたように、なお諸侯の用達に奔走していたし、一方、のちの章で見るように、順正書院を中心として、天下の名士と交わり、その医術においては、小森玄良の没後は京都の蘭医中随一であり、その名声においても、京都有数の人物であった。本節は、他の章に関係あるところはその概要にとどめ、その医技・城崎行きと一族に重点をおき、ほぼ弘化以降十年間のことについて述べる。

順正書院と交遊　順正書院関係の交遊を年次別に摘記すると、つぎのとおりである。

天保十一年（一八四〇）　十一月上旬、篠崎小竹「順正書院記」を作る。

天保十二年　正月、後藤彬「順正書院記」を作る。

天保十三年　冬、備中の新見侯順正書院を訪う。

天保十四年　この年、次の人々が「順正書院記」を作った。三月頼三樹、夏近藤義制、四月木山絅、八月佐藤一斎。この年涼庭は「上仙石侯書」「呈風月楼先生」を認めている。十一月と十二月のことである。

弘化元年（一八四四）　春、川田興が「順正書院記」を作った。一月十七日に一条相国久我亜相が、冬、上甲礼が順正書院に来た。

弘化二年　上甲礼が「順正書院記」を作った。この年涼庭は三月十五日に城崎温泉に湯治に行った。

弘化三年　長戸譲が「順正書院記」を作った。

嘉永元年（一八四八）　春、川田興が、十月、奥野純が順正書院を訪い、また宮沢雉、中島規が詩を送った。

嘉永二年　綾部侯、宮津侯、出石侯が順正書院を訪ねた。

嘉永五年　次の人々が「順正書院詩」を作った。斎藤謙・後藤松陰。また牧輗、津藩の平松楽翁・藤堂多門・斎藤拙堂・藤井竹外が順正書院を訪ねた。

右のように、諸名士が相ついで来訪し、書院は、いわば一種のサロンの役を果した。

涼庭の医術　涼庭の医術については、前にも述べた（本章第一節）が、それについで、『鬼国先生言行録』に収載されている若干の例を左にしめしておく。なかには、やや過褒に属するものもあるが、とにかく医技の点でも涼庭が非常にすぐれていた一端をしめしている。
かつて涼庭は平塚某の愛妓を診断したとき、頞《はなすじ》をしかめて言うには、この人は一年ばかりすれば頓死するであろうと。半年後この妓は一度も病むことがなく、歌舞談笑して常とかわるところがなかった。一日ある人がこの妓を招いて酒楼で飲み、涼庭を招いて詰問した。
「先生にも誤無きを保しがたいでしょう」
と。涼庭は再診して曰く
「決して誤ってはいない」
と。この人曰く
「もし更に半年をすぎて死なければ、先生はその失を何によってつぐなわれますか」
と。涼庭曰く
「もし死ななければ、わたしの首をさしあげるか、または医者をやめよう。この二つを適当にお択び願いたい」
と。この人曰く
「二つとも自分には益がありません」
と。涼庭は
「それなら千金をもって盛筵を開き、大いに君らを饗応しよう」
と。この人は承諾した。一座の幇間、芸妓数十人、皆その日を指おり数えて待った。
さらに半年後、妓はなお常のごとくであったが、一夜寝室で急死した。ある人は、はじめて涼庭の医技に驚いた。門生が涼庭に問うと、涼庭曰く、
「他でもないが、自分がはじめて診察したとき、その胸中大いに血管の瘤が動いていたので、一年を出ぬうちに必ず破裂す

るであろうと思った。それが原因で死んだのだ」と。

×　　×

涼庭の正妻が肺炎にかかって非常に痩せた。涼庭は三回放血し、毎回の血量は各八十銭（銭は前出）、しかも病勢は回復のきざしがみえなかった。親友の秋吉雲桂・小石元瑞がこれを見て、

「疲労甚だしく、血をとりすぎるから効果がなく、助けることができないでしょう。再び瀉血するのはよくありません」と。二氏が帰ってから涼庭は門生に

「そうではない。数回放血したが皮膚になお潤おいがあり、脈膊はもと通りである。これは放血量がまだ適当でない証拠である。語に『薬をのんで瞑眩せぬのは其病気が瘳《なお》っていないためだ』と言っているのがこれである」と。そこでまた放血二百五十銭、病人はめまいせず、ただ気持がよくなって、息苦しさやせきがにわかに止んだ。次の日両氏が来てみてその奇効に驚いた。日ならずして病気はなおった。

×　　×

町奉行与力深谷隼之助、年二十余歳で神経熱（今のコレラ）にかかり、熱勢劇甚、福井・高階・三角の諸大医は必ず死ぬであろうと診たが、涼庭は助かると診断した。そこで患者をたらいの中へ入れて入浴させ、あおむけに寝させ、大桶から小管をひいてすこしずつ患者の頭全体にそそぎ、タオルを冷水にひたして胸腹を湿布した。かくて六昼夜これをつづけ、熱がおさまれば床に寝かせ、熱が出れば冷した。門人数人がこれに従い、涼庭は日夜病家にあって指揮し、ついに一命をとりとめた。門人の重盛秀斉、飯富了伍の二人は伝染したが、死ななかった。

×　　×

涼庭の晩年に宮中の女官が涼庭の名を聞き、ひそかに招いた。時に乳人は六十歳であったが、にわかに卒倒して人事不省となった。衆人狼狽し、宿直の御医もなすところを知らなかった。涼庭が放血を請うと、宮中を血で汚してはいけない。宮

女は月経時には宮中を出る例であり、古来出血のことは未だかつてないといって、皆反対した。凉庭曰く
「放血すれば則ち生き、放血せねばその身体が動揺して助からない」
と。衆官やむをえずこれを許したので、放血百二十銭、ついに一命をとりとめた。

つぎに、凉閣の『北邪新論』にある、凉庭のコレラ治療についてのべると、本書第一章では郷里における治療を述べ、第二章では長崎における治療にふれたが、天保年間にもこれが流行し、凉庭は治療にあたった。長崎のものと併せ記述すると、凉庭の述べるところは次のようである。

(前略) 崎陽ニ遊ビ苦学十余年ニ及ビシ中、文化丁丑(十四年)災後疫邪大ニ流行ス。乃チ習熟スル所ノ漢蘭方ヲ以テ之ヲ療スレドモ効ヲ得ズ。因テ来寓ノ蘭医秘的乙《バテイ》ニ謀ル。彼論ジテ神経疫トシ、贈ルニ扶歇郎度《フヘランド》及ビ公斯貌律屈《コンスブリュグ》二氏ノ書ヲ以テス。乃チ熟読翫味シ、其法方ヲ以テ当時ノ患者ニ施シ、全活スル事数十人、遂ニ翻訳シテ神経疫論ヲ作レリ。後京師ニ寓シ年々其疫ヲ見事少カラズ、天保年間腐敗疫流行セリ。吐剤ヲ主用シ救活スル事数百人、乃チ腐敗疫論ヲ著セリ。尓《なんじ》輩吾門ニ入テヨリ数十年間ヲ経ズシテ疫邪及ビ痢疾霍乱傷、冷毒、僂麻質斯《レウマチス》、喉風、百日咳、蝦蟇瘟《がまおん》(瘟は熱病)ノ類或ハ其性往年ト同カラズ。張仲景、呉又可、扶歇郎度氏ノ論著シ且ツ余カ疫論二編ヲ訳述スルモ、亦変ニ応ジ機ニ随ヒ、当時ノ急患ヲ救ント欲スルニ在ノミ。尓等須ク常ニ此意ヲ体シ、博ク漢蘭古今ノ書ニ渉リ、益友ニ就テ研究論定スベシ。若シ予メ備ヘザレバ時ニ臨デ狼狽シ且ツ大ナル謬アルベシト云々(下略)

なお、右題言は安政五年十月のものである。

城崎行　弘化二年(一八四二)三月、凉庭は一家をあげて城崎温泉へ行った。この旅行の記録『但泉紀行』によれば、娘松の病気療養が主要な目的であったが、出郷以来三十年、久々に郷里を訪れるという目的もあった。娘松は三歳のときに「小腹有二水塊一、降二腹膀合縫一」とあり、その後食もすすみ、常人と変らなくなったが、将

来分娩もできないのではないかという心配があった。ところが、天保十三年（一八四二）にいたって突然月経がなくなり、子宮痛を発したので、凉庭は、これはプレンキのいわゆる子宮痛であり、有馬翁がかつて城崎温泉がよいと言ったのを思い出し、湯治に行くことにした。

三月十五日、一家を挙げて京都を出発、中村直記・池村順吾・塩見仙蔵の三門人が随行した。旅程は十五日三条―西院―老坂―亀山を経て水戸峠に一泊、十六日生野―福知山着、二十日田辺（今の舞鶴）着、二十四日同地を発し由良着、二十五日神崎に出で、二十八日由良、二十九日は七盤《まわり》八嶺《とうげ》から栗田村―宮津―天橋立へ出、四月一日に城崎温泉の油筒屋についている。

右のうち福知山に長く滞在しているが、三月十六日は近藤九門・有馬文哲・瀬川武五が兄弟子孫とともに生野に迎えに来り、それより福知山に入って有馬家に泊っている。このとき旧師丹山は七十三歳であった。十七日は有馬竜寿斎の墓にいたり、祭文に代えて左の五絶を賦した。

結髪荷二慈教一　京城幸作レ家
涓埃①無レ所レ報　銜レ雨捧二香花一

① 微細の意。

また巌渓嵩台の墓には門人を派遣した。十八日は近藤九門に招かれた。十九日は城主が在府中で、藩吏が方金七片を下賜金として持参した。二十日はさらに美酒佳肴二器が届けられた。

二十日は奥裳川を下った。この舟行有馬一族と同行である。桑飼村では磯田元弥・杉本藤門が迎えに来り、同日田辺に着、竹田氏方に一泊した。古河娯亭・福島道積らが訪れる。二十一日は舞鶴城に入る。堀内隆平・林丹下・野田一平が列座した。二十二日上野大夫と会見、牛窪勇を診察（家老牛窪の弟）、学館を見る。二十三日侯の叔父勘解由君を診る。牛窪大夫（謙下）に招かれ、また内海大夫に招かれる。二十四日国侯に会い賜物あり、同日初更（夜八時）田辺発、由良に出で、終夜有馬丹山と笑談、二十五日は松原寺に詣って両親の墓（母は髪塚）を拝した。午後舟で神崎浦に出で、二十六日は舟遊、魚獲の状を見物、二十七日は箔《もち》網を見る予定のところ、浪が高く、沙浦に出て賀茂季鷹の歌碑と野田笛浦の文（現存）をみる。二十八日由良嶽に登り、午後神崎に遊び、冠島を見る。二十九日は七盤八嶺をすぎ、栗田村にいたり、姪の梶川善大夫・門人池村順吾が出迎え、宮津に着いたときは妹の阿壱《おいち》と甥姪、門人家田元良・岡東順が出迎えた。天橋立では「天橋之記」を作る。以上のごとく、約十日間は故郷の地にあって舟遊および旧交を温めるのに費した。この間患者診療は左表のとおりである。

日	患者
21	50
22	45
23	54
24	38
25	17
26	15
27	12
28	8

往路診察数
（3月）

城崎滞在　城崎には四月一日から二十五日まで滞在した。『但泉紀行』によると、二日に油筒屋のこと、温泉の湯のことが書かれ、五日『名臣言行録』の跋を作り、豊岡大夫舟木氏の嗣子と出石大夫仙石内蔵允に送った。六日は読書、七日は丹山翁が妻と文哲を携え来る。九日は舟木大夫来訪、時事を談じ、十一日出石侯より賜物、十四日は瀬戸村に舟行して魚獲を見、また「温泉論」を書く（要旨後出）。十五日は出石の桜井氏の児の病を診、温泉寺に登る。十六日は大阪から文字大夫らが来ていたので浄瑠璃を聞く。十七日日和《ひより》山に登る。十八日舟木大夫の室来診、二十一日に水明楼に遊ぶ。二十二日は義正の児病篤しと聞き、八角宗律にプレンキの小児書と薬品を持参させた。宗律は京より四十里を急ぎ来った。娘松は少しく病状も良況にすすんだ。ところが四月二十三日、児（松であろう）の病勢がすすんだので、帰洛に決して二十四日に出発準備をととのえ、二十五日出発した。城崎滞在間の患者数は左表のとおりである。

日	患者
5	2
6	2
7	2
8	2
9	5
10	14
11	12
12	14
13	25
14	2
15	17
16	18
17	25
18	12
19	36
20	25
21	8
22	25
23	10
24	8

滞在間診察数（4月）

帰路　四月二十五日は城崎を発し、久美峠を越えて二箇村に一泊、児生命危篤となる。二十六日宮津に出で、二十七日由良着、この日患者十二人、二十八日より郷里由良滞在、看病。二十九日児の熱去り、三十日は妹阿本《おもと》来る。五月一日看病、二日小快、家田を見る。四日門生と泳ぐ。五日児病毒潰崩、水泳。六日神崎舟遊、七日海辺に遊ぶ。八日知友を診、田辺に行く。九日由良に帰る。十日磯田元弥と時務を談じ、十一日浅野縫殿、植木蘭斎来る。十二日門人に祖考の墓参を托す。十三日児全快、この日は妹の記事がある。曰く。自分は京に出て二十七年、かつて門人富永顕蔵（檜垣健蔵？）を養い、家祭を奉じさせ、妹千代を娶せた。顕蔵早世、千代は寡居八年、三男四女あり、ために借金が多く、質宅借金四十五両、義倉に納めた金三十両を借り、計七十五両、いまは目分の一累である、と。

十四日帰程に上り、神崎に出、田辺にいたる。夷屋曾平らを診察、上野大夫と時務を談じ、住吉堂で置酒、十五日夷屋曾平宅を宿とした。十六日田辺発、楳迫《うめざこ》（いま梅迫）、山家を経て檜山村に一泊。近藤一之進父子来訪。十七日須知―園部を経て亀山泊、十八日に沓掛―樫原《かたぎはら》を経て帰宅した。

右のごとく、この城崎行は前後二ヵ月におよんだ。この間、出郷以来約三十年、涼庭の医名すこぶるあがり、往復ともに多くの名士より歓待をうけ、妹や、かつての師ならびに多くの門弟とも会し、また多くの患者を診た。松は帰途一時危篤に陥ったが、涼庭の医術と妻の看病でようやく一命をとりとめ、のち養子を迎えて父のあとをついだ。

『但泉紀行』　ここで『但泉紀行』にふれておこう。本書は紀行としては、かなり長文である。表記には『丹泉紀行　附温泉論　全』とあり、表紙裏は「鬼国山人著　但泉紀行　駆豎斎蔵版」とある。序は斎藤拙堂で、次のとおりである（原漢文）。

但泉紀行引

人必らず能く局外の事を知る。而して局外の事を能くす。故に通儒の志す所は估畢に止まらず、名医の志す所は刀圭に止まらず。平安新宮涼庭子、和蘭医法を以て天下に聞ゆ。又儒雅を愛し文詞を好み、自から鬼国山人と号す。奇士を愛する也。余其名を耳にすること熟して未だ其面を熟せず。頃者《このごろ》其の北遊に寄せて著わす所の但泉紀行、余に題目を索む。乃ち受けて之を閲するに、其の記する所、山水名勝、忽ちにして医論、忽ちにして経済時務なり。亦以て其の平生を想見するに足る。其人医にして儒を愛し、山人にして士大夫、蘭法を以てして訳文に通じ、其中関せざる所無し。乃ち知る、其の業広く名高きは偶然に非ざる也。余碌々下柞摧択を謬り、史を為し儒を為し文を掌る。又一局に止まらず。是に於てか山人と交を結び、各々局外之事を談ず。而して未だ能はざる也。是唯他年の乞を期し、局外を為すの日を問はんのみ。姑《しば》らく其の需《もとめ》に応じ、此に数語を書し以て之を還し、以て今日之責を塞ぎ、他年結交之地と為さん。

弘化三年七月望、伊勢津城督官署之東廂に題す

津藩　鉄研学人　斎藤正謙　印

右序文のごとく、紀行は風景とともに医事や地方の風俗などを叙しているが、時務論はあまりない。最後の跋は宇和島の上甲礼のもので、弘化乙巳（三年）孟秋望の日、故郷へ帰る舟中に書いたとある。内容は、自分は北遊を望みながら果しえぬのを遺憾に思っていたが、帰郷のため出発に際し紀行を示され、舟中繙読すれば叙述すこぶる詳密、あたかもその地を踏み物を見るがごとき感があった、という意味のことを述べたものである。

なお、本書は序一丁、跋半丁、本文四十丁におよぶ。

箕作阮甫の来訪　箕作阮甫*は弘化二年五月に入京した。これより以前に凉庭が出したと思われる書翰が『駆豎斎文鈔』中にある「与箕作国手」である。これでは「碩多忙の中に在り、其の著作を読みて畧其人を知ると雖ども未だ其面に接せず」といい、先に『坤輿図識』を見、いままた詩の高雅なるを知り、いつ会えるかわからぬが「景慕無止」自作の詩を呈するというのである。

ここでいう箕作国手というのが阮甫か、養子の省吾かはっきりしない。というのは、『坤輿図識』の著者は養子省吾**であるが、阮甫の手が加わり、『箕作阮甫』の著者呉秀三博士も、事実上阮甫の作とみてもよいとしておられるからである。したがって、ここでは阮甫と考えてよい。

* **箕作阮甫**（寛政十一〜文久三 一七九九〜一八六三）美作の人。津山侯に仕えて侍医となる。はじめ漢方を学んだが、のち宇田川榛斎に蘭方を学び、天保十年天文台訳員となる。プチャーチンが長崎に来た時、川路聖謨に従って外交の事にあたった。のち蕃書調所の教授となる。著訳書九十二種百九十六冊。号は紫川。

** **箕作省吾**（文政四〜弘化三 一八二一〜一八四六）十六歳の時江戸遊学、その後京都よりさらに九州を遊歴、箕作阮甫に学ぶ。阮甫その才を愛し、天保十四年、末女と結婚させた。『坤輿図識』五巻三冊は、その心血をそそいだ訳業で弘化二年出版、その翌年補四巻四冊を出版しているが、この年十二月二十六歳で没した。

『箕作阮甫』には、凉庭の次の書翰が収載されている（二八二〜三ページ）。

一書呈啓、寒冷之節、先以盛門御安泰奉二敬賀一候。先達而御上京之節彼是在宿不レ仕、不レ得二拝顔一遺憾之至ニ奉レ存候。先達而も御普請役桜井三郎に相托、書状差上申候。相達候哉承度奉レ存候

阮甫上京は弘化二年五月、この時凉庭は城崎温泉に行っていて十八日に帰ったので、会うことが出来なかったらしい。阮甫は小石元瑞宅に止宿した。

もう一つの書翰は、次のとおりである。

此度ゴルテル外科十二篇とも訳出来仕候ニ付書卸のまま差上候。乍二御面倒一書肆に仰付被レ下候て、写取御頼被レ下度、是又御芳煩奉二申上一候。最金子三両写本雑費差上候間、御落手被レ下度候。甚以て御多冗中恐入候へども御願申上候。此序文は国手煩二高手一度奉レ存候。斎藤方策序文も御座候。何卒序か跋か国手に奉レ希度存候。十一篇十二篇と後より写本にして差上申候。左様御含被レ下度候。

先年より被二仰下一候秋眠天竺の四字相認差上申候。思召に不レ適候はヾ御棄可レ被レ下候。何分にも外科則顧の義は御託し申上候間、可レ然御取計奉二希上一候。序文に何卒国手へ願度候。杉田老人錦腸のを省き候はヾ為二御聞一被レ下度奉二希上一候

十月十六日　　頓首再拝

箕作先生

右書翰の前半は凉庭の『窮理外科則』出版についての貴重な資料で、弘化二年ころには十二篇とも訳述完成、七篇までは文政七年に刊行されたが、弘化二年では十一、十二篇が残っていたようである。後半は阮甫が凉庭に揮毫を依頼したことをしめしている。

詩にあらわれた日常　ここでしばらく、凉庭の詩によってその日常をみよう。まず、弘化元年では「甲辰秋日

時事に感じて作有り」の詩がある。この年は、三月にフランス船が琉球に来て通商を乞うた。五月には水戸斉昭が謹慎を命ぜられ、八月にはオランダ国王が開国をすすめた。この年、幕府は函館・国後《くなしり》等十二カ所に兵を配置し、砲台を構築して北辺の急に備えさせた。涼庭の〝時事〟とは、かかる事項をさしたものであろう。

かかる時勢に対して、京都の蘭学者同様、涼庭にもすこしも時勢論がない。

人間《じん》鬧熱《かんとう》①去って痕無し　　①にぎやかさ。
一院の高眠冷温に似たり

であり、

詩書堆裏胸懐爽やかに
勢利場市眼界昏《くら》し
清世の経綸網よりも密に
艸茅《そうぼう》何ぞ必ずしも危言を奏せん

である。蘭学弾圧の際にとった明哲保身の態度はここでも一貫し、幕府の政策に全く信頼して危言を奏することを控え、一学究としての道をすすもうとする。茶博士千宗室に招かれて人も知る百代の高風に親しみ、道風仙風、佳景に逢うごとに明珠を吐く芭蕉の肖像を掲げ、南禅寺の長松院・天授庵（のち涼庭の墓所）を訪ねる。

弘化二年三月城崎湯治に発し、帰来八月に大津水亭に九鬼侯に従う。

満路の黄塵暑未だ収まらず
清風独り上る夕陽の楼

旄尖《ぼうせん》①は見えず君何処ぞ　　　①　行列をしめす旗の先。
翠髻微茫たり天女州

ついで石山の旅亭にいたり、大津へ舟行し、三井寺に登る。この頃、彦根藩の中川氏より佩刀を贈られ、芸藩三石沢氏より自画の墨根を贈られ、それぞれ詩を賦して謝し、仙台の仲沢某のもとめに応じて釣雲の図に題する。医家としては仲景の画像に題し、薬物六つを詠ずる。

弘化三年には、次章のごとく伊勢参宮をする。琵琶湖畔では林・奥村両氏の水亭に題し、二月土山で途上の詩を賦し、四月は伊勢大廟を拝して詩を賦す。帰途は「朝に江州を発し、夕べには泉州に宿る」。ついで岸和田城に宿し、岸和田藩主岡部南山公に一詩奉呈、大阪の天神祭を観、諫川氏の浪華の別荘を訪う。

これより嘉永四年までは、嵐山の楓を看、鞍馬山に登り、嵐山に小督《こごう》の局の墓にいたる。ときには太陽が書院の庭園をわたるを見る。

三畝の薬園方丈の堂
春耕秋獲両ながら多忙
芎帰《きゅう》①雨を経て花全く斂《おさま》り　　　①　おんなかづら。
柚橘霜に先んじて実半は黄なり
一脈の清泉宜しく耳を洗うべく
満池の蓮子腸《うるお》を滋すに足る
此中の幽趣君知るや否や
又主人風骨の香わしさあり

嘉永四年ころは、京都所司代の鯖江侯に招かれて共に飲み、また十一月、西尹浅野棋堂（後述）に招かれる。詩の題には「君至る所職を称え性又風流書画を善くす」とある。年末病気にかかる。「猖獗勢将に狂せんとす、耳は熱して松濤起り、眼は昏くして燈火黄なり、萎肢蚯蚓《いしきゅういん》（みみず）の如く、瘠骨は螳螂《とうろう》（かまきり）に似たり」とあるから、「臘尾書懐」の「霜雪残年鬢糸に満つ」の詩とあわせて、ようやく衰えをしめしている。

嘉永五年の元旦、左の詩を作る。

四明峰①外朱霞を散じ
朝気蒼々たり十万家
用いず海辺春信を覔《もと》む
一杯の拼酒眼に花を生ず

① 比叡山の四明嶽。

雪の朝、牧百峯ら来る。春に入り、牛窪・園木二兄、ついで津藩の平松楽斎・藤堂多門・斎藤拙堂が相ついで来り、それぞれ詩を賦し、拙堂とはともに鴨川畔の酒楼に飲み、「六六峰前月一輪　清流影を涵《うるお》して銀を鎔《と》かすに似」た景を賞して詩を吟じている。晩春には諸弟と双林寺に遊ぶ。

この春山中春嶺死し、大村藩の渋江某鴨川畔に卜居、羽倉簡堂書院に来り、秋には藤井竹外もまた来る。平塚士梁（一七九二〜一八七五、京都の儒者、号は瓢斎、のち津久井清影と称した。武朝保と号し狂詩も作った）の還暦祝いが行われたのもこの年である。

嘉永六年元旦の詩、

身は寒蟬に似て心灰ならんと欲す①

① 生気を失う。

老軀歳を迎えて骨崔嵬《さいかい》②　　② ごつごつしている。
杯行一を欠く豈歎き無からん
家に病妻有り春未だ回らず

春に津の平松楽斎より梅花を贈られる。これ以降は十首の詩が収められている。涼庭はこの翌嘉永七年（十一月に安政と改元）一月九日に没しているから、最晩年の心境の一篇を掲げよう。

半生の辛苦事皆迂《うと》し
跡を東山に寄せて塵無からんと欲す
雨後楓紅猩血を濺《そそ》ぎ
霜前菜美豚腴《とんゆ》を圧す
人を留むる幽院書千巻
月を迎えて小楼松万株
誰か都門に向って争て脚を着く
世途何れの処か崎嶇《きく》ならざる

右の大意は、半生辛苦したが事はみな迂遠であった。東山に書院を建て都塵をさけた。雨後の楓は赤い血のようであり、霜降る前の野菜は肉類よりも多く食膳にのぼる。書院には千巻の書があり人の足をとどめる。月には小楼と万本の松がある。世間はすべて生活がきびしく、この幽境にあっては市街に行こうとも思わぬ、との意である。

後嗣　新宮家の家系については、すでに第二章で述べた。ここでは、涼庭がその後を全うするために、主家のほか、四分家をもうけたことを述べ、その事情を考察したい。子孫については、のちに譲る。

新宮義珍

- 義休（涼築・有馬家をつぐ）
- 小原新宮氏　須義
- 由良新宮氏　義憲（道庵）
  - 涼庭　安政元年正月九日没
    室　有馬氏女、安政二年四月二十八日没六十二歳
    - 長男　春道　後拙蔵と称す。出京して島津氏に仕う、のち故あって義絶離縁―仙蔵（涼庵養子）
    - 五男　義悟（のち涼哲）涼庭の養子となる
    - 六男　精義（のち涼庵）涼庭の養子となる
    - 女　有馬文哲に嫁す
    - 松代　慶応三年八月十三日没　観月院桂林幽香大姉
      ＝本家　涼民　備中浅口郡黒崎の農商柚木直助男、初名新太郎、涼庭の養子となり、はじめ舜民、のち涼民、名義慎、号薇山、明治八年三月廿四日五十六歳にて没、墓涼庭に同じ、諡、春月院対水薇山居士　後室光江、膳所藩士神谷兵左衛門女
    - 第一分家　涼閣　丹後田辺藩士古河主馬自勝五男、名義健、号白雲、一四歳入門、二〇歳養子、明治十八年十二月四日没
      - 小婦美　有馬玄哲女、安政五年八月廿一日没　円空院貞室婦賢大姉、墓天授庵
      　次室　義枝　蒲生秀復女
      　三室　近枝　西大路藩士加藤喜平妹
  - 千代（由良の新宮氏をつぐ）
    涼庭門人檜垣健蔵を養子とす

―第二分家
　涼介　紀州那可郡安楽川の医松山俊茂（号翠翁）の長子、名貞また貞亮、字文貞また文卿、号瓶城、明治八年五十四歳で没
　　―妻　福知山瀬川氏女
―第三分家
　涼哲　上出、涼庭妹千代の五男、号翠崖、文久二年卅一歳で没
―第四分家
　涼庵　上出、右の弟、涼庭の郷里でその生家をつぐ。子なし、若年一時大阪の緒方門にあり、安政五年廿余歳で没、墓由良松原寺

右を『鬼国先生言行録』によってみよう。涼庭には子女数人があったが、皆幼くして死し、一女松代のみが残った。涼庭はその壮年時代に、坪井信道*が京都に游歴し、屢ば涼庭を訪ねたので、涼庭はその篤志を愛し、義子としようとしたが、親戚が早計としたので、止めた。

* **坪井信道**寛政七〜嘉永元 一七九五〜一八四八 は涼庭より八歳の年少である。信道の兄道原は清澄寺北の庵に住んでいたので、これを訪れ、文政二年九月より天保十二年正月まで、数回にわたって京都へ来ている。涼庭に会ったのが文政二年とすれば、涼庭の京都開業後一年、涼庭三十三歳の時である。信道を義子としようとしたのであれば、涼庭の眼識に狂いはなかったということになるが、涼庭がまだ若かったので後嗣の出来ることを期待した親戚が早計としたのであろう。

こののち、涼庭は紀州の有馬存庵の子信斎を養って子としたが、数年ののちに離縁し、備中の柚木新太郎を養子とした。新太郎（のち涼民、一八二〇―一八七五）は長じて家業の農商を喜ばず、切に医たらんことを乞うた。両親はやむをえずこれを許した。新太郎は岡山に赴き、涼庭が長崎にいたころの門人物部雄民を師とした。雄民はその一字を与えて舜民と名を改めさせ、苦学数年、医術大いに進んだ。そこで舜民は雄民の紹介状をもって京都に来り、涼庭に入門した。舜民は学資がなかったので、はじめ相国寺塔中の珪芳軒におり、早く起きて粥をすすり、涼庭の門前にいたって戸を叩いた。涼庭はこの音をきいて大いに塾生を叱り、輪講をはじめた。そこで舜民

は門を叩くのをひかえ、門前に立って門の開くのを待ち、時には風雪の中に立って一時間も読書していた。その態度は冬の三ヵ月間全然変らなかったという。凉庭はこれを聞いてその奇特な志に感心し、食費を免じて入塾させ、其術をみたが、大いに進んだので、代診に抜擢した。

凉庭が盛岡に行く時、舜民に病家百余戸と日々の宅診を託した。ある人が凉庭を諌めて、舜民は才があるかも知れないが、従学日なお浅く、先輩も多いから、感心しないのではないかと言ったが、凉庭は聴かなかった。はじめ先輩は不平で、なまけて舜民の用をしなかったが、舜民は怒りもしなければ怨むこともなく、日夜孜々として事に従った。ときに肺患にかかり血をはいたが、数日休養したのみで、また診療に奔走し、毎日三、四十家を回診した。秋吉南豊は大いに之を危うんだが、のちにはしばしば激賞したという。ここにいたって衆始めて感服した。凉庭は盛岡より帰ってことの詳細を知り、強いて柚木氏に請うて養嗣子にもらいうけた。柚木氏は従弟の八重吉を嗣とした。凉庭は舜民を凉民と改めさせ、女松代と結婚させた。この間に一男二女がある。長男は凉亭、長女増枝は新宮凉園に嫁し、次女秀生は鹿児島県人で大阪に住んでいた永田松次に嫁せしめた。

つぎに第一分家の義健・凉閣（一八二八～一八八五）については、こう述べられている。丹後舞鶴城主牧野侯世臣古河主馬、諱自勝の第五男で、幼名柔吉、年十三、はじめて医学に志し、十四歳、笈を負って凉庭の門に入り、年十九第二義子となり、凉閣と改称した。凉民より八歳の年少である。その伝は『白雲遺稿』にある。

白雲新宮先生小伝

白雲新宮先生諱ハ義健本姓古川氏、其先遠ク清和源氏ニ出ツ。家世々舞鶴藩主牧野侯ニ仕フ。先生文政十一年五月十四日ヲ以テ生ル。父自勝ト云ヒ母ハ谷口氏、先生ハ其第五子ニシテ幼名柔吉ト称ス。年十九ニシテ新宮鬼国翁ニ子養セラル。翁名ハ涼庭、故ニ涼閣ト改称ス。先生幼時巍屹《ぎこつ》（一きわすぐれる意）トシテ成人ノ志ノ如シ。甫《はじ》メテ八歳、藩ノ学館ニ入リ勉学等輩ニ超絶ス。京師ニ入リ鬼国翁ニ学ビ傍ラ宮本元甫ニ就テ蘭学ヲ質ス。先生性仁慈剛直義ヲ好ミ、己ヲ奉ズル極メテ薄ク、博ク施ヲ喜ブ。又甚ダ酒ヲ嗜ミ、酔ヘバ則チ義胆激発シ、権貴ト雖ドモ憚ラズ。慷慨切歯ノ極或ハ之ガ為ニ涕泣ス。年知命ヲ過ギ漸ク自ラ重ズル事ヲ知リ、酒ヲ飲マズ、先生学漢欧ヲ兼ネ、深ク鬼国翁ノ蘊奥《うんのう》ヲ極ム。又深ク洙泗《しゅし》ノ学（儒学のこと）ヲ信ジ、母氏ニ仕フル尤モ孝ナリ。先生弱冠ヲ過ギ創メテ業ヲ開キ一家ヲナス。遠近診ヲ求ムルモノ恒ニ門ニ塡《み》ツ。先生ノ病者ニ接スル最モ懇篤、貧富ヲ視テ炎涼ヲナサズ（差をつけない）。故ニ病者ハ其恵ニ懐《なつ》キ、翕《きゅう》然皆以テ大臣ト称ス。其往診ヲナスヤ只〻一僕ヲ従ヘ徒歩ス。年知命ヲ過ギ漸ク輪輿ニ乗ズルモ、自ラ好テ腕車ノ力ヲ藉ラズ。居常茶筅髻《ちゃせんまげ》ヲナシ洋帽ヲ被ルヲ好マズ。其時様ニ投ゼザルコト斯ノ如シ。先生明治十八年十二月四日病ヲ以テ家ニ歿ス。享年五十有八。諡《おくりな》シテ一誠院貫道涼閣居士ト号ス。南禅寺中天授庵先塋ノ側ニ葬ル。先配高階氏二女ヲ挙ゲ、継配抽木氏一男ヲ挙グ。新太郎ト称シ箕裘《ききゅう》（家業のこと）ヲ継グ。先生中年津藩ノ医官トナリ、特ニ在京ヲ許サル。先生義塾ヲ設ケ、諸生ニ教授スル厳ニシテ恩アリ。故ニ弟子皆其教ニ服ス。其門ニ居ルモノ前後二百人、現ニ陸軍々医監堀内利国氏ノ如キ、嘗テ其門下ニアリ。先生志気慷慨、嘗テ三国大学等ト共ニ国事ニ奔走シ、屢々嫌疑ヲ受ケ、刺客ノ難ニ遇ハントセシ事アリ。明治六年二月、自ラ率先シ、同業ノ諸氏ト胥《しょ》議（相談の意）シ、刑屍ヲ解剖シ、医師並ニ門生ニ説明ス。之《これ》ヲ維新後京都ニ於ケル解体ノ濫觴《らんしょう》（はじめの意）トス。明治十二年九月、京都府ノ諮問ニ応ジ、安政年間京都ニ流行セシ虎列刺患者員数及ビ治死ノ数、治療法共明細ニ復申セリ。又明治十五年七、八月ノ交、京市ニ一種熱性脳症患者五名ヲ診ス。先生日夜泰西ノ医籍ヲ参考シ、終ニ脳脊髄膜炎ノ病名ヲ付シ、自家ノ経験説ヲ草シ、医道ニ資益ス。明治十五年十一月、虎列刺病事ニ付、時ノ明府（知事のこと）北垣国造氏ニ一篇ノ見込書ヲ上申セリ。事々剴切洵《がいせつまこと》ニ能ク民間ノ情況ヲ穿《うが》テリ。先生放蜞（註—ひる）ノ術ニ於ケル、独リ自ラ得ル所アルガ如シ。故ニ自ラ蜞妙証人ト号ス。先生一日右側ノ拇指ト示指ヲ以テ輪状ニ形容シ、姪《めい》斎藤仙也并ニ門生ニ語リ曰ク。蜞鍼《きしん》ヲ貼センニハ此形容ヲ以テ予メ部位ノ区劃ヲ測リ、圏線ヲ記スベシ、且ツ曰ク、此形伯選ニ類似ス。宜シク此ニ眩惑セラル、勿レ。又生平（ママ）門生ニ語テ曰ク、志ヲ遂ゲ業ヲ成スハ勉強力ト堪忍力ニアリ。謹テ心肝ニ銘スベシト。先生ノ医術ニ於ケル俗言哩（俚）談ト雖モ益アルモノハ之ヲ采ル。曾テ梨本王殿下ノ嗣菊麿王殿下脳脊髄炎ヲ患ヒ、殆ト人事不省ニアラセラル、時拝診ヲ命ゼラレ、蜞鍼ヲ貼シテ効アリ。維新前先生西周氏ニ就テ仏蘭私《ふらんす》学ヲ修ス。晩年詩文ニ志ス。其集白雲遺稿アリ。其作多ク箴規《しんき》ヲ寓ス。又楽ンデ翰墨ヲ玩ブ。興到レバ則揮灑《きれい》自ラ娯ム。平生親交ノモノハ藤堂帰雲、斎藤拙堂、土井聱牙、平松楽斎、宮崎青谷、三国大学、石津灌園、森寛斎、広瀬元恭、林双橋、宮島瑞岸等諸氏トス。著ハス所虎列刺病論集成、虎列刺病論、北邪新論、項髄疫説一名脳脊髄炎病論等ノ書アリ。已ニ上梓ス。皆以テ博ク世ニ行ハルト云。

明治廿七年十二月上澣《かん》　素堂昱謹識

右『白雲遺稿』の奥付には、明治廿七年十一月廿四日印刷、三十日発行となっている。この本は、涼閣の甥、斎藤仙也の努力によって刊行されている。

なお、羽倉敬尚氏によれば、涼閣は養父の縁で、京三井家一族の医となり、主人高福が、晩年重患に悩んだとき、蛭《ひる》をつけ、針を合せて四百八十本打って全快、長寿にいたらせたので、高福は「寿」の大字を書き、謝辞を記しておくったという（「新宮涼庭後事」―『医譚』復刊第五号）。

つぎの第二分家涼介（一八二三～一八七五）はもと松山文卿、紀州荒川（安楽川）郷の医松山翠翁（名荘太郎、また庄之助、字俊茂）の長子で、はやく藤沢東畡および産科の賀川氏に学び、のち涼庭の門に入った。方正閑雅、詩文書画を善くし、涼閣が涼庭にすすめて義子とした。涼閣より五歳年長であるが、塾では後進であったから涼閣に兄事した。維新前一時福井藩主松平春嶽に仕え、明治八年十一月七日に没した。妻は福知山の瀬川氏品子、文久元年に没した。

『鬼国先生言行録』では、薇山と義健を本家、文卿を第一分家としているが、大正五年の贈位記念に作った『新宮涼庭先生言行録』には、涼民の家のみを本家としている。

一方、由良新宮家は涼庭の末妹千代に門人で広島人の檜垣健蔵を配してあとをつがせた。子は三男三女、長女は有馬文哲に、次女は福知山の塩見仙蔵に、三女は宮津藩の梶川全太郎に嫁した。長男の春道は放蕩無頼、涼庭が厳に戒しめたので亡命して長崎にかくれた。次の涼哲は涼庭の養子となり、第三分家をたてた。文久二年正月十二日没、年三十一歳、妻某も前年没。その次の涼庵は第四分家とし、由良の新宮家をついだ。

ところで、涼庭がこのように、本家のほかに分家をたてたのは、いかなる理由によるものであろうか。それは、『駆豎斎家訓』によって明らかである。そのなかの「家規の話」に、

本家は医業を以て相続すべき義なれば、医術に於て卓識俊秀なる人を撰んで本家を相続致さすべし。たとひ実子たりとも其の才なき者は、分家相続か、又其の人の好みに因て、他の業を致さすべき事なり

と述べている。すなわち、医業をながく存続させるための本家である。そして、本家、分家の別は確然とし、分家は本家の差図をうけて背くべからざるものであり、本家の代診をつとめ、肩入れ手代同様にし、余力あらば自分の業につとめるのである。

順正書院との関係は、その人を撰んで家守をさせ、本家相続者の隠居所とするもよく、また、一門中医を好まずして学あるものは、書院の学頭をせよという。本家は分家を愛憐し、厳重に下知するもの、分家中でも医技にすぐれたものは、本家を相続すべきものなのである。

要するに、この本家と分家は、新宮の家学を永久に伝え、しかもそれを維持繁栄せしめ、本家を中核として分

家を統一し、あいたすけて新宮家の発展を期そうとしたものにほかならない。

第四節　涼庭の死

『駆豎斎家訓』について　涼庭の遺言ともみるべきものは、『駆豎斎家訓』十二条である。これは『鬼国先生言行録』によると、

殁する次日、先生の妾満寿、一冊子を出して曰く。是れ主公去秋以来、深夜自ら書する者、妾に命じて曰く。我れ瞑せば汝宜しく之を諸子に付せと。諸子相共に謹んで之を披けば則ち駆豎斎家訓若干条なり。衆皆拝読感泣し、永く以て家宝と為す

と。これによれば、本書は嘉永六年に書かれたことになるが、しかし、本書の末尾には、嘉永辛亥（四年）十月十八日に喘咳を患いながら家人子弟を教訓するために書いたとある。嘉永四年の末には大病を患っているので、万一の場合を考えて書いたものであろう。

本書は、郷土史に異常な関心をもたれた糸井仙之助氏が、大阪の古書店で発見されたものが一点、大阪阿倍野の中野操医博の所蔵本が一点、さらに、新宮涼閣の後裔、福井の新宮健雄氏の家伝本が一点と、三点あることがわかっている。中野医博所蔵本が涼庭の自筆本であり、体裁は美濃紙二十九枚の袋綴冊子、内容は一枚十二行、一行十七〜二十一字で端麗に書かれている。これは一度医師会同人の羽倉敬尚氏によって、「蘭医小石家三代の行状・附載新宮家々訓」（『文化史学』九〜十一号）に発表された。

福井の新宮家のものは、本文十七枚、表紙に「駆豎斎家訓」、その右方に「寧寿堂蔵書記」の大きな印がおした計十八枚の半紙型の罫紙の綴りで、矢田梧郎氏が発見した。内容は糸井文庫や中野本と変りはないが、〝涼閣明治甲申八月校正〟とあって、全文の誤字や文法の誤りを訂正してある点が異なっている。糸井文庫のものは、体裁は、前記中野医博所蔵のものとまったく同一である。糸井氏は昭和十五年九月の「郷土と美術」特輯号に「新宮涼庭の駆豎斎家訓」なる一文を発表しておられる。そのなかに「先年大阪の某書肆より写本として届けて来た。見ると自筆に間違いなし。美濃紙三十二枚の袋綴冊子、表紙に「駆豎斎家訓　全」と題す」と書いておられる。しかし「三十二枚」は表紙とも三十枚であり、「自筆に間違ひなし」と断定出来るかどうかは疑わしい。全文は付録としてのちにかかげる。

家訓の内容　本書はつぎの十三ヵ条からなっている。

(一) 子弟心得方の話
(二) 立志の話
(三) 人不知而不㆑慍《いきどうら》の話
(四) 言語の話
(五) 学文仕様の話
(六) 医学仕様の話
(七) 漢医書の読様の話
(八) 家規の話
(九) 心術存養の話

㈠ 天工人其代之の話
㈡ 惜寸陰の話
㈢ 勝手取締りの話
㈣ 家内娘に申聞せの話

その概要は、左のとおりである。

(一) わが子弟門人は自分の家訓を守ること。また皇恩に感謝し、太平の基を開いた徳川家を敬重し、掟をよく守ること。
(二) 医術は渡世のためのみと思はず、事人命にかかわるので、まず技術を錬磨し、天理自然の妙を悟ること。医術は誠心誠意行ない、少し名を得て勉強を怠らぬこと。
(三) 人知らずとも、学術を磨けば自然に信ぜられるにいたる。
(四) 巧言令色は仁少なし。放言戯言を慎しむこと。
(五) わが子弟は八歳になれば父母の許を離れ、厳師について経書の素読をさせ、程朱の学を正学とし、格物致知を根本とせよ。医理を知らずして奇薬奇方に走るな。
(六) 学んで時に習い、ついに心手期せずして事に応ずるまでになること。蘭書は才学鋭き子弟に読ませ、短文を読ませての ち文法を教えよ。最も才学ある者は、測算窮理の書を読ませ、国益にも供すべきである。分離術（解剖学）はイペイを、初学の療治にはゴルトルの外科書を、薬方はプレンキの外科書を用いよ。
(七) 漢医書は必ず傷寒論、金匱万病図書、古今医統をよませよ。ただし骨折る要なし。素問は大体にて可。薬方は家方を会得せよ。
(八) 前述
(九) 知者は愚者を導き、富者は貧者に融通するごとくし、己を殺して一家の和合を図ること。

㈠　天の徳は万物生育にあり、これを助けるのが医の道である。
㈡　寸陰を惜しむのが医術上達の一法である。
㈢　十分倹約せよ。乗輿の定め、油の量（一ヵ月四合）、下女を少くすること、乳母を省くこと、衣服を大切にし、遊所に近づかず、妻は富家より迎えず、ねぎって買わず、金銀は貸借せぬことなど、詳細に述べてある。
㈢　妻は内を守り、倹約につとめ、門弟にも礼を尽し、病家を大切にし、下男下女をよく躾け、夫不在中も専断のことがあってはいけない。出入の呉服屋・薬屋にも礼を尽し、狎れてはいけない。礼を厳にし、女大学を深く信用せよ。

以上のごとくであって、凉庭自らの経験に鑑みて、細部まで詳述している。これを通観するならば、凉庭の人物がこの家訓に集約されているように思われる。それは、一言にしていえば、封建制度のワク内において、完全な人間として生きる上の教訓を説いている。すなわち、皇室尊敬、幕府尊重、家規尊重であり、人間の修養であり、学者として、また医者として名声を博する上の心術であり、一家の繁栄を図る心得であり、妻女として夫を扶け、家を斉える教えである。また、そこにこそ、丹後由良から出た一介の医生が、発憤して直接オランダの医師について蘭医学を学び、京都に出て医家として、また理財家として一家をなし、栄誉のうちにつつまれて悠々として晩年を送るまでの凉庭その人の血と汗とがにじみでているのであり、封建制度を当然の生活の前提として出発した凉庭のイデオロギーが、もっとも顕著にあらわれているのも、当然のことといえるのである。

凉庭の死　凉庭の死の直前の病気について、『鬼国先生言行録』には次のとおり述べられている。

先生嘉永六年癸丑十月より違和、十一月、偏頭痛を発して衰弱漸く加わる。而して精神は少しも衰えず。安政元年甲寅正月九日没す。

と。また『駆豎斎文鈔』の「答甲斐文貞」には、

某この頃喀血を患い、乳汁を服して奇功を得と雖も、哺後発熱五体憖うが如く

と述べているところから、結核であったことが明らかである。また「病中偶成」の詩に

積年の肺疾面梔黄《しおう》①
山沢癯《や》せたりと雖も骨猶香し
太平の廷議春雨の如く
落魄の霊根夕陽に似たり
懶犬床を護つて夢就《な》り難く
老妻薬を捧げて味い先ず嘗む
夜雪寒灯能く我を識る
牛と呼び馬と咲《わら》うも亦何ぞ妨げん

鬼国山人

①白と黄色。

ともある。凉庭にはとくに辞世というものがないのであるから、この詩は辞世にあたると考えてよいであろう。

かくて凉庭は安政元年正月九日、六十八歳で没した。知恩院七十二世の万誉上人は順正院新開凉庭居士と諡し、南禅寺塔中天授庵に葬った（墓碑については後述）。妻春枝は翌安政二年四月二十八日、六十二歳をもって没した。諡は清順院凉屋貞正大姉、亡夫の傍らに葬る。

第二部　各　論

第四章　理財家としての涼庭

——諸侯への融資と献金——

すでに前章で考察したように、涼庭は倹約家であり、洛中の医家中屈指の高額所得者であった。元来涼庭の志は経世済民にあったのであり、たんに人を医するを以て目的とした、純粋の学者ではなかった。京都の蘭学者中、これに類する人物をもとめれば、小石元俊がある。二人はともに武士気質であった。元俊は、将たる家柄であることに無限のほこりを感じていた。そして、〃治にいて乱を忘れず〃型の性格を強くもっていた。だから、いちおう兵法の心得があり、築城・造船、さては航海の術まで心得ていた。それに対して、涼庭は経済学者としての性格が強い。この二者の性格は、やはり十八世紀後半と十九世紀前半との、時代の差異をしめすものであろうか。

ところで、涼庭の理財家としての性格は、もとよりその業績の各所に散見することができるのであるが、ここでは、その二大業績とも考えられる、諸侯への融資・献金、および『破レ家ノツヾクリ話』について述べたい。もっとも『破レ家ノツヾクリ話』は、滝本誠一博士の『経済叢書』にも収載され、本庄栄治郎博士にも「新宮涼庭の経済観」なる論文があって、普ねく知られているが、諸侯への融資・献金関係については、従来あまり知られていない。しかし、藩史の研究がなお不充分であるので、ある程度満足すべき叙述すら、なお出来がたい状態であるが、著者の集めえた資料にもとづいて、できうるかぎりこの面を重点として述べることとする。

第一節　涼庭の倹約

青年時代の倹約　涼庭が育った環境は、経済的にはかなり窮屈であった。自宅にあっても、有馬家に学僕として働いた時もそうであった。そのような環境にあって苦学力行した涼庭には、倹約が習性となっていた。十六歳のとき、有馬丹山に従って江戸に行った時、諸費を節して母にみやげ物を買ったことは、すでに前章の孝養の項において述べたとおりである。しからば、在江戸間、いかにして諸費を節したかを、『鬼国先生言行録』『新宮涼庭先生言行録』によって述べてみよう。

江戸の朽木侯の下邸には、奴僕などのいる所があり、新たにそこに入るものには、新しい藺の蓆《むしろ》を敷き与えるのが慣例となっていた。しかし、涼庭はこれを汚すことを恐れ惜しみ、工作場の中に一枚の古蓆を敷いて、常にその上に座り、江戸を去るまで二年間、蓆は新しいままであったという。

また、江戸邸にある間は、髪をといたり、額《ひたい》を剃るのはすべて自分でやり、麻疹にかかって全快した時のみ、蓬髪を髪床でとかせ、十八文を支払ったという。沐浴も、江戸邸の浴室ある家に請うて、しまい風呂をもらったから、一文の浴銭も使ったことがないといわれる。

江戸の町には、大福餅という焼餅を売る店があちこちにあり、その値は一個五文であった。涼庭は往来するたびにその芳香が鼻をつき、幾度か買って食べようとしたが、浪費をはばかってようやく自制し、江戸を去るまで、ついに大福餅の味を知らなかったという。

京都時代の倹約　京都に出て開業した時も、往診の途次、食事時には四条小橋の傍の豆腐田楽屋「雨蛤」で、従僕とともに食べて帰るのを例とした。この大要はすでに述べたが、これも時間を節約するということ以外に、一食が、わずか十八文という安さのためであったという。

すでに巨富を築いてからも、自ら質素倹約を旨とし、藺蓆の破れがあっても時を経て換えず、障子の破れは、ただその穴をふさぐのみであった。とくに炭油の浪費を厳に戒しめ、灯心は二茎を過ぐるを許さなかった。ある時妾に命じて油灯の掃除をさせたところ、妾はもと芸妓であったので節約の心なく、一盞の油壺に四茎の灯心を用いた。涼庭は厳しくこの行為を叱責した。たまたま帯商白木屋勘兵衛が座にあり、「諺に一文を惜しむを知って百文を惜むを知らずというのは、先生のことではないか。なぜなれば、先生は、さきに一万両の大金を大名に貸して失うのを惜しまず、今灯心二茎をやかましく云われる」と言ったのに対し、涼庭は目をいからせ、「お前は幼時から商売の家に育って知っている筈だが、自分が数万金を失ったのは無用の地に棄てたのではない。灯心の二茎に費する油は、点滴に過ぎない。しかし、これは消費してしまえば還ってこない。不用の費を省くのは天物を愛するので、自分が煖衣飽食して乞食にならないのは、一文の理を知っているからだ」と、深く白木屋を戒めたという。

またある時、青楼に上り、燭が連ねてあるのを見た涼庭は、自ら起って数灯を消した。人がこれを怪しむと、涼庭は、

「自分の性として浪費をにくむから、灯が多いと心が楽しくない。歌声や三絃を聞くには、一灯で充分である。しかし自分は燭費を惜しむわけではないから、自分が消した燭の費用も支払おう」

と言った。またある時、魚屋が桂川の香魚を売りに来た。下女が、

「今日は魚がよいので、これを買えばどうでしょう。価は百文ですから廉いです」

というと涼庭は、

「今日はお待ちする客もない。自分の口腹のために銭を費すのは、これを食しても味がよくないから買わぬ方がよい」

と答えた。なお、最近著者の一見した『鬼国山人夜話』と題した奉書杉原紙十枚の、涼庭自筆の稿本がある。その内容は「湯武の話」「封建の話」「綱紀盛衰の話」「武将の話」「山崎派学文の話」「古人興亡の話」の六篇であるが（付録参照）、その紙は「金五百疋」とか、「南鐐一片」とかの書入れのある包紙を裏返して使用したものである。また、表紙の片面は、次の手紙であり、手紙の余白を表紙に充てたのである。

一筆啓上致し候。薄暑相催し候処、弥御堅固御勤めなされ珍重に存じ奉り候。然れば軽微の至に候得共、当地之鱒□□□□□□候聊か時候お尋ね申し候就□に御座候。□猶後喜之時を期し候　恐惶謹言

西尾源太左衛門
教寛　花押
萩原長兵衛
李一　花押

新宮涼庭様

倹約の趣旨　右の逸話によっても明らかなように、涼庭の倹約はその性にもとづくとはいえ、一に涼庭が天物

を愛したからであって、その点青砥藤綱を思わせるものがある。

凉庭がかつて門人に、自分が巨富をえたことを語ったことは、すでに述べたが、その中で凉庭は、

「自分は性として奢侈を喜ばないから、蓄積された富は数万両に上った。しかし積むことを知って散ずることを知らないのは守銭奴である」

と述べている。凉庭は天保年間の饑饉に際し、餓死者が多く、困弊した諸侯の費用では救民の術もなかろうと、救国済民の志を発し、まず、長崎遊学に出資してもらった田辺侯に若干金を献じた。さらに諸侯の国用にあてようと考えて、山中春齢に其志を語ると、春齢は戒めて、

「僕の家は世々諸侯に金を貸すのを業としますが、それには法があります。先生が医業の傍らこのようなことをなさっても徒らに金を失うばかりですから、そのような事を考えずに医業に専念して下さい。先生が貯金されるなら、我家の家規をまげて、とくに月五朱の利子をつけて保管しましょう」

と申出た。凉庭は、当時鋭志負気、我れなんぞ守銭奴の鼻息を窺わんと、その言に従わなかった。その結果は春齢の言のごとく、巨万の富を失ったのである。凉庭は六十をすぎてから、

「自分がもしあの時春齢の言に従っておれば、すでに二十万両の資産を貯えたであろう。今にしてその金があれば、かえって損害を招くことがあったかも知れない。人間万事塞翁が馬、一得一失皆数の存するところである」

と述べている。商人を守銭奴としたあたり、凉庭の町人観の一端がうかがわれる。

なお、凉庭が喜捨を喜ばなかったことも、前にふれたが、その考え方は、順正書院の庭石を運ばせた逸話によく示されている。それはこうである。天保饑饉のとき、凉庭は児童救済の目的で、児童に賀茂河原から石を運ば

せ、そのうち、書院の庭石となるべきものを取り、他はまた賀茂河原に運んで捨てさせ、その労働の報酬として金を与えた。すなわち、ただでは金を与えない。労働の報酬として与えるところに、幼時から貧困のうちに育ち、労働の貴さを知った涼庭の面目躍如たるものがある。

第二節　文政十一年の建言――『破レ家ノツヾクリ話』

某藩家老の来訪　『破レ家ノツヾクリ話』の文初に、

> 文政十一年ノ春、或諸侯ノ家老余ガ家ニ来リテ曰ク、諸国一般ノ困窮ナレドモ、殊ニ我ガ国ハ年来主家雑費引続キ必至難渋ニ迫リ、当時ニ至リテハ公辺ノ勤向モ六カシキ場所ニ移レリ。貴老経済ニ心ヲ用ヒラル、由ヲ聞伝ヘリ。願クハ伝授アレト頼ミケリ

とある。ここにいう「或諸侯」というのは、どの藩のことであるか明らかでなく、これを盛岡藩に比定するものが多い。

例へば、『南部史要』には「『弊《ママ》れ家のつゝくり話』三冊、京都の儒医新宮涼庭が盛岡にありたる際、書して利済公に呈したるものにて云々」とあり、岩手県の医師会長大橋珍太郎氏は「日本医事新報」に「文化文政の頃先生（涼庭のこと）の著書に「破レ家ノツヾクリ話」三巻がある。（中略）只一部だけを筆写のまゝに其家老に与えたものらしく、出版したのは其後八年目（この数字は腑におちない）の弘化四年五月に門人相馬九方生が袖珍版（木製活字）を以て僅に五十部を印刷し、之を同好の士に贈ったのを初めとする。前記先生の記述には或る諸侯の家老とあるが、これ実に小生の旧藩南部侯のことで、

当時南部藩は非常の貧乏困窮に陥り殆ど二十万石大名の体面を維持し得なかった為に、先生を遥々京都から盛岡に招聘して、君侯も面接の上一藩の更生策を求めたのである」と。

また、本庄栄治郎博士も「新宮涼庭の経済思想」（『近世の経済思想』所収）に、「本書は弘化四年の開版となっているが、それを書き与えたのはずっと前で文政十一年頃であろう」と述べている。

ところが、涼庭が盛岡藩へ赴いたのは、天保十一年である。いままで考えられているところでは、さきの文政十一年の場合は、『破レ家ノツヾクリ話』では、某藩家老が治国の要道を聞きに来たことになっているが、盛岡藩の場合は『鬼国先生言行録』では儒臣が訪ねて来たことになっている。しかし、涼庭の肖像画（天保八年丁酉臘）の自画賛には、「余越前侯南部侯の国事を議するに与かる。時に天大霖を降らし年登《みの》らず、議するところの制度幾たびか阻塞して行われず云々」とあるから、天保八年には、かなり盛岡藩政に深入りしたようにとれ、そのはじめが文政十一年のことであるのかも知れない。

また『南部史要』によれば、この利済公というのは文政七年より嘉永元年の退隠まで二十五年間在職し、治道の要を知らぬ暗君であるが、文政十二年六月一日、家老の横山帯刀と毛利の両名に手書を下した命令と、『破レ家ノツヾクリ話』の記述に若干の共通点があるので、盛岡説をいまただちに否定するわけにもいかない。

この命令の一部を掲げてみると、次のような文章ではじまる。

一、家老職の心懸第一と存じ候事は、広く国中下《しも》の善悪時事人情を明に弁知《わきまえ》るべし。次には我勤振《つとめぶ》り下にて申候処手を入れ承り候て、自分の非を改め候事肝要の事に候

二以下は、「二、下役が用筋につき理窟を言うのは当然一理ある故で、役威で抑付けてはいけない。三、家老

は重役であるから威厳を要する。四、諸役には任相応のものを用いよ。五、暴慢と威厳とをとりちがえてはいけない。六、人栄える時に親しむものは忠実心なし。七、家老職には万事決断が第一である」の七項である。

これを『破レ家ノツヾクリ話』にてらしてみると、上巻の経済篇に、

「大臣ハ……細事ニ至ルマデ、明白ニシラベ居ラザレバ、下ノ者ハ侮リナレテ……」「重臣ニ明快剛断アレバ、コノ（悪の）源ヲ防グ」とあり、政事篇に「人ノ生レツキハ大ナル品等アルモノニテ……其ノ人ノ得手不得手ヲ目利シテ、用立チサスル……」「アシキ家老ト云フハ、己レ器量ナキノミナラズ、負ケ惜ミ強ク、己レニ勝レルモノヲバ、忌ミ嫌フモノナリ……」「下タル者ハ、上ノ気ニ合ハヌコトヲ言フハ、危キバカリデナク、人情ニ嫌フコトニテ、忠憤義烈ノ士カ、又ハ律義一偏ニシテ上ヲ大切ニ思フモノデナクテハ、諫メ奉ルコトナカルベシ」「其徳ト云フハ、上ニ立テ下ノ者ヲ威服セシメ、国家ヲ治ムルノ徳ヲ云フナリ」

など、種々あげることができる。

もっとも、このような類のものは共通点があるので、かならずしも涼庭の影響とのみは速断できない。

第三節　盛岡藩の財政立直し

幕末の盛岡藩　ここでは涼庭に関係のある南部三十八世利済の治世について述べる。利済の治世は、既述のごとく、文政七年より嘉永元年の退隠まで二十五年間で、利済は治道の要を知らぬ暗君であった。天保四〜七年の連年の凶作にもかかわらず、利済は御殿を作り、菜園地を遊園地にし、吉原の面影を写した遊廓を新設するなど、

悪政につぐに暴政をもってした。この浪費の穴埋めに三都の商人より金を借入れ、領内商人に強制的に御用金を課してとりたてた。寺社奉行が意見書を差出しても、利済はこれに反駁の回答を与える有様であった。これがため農民一揆は各地に起り、その勢い猛烈をきわめ、これがため、天保八年、ついに家老以下を処罰するのやむなきにいたった。かくて九年より新田開発をすすめ、大いに為すあらんとした際、またまた凶作に見舞われたのである。十年六月、やむなく令を出して、上役はその俸禄三分の二を献上し、急を救おうとした。これが涼庭の盛岡行き以前の藩情であって、涼庭が招かれたのも、かかる窮状を打開するためであった。

盛岡行　盛岡藩との関係については『鬼国先生言行録』に次のごとく述べられている。

南部侯の使、儒臣某、先生に請うて曰く「聞く、先生陶朱公の才（財政経済の才能のこと）ありと、願はくは吾国に来り、政事を改革し、上下士民をして窮厄を免がれしめば幸甚なり」と。先生乃ち儒生相馬一郎号九方とともに盛岡に赴く

と。この盛岡行きについては『駆豎斎詩鈔』に「庚子首夏将レ赴二盛岡一贈レ内」以下一連の盛岡行の詩があるので、天保十一年四月に京都を発したことが明らかである。その詩は、

険疸は飢を侵し骨は枯れんと欲す
金丹養い得て気初めて蘇る
功名は朽ちず平生の志
馬革に屍を裹《つつ》む真に丈夫

また、

国主吾を待つ上卿に亜ぐ

丈夫肝胆自ら分明
細君別れに臨みて他に語なし
風寒を冒して路程を貪る莫れ

とある。これによれば、涼庭はこの時あまり健康がすぐれなかったようであるが、いわゆる負託の重きに応えるため「屍を馬革に裹む」つもりで出発したようである。

途中の行程は、その詩によって推定する以外にない。桶狭間、久能山、小田原などで詩を作っているので、東海道を進んだのである。この間「五十三亭十余日」、富士山麓通過が「清風六月」である。盛岡に着いて登城したのが六月廿四日、途中江戸の藩邸により、さらに盛岡までは「輿窓十数日」であるから、富士山麓通過は六月上旬であろう。そうすると、出発の詩に「首夏」とあるが、五月下旬ころとみねばならない。

なお、富士山麓を通過するときに作った詩に「七看此山神七驚」とあって、この盛岡行以前に東海道を三往復したことになる。一回は十六歳のとき、丹山に従って江戸へ往復したことが確実であるが、あとの二回はわからない。考えられるところは、文化十一年と文政元年のカピタンの江戸参府に随行したこと（前述のごとく、筆者はこれに多大の疑問をもつ）、『新撰洋学年表』にある宇多川門遊学、あるいは、これ以前に南部藩に行ったことがあるのか、などである。その意味で、この詩の七は、かなり重要な意味をもつのであるが、はっきりしない。

江戸に着いた涼庭は、深川の南部藩邸に祗候し、上書した。その時の詩に曰く、

雄藩済々たる名臣あり
大守痂《か》を嗜み小民を招く①

①痂は馬鹿、自分のような愚者をも顧みないで招く意。

偏えに甘腴②を却けて国脈を通じ
更に苦烈を欣んで精神を養う
倘《も》し碧玉を将《もっ》て宝に非ずと為さば
解し易し黄金貧を療せざるを
遠く山川を冒し斯の言を献ず
寸心願くは直言の人とならん

②美食

かくて輿窓十数日、盛岡の旅亭に着く。『駆豎斎詩鈔』にない次の詩が、盛岡に着いたときの感懐を述べたものである。

一剣寥々胆満身
心頭地なくして埃塵を著く
三千里外盛岡の月
来り照す平安布衣の人

なお、『六月奥州道中』の詩は、

輿窓十日油帷を下る
駅樹森々杜《と》宇《う》①患《くる》しむ
盛夏も秋の如く晴るれど雨に似たり
鴨川は知る是れ納涼の時

①ほととぎす

これは別に大した詩ではないが、旅程の一端がうかがわれる。『国統大年譜』には「天保十一年六月大廿四日、新宮涼庭登城」とあるという。この日上書した涼庭の感慨は、『駆豎斎詩抄』中の「盛岡旅亭再上少将侯」に、

天理討論遺す所無し
規模百代鬼神知る
雄藩志士鉄よりも堅く
旅館の游人閑に棋に対す
良材を植えんとせば悪竹を除くべし
大道を開かんとせば傍岐《ぼうき》①を塞ぐを要す　①側の小路
君恩雨の如く令は火の如し
千里封疆稲熟するの時

とあるによって想察できる。涼庭自筆の詩には初句「討論」が「論窮」となっており、かつ、左のごとく付記しているという（盛岡、太田氏調査）。

天保庚子七月奉緻命在干盛岡、時　清浦君義臣忠他邦所未聞、（一字脱カ）戴之餘奉祝平安新宮碩拝具

献策　涼庭の南部藩改革がいかなるものであったか、その詳細は明らかでないが、『駆豎斎文鈔』に「上盛岡少将公」なる一文がある。その全文を引用する。なお『鬼国先生言行録』には、さきに示した、「盛岡に赴く」に続いて、次のごとく書かれている。

侯茵《しとね》を撤して迎え労って曰く。「先生千里を遠しとせずして来り、将に吾国を富まさんとす。何の幸か之に加えん。利を興し害を除くこと先生の処分に一任せん」と。是に於て先生乃ち一郎と謀り、大に財政を革《あらた》む。良馬名鷹を山野に放ち無益を省いて有益を起し、変革する所多し。藩士往々之を忌《い》み或は謗を造って之を陥れんと謀る。先生顧みず。帰るに臨み、侯侍医八角宗律、飯富了伍に命じ其門人となって随行、京に入て十年の遊学を勧む。先生には禄三百石、相馬一郎には百石を賜う。是より先、先生南部侯の為に浪華豪商数輩に金を貸すことを説き、自らも一万両を出し、鴻池伊助は数万両其他若干を貸す。

と。これによれば、利済公は凉庭にかなり大幅な財政改革の全権を託したようであり、凉庭もまた、改革に金の必要なことから、浪華の豪商に依頼し、自らも一万両を出して改革にあたった。もとより改革には反対がつきものである。反対はあったが、凉庭は断乎として所信に邁進したようである。「上盛岡少将公」は、さらに詳しい。

盛岡少将公に上る（原漢文）

平安小民碩頓首再拝、謹んで書を盛岡少将公の左右に上る。伏して惟うに閣下智仁英明、民を愛すること子の如く、才を識て善く任じ、凡そ施行する所皆度に中らざるなし。天下孰れか敢て其間に容喙せん。況んや庸劣碩の如き者をや。曩には遠く専使を労し辱けなくも徴命を蒙る。盛城謁を賜うに方り、恭謙自屈、碩に問うに国事を以てす。碩斗筲《としょう》（数ならぬ身）の小人草野の書生、自ら謂う、何の取る所有りて叨《みだり》に顧問を承く。汗流れて背を洽《うるお》し、手足の措く所を知らず。意は閣下の宏度博愛の及ぶ所、猶役の柴胡《さいこ》（のせりのこと）桔梗沮沢を索むるの類のごときのみ。淹留弥月屢々進見を得、言を納るゝ海の如く、善に従う流るゝ如し。見る所聞く所に踰ゆ。驚喜して言う所を知らず。碩駑才と雖ども敢て忌嫌を避け知己の主に報ぜざらんや。故に知て言わざる所なく、言て聴かれざる所なし。遭遇の幸は千載一時、何の栄か之に加えん。

凉庭の諸侯に対する文章は、一般にきわめて鄭重である。暗君といわれた利済であっても、とにかく二十万石の大藩の君主である。ある程度恐懼感激せざるをえなかったのであろうし、利済もまたよく涼庭の言を容れたようである。「淹留弥《び》月」とあるから、六月、七月と滞在したのである。上書はつづける。

閣下毅然勇断、首議一決、国是已に定まり、宰臣人を得、有司は事に走る。碩亦何をか言わん。然りと雖も人情は華に慣い怠に流れ勤苦を悦ばず、或は猜忌する者人を毀て自ら掩う。故に功成るに垂んとして敗れざる者鮮し。君にあって言を納る此の如く、而して勉強言を尽さざれば則ち罪は碩に在り。之を用いて守らざれば則ち罪は大夫にあり。成敗利鈍、機毫髪に決す。是碩が昼夜寝食に安んぜざる所以也。碩窃かにおもえらく。堂々たる大国封疆千里、海を襟とし山を帯とす。沃壌《よくじょう》（肥えた土地）弥望居民百万、米穀は土の如く雑貨物産勝《あ》げ用うべからず。然して国衰え民疲る。教育の道陵夷砂崩《りょういさほう》（衰え崩れる）今日の極に至る。忌疑紛出万口百端、智者ありと雖も済《すく》い易からざるは何ぞや。庸夫愚婦も其の然る所以を恠《あや》しむ。碩を以て之を観れば、宰臣忠ならざるに非ず。謀臣智ならざるに非ず。国君明ならざるに非ず。勢の由て弊を生ずる所其の来るや漸、豈一朝一夕の故ならん。聡明の君、忠智の臣と雖も自ら知らざる者有り。碩嘗て国家盛衰の理を考え、凡そ事は饒に始まり、繁に中り、華に敗れ、年穀登《みの》らざるに極まる。所謂瘠土《そうど》の民は富み、沃土の民は貧す。饒なれば則ち怠となり、怠極まって繁に入り、繁極まって華に入り、華を以て華を救うは猶水を以て水を洗うがごとし。一旦凶荒登《みの》らざるに遇て、窮乏空渇無きを欲すると雖も得んや。夫れ三間の屋掃わざれば則ち穢れ、人の疾を生ず。散ぜざれば則ち聚《あつま》る。国の弊を生ずる猶屋の塵を生ずるごとし。人の疾を生ずる速攻せざれば則ち殆んど救い難からんとす。之を救うの法に緩急本来次序の易《か》うべからざる者あり。既に其法を立てて、曰く繁を削らん。曰く費を省かん。曰く農桑を勧めん。曰く制度を厳にせん。繁を削り費を省き、奢侈を禁じて財用を足す所以、農桑を勧め、制度を厳にし、財用を富ませ人をして法を越え度を越えざらしむる所以は、是れ其最も急なる者なり。曰く学校を設けよ。曰く賞罰を明かにせよ。学校興れば風俗敦《あつ》く、賞罰明らかにして人材出ず。是れ其本を立る也。先ず其本急なるを立てて後、末なる者後なるもの自ら治る。今君臣一体之を守りて失わざれば、則ち上は公道に報じ、下は人の望を慰し、治国の功諸《これ》を掌に視る如し。尚何ぞ財用の足らざるを憂えんや。夫れ法は立つに難からずして守るに難し。猛に立てて寛に傾き、姑息に頽る。守る者は厳に成り、怠に撓み、志を立てざるに破る。今夫れ大藩経久の弊、威厳振わず、下其法を褻《けが》し謾侮粛まず、靡然俗を為し俄にして之を改むる未だ是を知らず。面従腹非、語を飛し目を側《そばだ》て、滔々として皆是れ二三の志士事を司ると雖も、寡は衆に勝たず、譬うれば一木の大厦《か》（大きな家）を支え一縷の萬鈞を引くが如く、威以て之に莅《のぞ》み、厳を以て之に加うるに非ざれば守り易からざる也。故に智者の法を立つる厳以て之を守り、威以て之を持す。猛火の近づく可からざる如きは敗れざる所以也。而して所謂厳威は苛酷惨毒人を恐嚇するの謂に非ざる也。信賞必罰に在るのみ。夫れ賞罰は国の大本、政の重権也。悪小なるを以て懲さざるなく、善小なるを以て褒めざるなきは、凡そ国の乱なり。賞罰の濫に由らざるなし。賞罰濫なれば則ち姑息仁に混じ、恩私に出ずれば厳は虐に墜ち、機智相傾く。不肖党を樹て冠履倒置、上下体を解く。廉を守るものは退き、利に走る者は進む。其法敗れざらんと欲するも得べからざる也。是れ以て人君の福、賢を得るより大なるはなし。国家の禍小人を用うるより甚しきはなし。蓋し君子小人の分、其心を用うる啻《ただ》に氷炭黒白の異のみならず、水火相戦う如く、勢両立せず。況んや君子は退き易く、小人は恥を知らず、隙に乗じ君を欺き国を傾く、古今の一揆、識者を待たずして知る也。故に賢主政を為すには務めて小人を去り、賢を求むる渇して水を得ざる如し。利害得失安危の係る所皆人を得ると否とに在る也。是固と碩の私言に非ず、聖経賢伝の載する所、及び歴代名臣の奏議歴々指す可し。皆此に出でざるはなし。堂々たる大国利害得失安危の係る所、碩豆大の眼、管を以て天を窺う。安んぞ其当否如何を知るに足らん。碩泰山の恩を承け、蟻垤《ぎてつ》の功（すこしの功）なし。区々の心、自ら抑うる能はず、敢て愚忠を陳べ、伏して以て閣下の明断果決、自ら弊の在る所を知て取捨陶汰電鑑あり、曷んぞ小民の言を待たん。書するに臨み慚懼の至りに勝えず。碩恐懼再拝

涼庭は治国の病弊は「凡そ事饒に始まり繁に中に華に終る」とし、削繁省費勧農桑厳制度をもって財用を富ますゆえん、人をして法を犯し度を越えしめざらしむるものにして、最も緊要なるものとした。かつ、学校を設け

て風俗を正し、賞罰を明らかにして人材を出すべきを本とし、漸次国政の要諦へと進んでいる。

涼庭の盛岡における活躍や効果がどの程度であったかは、かならずしも明らかでない。この改革には、かなり反対もあったことは前述のところより窺われるが、涼閣の『白雲遺稿』によれば、どうも成功しなかったようである。

なお藩学助教中島積水の日記によれば、「六月十五日新宮涼貞《ママ》奈良孝蔵紺邸宿」とあるよし。奈良孝蔵は尾去沢銅山吟味役、享和三年（一八〇三）脱藩して山本北山に入門、もっとも経済の学に長じた。文政初年、西国の諸侯より招かれたが、旧藩主が脱藩の罪を許し、文政三年（一八二〇）二月、二百石で儒官として召抱えられた人物である（天保十四年、六十四歳で没した）。涼庭はこの奈良孝蔵とともに紺邸に宿泊した。紺邸とは小野栗野の酒屋の家号で、栗野は善四郎（のち善九郎・立札・勝輿・包龍とも称した。文政九年四十四歳で没した。子孫に法博小野清一郎氏がある）であるという。涼庭が行ったときは栗野没後であり、その子孫が文筆にも長じ、富有であったためか、ここに宿泊した。

また中島の日記には、

六月廿四日　奈良新宮に逢遣之
七月二十日　大洪水、新宮涼庭逗留
七月二十二日　新宮出立

とあり、涼庭が二十日ころ出立を予定していたところ、洪水のため二十二日に出発したことが明らかである（以上、矢田氏が盛岡市の太田孝太郎氏より文通で教示をうけられたもの）。

帰国　任を終えた凉庭は、藩の役人に送られて帰途についた。その時の詩（逸詩）に、

邦君士を愛する意何ぞ長き
駅吏郵官客装を送る
極目平郊限り無きの喜び
稲は在り千里落暉《き》①の香

①夕日のこと

がある。

盛岡を出発した凉庭は、朝顔の花咲き乱れる高館の古戦場から松島・塩釜を見、中山道を通って家に帰った。途中は例によって、次の詩を詠じているが、とりたてて載せるほどのものでもない。「高館を過ぎて感あり」・「松島」・「塩釜」二篇・「白石川に感あり」・「喜連川」・「岐蘇《きそ》道中」・「関原を過ぎて感あり」二篇。

最後に「帰家」と題して、

平生は得難し一旬の閑
寒暑人を磨して鬢既に斑なり
詩囊を探尽すれば自ら自適
携え帰る東海の幾名山

帰京の月日は明らかでないが、七、八月ころであろう。南部侯に貸した金は本支二万両、その賜禄三百石、のち悉くこれを侯に献じ、よって年金百両を賜うた。凉庭はこれを順正書院の学資金にあてた。

第四節　越前藩との関係

史料　越前藩と凉庭との関係をしめす史料は、従来ほとんど見られなかったが、其後福井の新宮家に残る「乍恐奉歎訴候口上之扣」（口絵参照）によって、その具体的な模様が明らかにされ、さらに『松平春嶽全集』中の「政暇日記」によって補うことができる。以下、これによって述べる（以下原文句読点なし）。

新宮家史料（一）　この史料は福井の新宮健雄氏所蔵のもので（現在西舞鶴図書館蔵）、弘化二、三年ころのものと推定される。

乍恐内々奉歎訴候口上之扣

京都儒医　新宮凉庭

私儀

天保二年春

御先々代少将様蒙

御直命並に御家老様方御列座之上にて深く御頼之義難レ有奉二恐入一、乍レ不レ及　御勝手向御世話仕、聊寸忠奉二申上一候処、天保九年に至

御家御吉凶引続、御物入も相重微力の私　御勝手向御世話御調達も行届兼、諸事不レ任二心底一、無二餘儀一筋も御座候ニ付、

其後追々歎願も仕候得ども、途中に相滞候哉、微志少も

御上聴江は奉二達上一兼候義と歎ヶ敷仕合奉二存上一候。乍レ恐当

御上様御儀は御信義他国までも被レ為レ聞奉難レ有□(不詳)候
御明君様に被レ為レ在候得は、難レ有奉二帰服一候故、恐多くも不レ奉二顧憚一奉二歎訴一候義、実に以奉二恐入一候得ども、御照覧
之上御家老様方江御尋合被レ遊被レ下事柄明白に相成、御分理被レ為レ決、御仁恵之御沙汰被二為下一候はゞ乍レ不レ及微力之私細
身紛骨亡
御先々代様御尊命不レ奉レ汚、
御仁徳生々世々難レ有仕合、冥加至極之義、猶此上御勝手向ニ付如何様にも出精奉二勤上一度志願に奉二存上一候。頓首百拝敬
白。

右要領は、天保二年の春、春嶽の先々代の松平斉家の直命で、家老列座の上、涼庭に依頼があったので、調達した。その後天保九年には、藩においても出費甚だしく、涼庭も調達が十分出来ず、その上涼庭自身も金がいるので返済方を歎願したが、一向に返済されない。春嶽公は名君の聞え高き人ゆえ、十分御調査の上返済して頂ければ、粉骨砕身しても融資に努力するというのである。

次に、奉書に認めたものを、年次を追うて区切りつつ述べよう。

内々奉二歎訴一候口上之扣

京都儒医　新宮涼庭

天保元年寅極月末従二御国表一私江被レ為レ成二御頼一度筋有レ之由にて御使者被二差向一、福井表江被レ為レ召候段、御家老様御懇書
被二下置一候に付、早速出福仕り候所、狛木工様御宅にて、酒井与三左衛門様・松平主馬様・荻野右近様御四人列座にて、当時
御勝手向六ヶ敷由にて、江府運送金にも御差支へに至り候段、内々被二仰聞一、右に付此度厳重御省略被レ成度との御咄有レ之、
不肖の私江相心得候筋も御座候はゞ無二遠慮一可二申上一段被二仰聞一、尚又大坂表銀主共も気受ケ不レ宜候ニ付、私より理解説諭

仕り候て、出金可レ為レ致段頼み入り度との御沙汰に付、私儒医之身分、大金御世話仕り候儀は不相応の筋に付、一応思案仕り御請け可二申上一旨申上げ、旅館に引取り罷在り候処、明て天保二年正月、御奉行荻野長兵衛殿より登城可レ仕旨御差図有レ之、御先々代少将様御前に被レ為レ召、御懇の御直命にて勝手向世話頼み入るとの蒙二御意一、於二御前一御紋付肩衣拝領被レ仰付一、難レ有仕合せ冥加至極に奉二存上一候、私不肖の者之重き蒙二御取扱一候段冥加に餘り、奉二恐入一早速御請け申上て引取候処、松平主馬様御宅え可二罷出一様に御差図有レ之罷出て候処、狛木工様・松平主馬様・酒井与三左衛門様・荻野右近様御四人列座にて御省略半減の御見詰等委曲被二仰聞一、金子調達之世話頼入との義に付、乍レ不レ及御為筋愚存も申上帰京仕り、早速大坂表に罷り越し、鴻池加島屋を始め銀主共之御勝手御改正御取締の始末厚く説諭仕り候処、皆々帰服仕り、是迄の古借金利子並に被二下置一候知行扶持方共半減之義御請為レ仕、其上江府運送賄金弐万両調達為レ致、猶又私一己にて家学相続金の上ル方に金子借集差加へ、金子八千両調達仕候、其暮に及御家老様方より江府賄方も致二用便一、御勝手向御取締りも餘程被レ成二御届一候趣、御連名御賞書被二下置一候。尤私調達仕り候金子は豪富町人共とは事違ひ、借用相集候訳柄故、御違約は決て被レ成間敷段と御列座にて被二仰下一候故、実に出精調達仕候義に御座候

右要領は、天保元年十二月、藩から使者があったので福井へ出たところ、四重役列座で藩財政の窮乏、とくに江戸藩邸に送る費用にも差支えるので、財政を切りつめるが、何か心得もあらば遠慮なく申されたい。その上大阪の債主にも不義理をしているので、涼庭からも大阪の金主に説いてほしいと頼まれた。涼庭思案の上これを受け、天保二年正月、斉家自ら依頼、紋付肩衣を与えた。かくて涼庭はまた四人の重臣の前で財政節減策を聞かされ、借金をたのまれたので、早速大阪へ飛んで金主に従来の借金・利足および知行扶持を半減させ、弐万両調達、涼庭自らも八千両を調達した。しかし涼庭の場合は町人と異なり借金して集めたので、重臣列座にて必ず返却する旨を約した、というのである。

当時諸侯の財政の窮迫は非常なものであったが、その上、江戸藩邸は江戸における消費生活が向上した関係で、藩邸の出費はとくにはなはだしかった。したがって、諸侯は三都の豪商から借金してその場その場を弥縫していたのであるが、越前藩とても例外ではなかったことを、この史料はよく物語っている。凉庭また藩主自らの依頼に感激し、大阪の金主に説いて奔走これ努めている。以上が天保元・二年の状態である。

ここで参考までに、『駆豎斎文鈔』中にある文を引いておこう（原漢文）。

越前の執政松平君に呈す

古人曰う柔能く剛を制し謙能く驕を屈すと。藺相如の趙に於ける功烈世々著く位上卿たり。而して廉頗暴を以て之を侵す。相如屈して抗せず。蓋し其心大体に存し、小辱を以て大事を廃せざる者也。遂に能く趙国を全うす。千載の下、忠義日月と明を争う。智勇兼ね備うる者に非ざれば豈能く此の如からんや。今閣下居る所の位、遇う所の勢頗る此に類す。碩偶ま史を読んで此に至って感あり。敢て以て奉告す。伏て望む明察を垂れられよ

敬具

天保二年辛卯正月二日　碩再拝

さて、前の文はさらに続いて、天保三年以降のことにおよぶ。

天保三年に至り金子増調達之義厚く御頼被レ遣候に付、追々出精増調達仕候ニ付、厳重御節倹専要之義と以二書状一御為筋申上候所、少将様にも御満足に被二思召一候由にて、知行三百石御書付相添被二下置一、是亦冥加至極に奉レ存候。然る所兼々御勝手向御省略中、私に不相応之高知頂戴仕候義は奉二恐入一候ニ付、御勝手御不足の場所江御差入可レ被レ下段奉二願上一、今に知行米頂戴不レ仕差上罷在候。其節少将様御参勤被レ遊候砌、関原宿江罷出候所、於二御旅館一御勝手向出精世話仕候段御満足之趣、蒙二御懇之御意一候。

天保四年京大坂御屋舗御役人出張御座候ては、格外雑費相掛リ候ニ付、私引受取扱候様御頼ニ付、莫大の費を相省き、三ヶ年引受御用便相勤申上候。右等の次第狛木工様・松平主馬様・酒井与三左衛門様・荻野右近様御連名御賞書被㆓下置㆒候。

天保五年御奉行今立五郎大夫殿御出京有㆑之、私精勤仕候段達㆓尊聴㆒、少将様御満足に被㆓思召㆒候由にて、御脇差一腰・御時服幷ニ格別之趣を以て加増地弐百石都合五百石に被㆓成下㆒、御書付相添被㆓下置㆒、冥加に餘り、難㆑有仕合ニ奉㆓存上㆒候。然ル所右加増米前段之通り御不足之廉に御差入被㆑下度段奉㆓願上㆒、今ニ頂戴不㆑仕罷在候。其節狛木工様より急書状被㆑遣、御札所金子御差支之義被㆓仰越㆒即日金子弐千五百両借用仕㆓調達㆒□□(候処カ)、私儒臣之身分豪富町人とは事変り、追々□□(借用カ)調達仕候義甚以迷惑仕候得ども、少将様蒙㆓御直命㆒、歴々御家老様方より厚く御頼□□(有㆑之カ)候段、実以て難㆑有奉㆓恐□□(入カ)出精御用便仕候義に御座候。然る所此金子弐千五百両丈は無㆑滞御下ヶ金被㆑下、相済申候

右要領は次のとおりである。天保三年は調達に努力したので藩より三百石を賜うたが、藩財政不如意の折柄辞退、このため参勤の際斉家は関ヵ原に涼庭を招き、満足の意を表した。

天保四年には、涼庭は越前藩の大阪蔵屋敷に役人出張も費用がかさむからと、自ら蔵元を買って出、藩重臣より賞書をもらった。

天保五年には精勤のゆえに弐百石増加して五百石となったが、前同様藩財政の不足を補うように頼み、さらに依頼により弐千五百両を借用して調達、これは町人でない涼庭には迷惑だが、家老よりの頼みで奔走した。この金子だけは後返済された。以上が天保三〜五年の状態である。天保六年以降は左のとおりである。

天保六年より七年八年に至り上野御火防□□御家吉凶不作等之御物入引続き、私手元□□□(金調達カ)申上、追々他借仕候て御用便申上候

天保八年凶作ニ付河村文平殿御出役有㆑之、御救手当□□之由にて御頼有㆑之、又々私手元よりも金子千六百両調達仕、外銀

□(主カ)同様調達為レ致候。其暮より元利共御下金少も無□(之カ)当惑至極に罷在候所、其翌年
天保九年四月御勝手向六ヶ敷由ニて四ヶ年之間元利共不レ残御断りニて御返金不レ被レ下段御沙汰有レ之、私共他之豪富町人とは違ひ迷惑至極仕候得ども、無ニ餘儀一訳柄之御筋故奉ニ畏入一候。然ル所私調達仕候金子は、兼て御家老様方に御約定の訳も有レ之故、四ヶ年相立候はゞ御下金可レ被レ下義と存詰罷在候所
天保十二年に及御断り年限相満候ても御下金不レ被レ下、追々私借集メ候銀主よりは厳敷催促仕、必至□□ニ差迫り、家業にも差支候に押移り候。然ル所
天保十三年御奉行御札所奉行兼役河崎□□□御出役ニて、御札所御改正之由ニて御仕法承り□□□候義も御座候得ども、何分御家老様方御連名之御書翰□□□諸事三郎助殿に示談頼入との義ニ付、私□□(調達カ)仕候金子之内、半高丈一応御下金被レ下候はゞ、猶又□□□可レ仕段申上候所、凡半金丈御返金被レ下候ニ付□□□御札所ニ金子五千八百両新調達仕私手元にて相□□(調達仕カ)申候、尤右御札所に調達仕候分は其暮限りニ□□(無相カ)違御返金可レ被レ下約定に御座候所御違約に相成、利足とも壱銭も御下ケ不レ被レ下、私儀追々及ニ老年一、金主より厳重之催促ニ相迫り、誠以進退凌方六ヶ敷場所ニ移候。乍レ恐当御国主様御儀は以ニ御仁徳一御政事被レ為レ遊、御節倹は不レ及ニ申上一、第一聖学を御尊崇被レ遊候段、江戸旧友の儒者共より承及、私難渋之次第直ニ奉ニ歎訴一候段、実ニ以奉ニ恐入一候得共、金主より厳敷催促ニ差迫り、無ニ余儀一不ニ顧憚一奉レ瀆ニ仁覧一候。

右要領は、天保六〜八年の凶作で、涼庭の融資も活潑化したが、貸した金は一向に返却されなかった。さらに天保九年、財政困難のゆえに四年間元利ともに返さぬこととなった。涼庭は、個人の融資であるから四年後には返却してもらえると思っていたが、四年後の天保十二年にも返却してもらえず、涼庭が又借りした銀主からは督促される始末、その上天保十三年からは藩法が変り、半金だけはと願ってこれは返してもらったが、代りに年末返還の予定で調達した五千八百両はついに違約され、一文も返してもらえず、金主からは返済を督促されるにい

たった。涼庭は藩主の仁徳に訴えて、何とか返済してほしいと歎願におよんだのである。以上が天保六年より十三年にいたる越前藩との関係である。

ここで、越前藩の藩主について述べておくと、下記のとおりである。涼庭が金子を調達しはじめたころの、文中「先々代様」とあるのは斉承、つぎが斉家、天保九年以降は慶永、すなわち、幕末の政局に重要な役割をしめた春嶽である。

新宮家史料㈡　新宮家の史料は、さらにつづく。

天保十四年之暮より弘化二年ニ至、御札所□□□達仕候金子丈御下ケ金之義追々奉二歎願一、尚又御下金□□□御座候へば、御札拝借にても被二仰付一被レ下候へば、差向難渋相□□有相続仕候段も歎願仕候得共、一向御取合も□□(無レ之カ)候義は、何分不徳之私数年之間寸忠□□□壱万五千両にも相重なり候金子十ケ年も其□□元利とも壱銭文も御下ケ不レ被レ下義は途中にて□□、上江は少も寸忠不二相達一義と乍レ恐奉二存上一候。右之始末は初より狛木工様・松平主馬様・酒井与三左衛門様・荻野右近様能々御承知被レ下候筈ニ付、其度毎々御賞美の御書翰被二下置一候。岡部左膳様には私出福之節江府御詰中にて御面会不レ仕候得ども、其節江府御勝手向御省略筋御骨折之義伝承、私よりも乍レ不レ及御省略御為筋も申上、追々御書付も数通被二下置一候ニ付、是又能々御承知□□(有之カ)候筈に御座候。乍レ不レ及是まで寸忠も仕、知行米も頂□□□(戴不レ仕カ)儒医之身分ニて莫大の金子調達御□□□所、此節ニ至り難渋之次第色々奉二歎願一候ても□□□不レ被レ下、御憐察之御沙汰無レ之上は不□□□何等之無調法申立候□(義カ)も可レ有二御座一候哉、乍レ恐御照覧被二下置一、無□(不詳)と狛木□□(工様カ)、岡部左膳様、松平主馬様に御尋合□□□寸忠仕候始末幷ニ調金之次第義理明白に相分可□□□、奉二歎訴一候筋に付、相違御座候はゞ御家老様方より□□□御書翰私より差上置候書状御照合せ被レ下候へば事□□(明白カ)可二相成一奉二存上一候。乍レ恐御賢察被レ下、御札所江調□□(達仕カ)候金子丈御下金被レ下候上は、御勝手向江御用便仕置候分は、金子御証文通り不□□筋道相立被二下置一候へば、以二御仁徳一家業相続仕、乍レ恐御先々代様蒙二御懇命一

候御仁徳をも不レ奉レ汚、生々世々御厚恩難レ有仕合、冥加至極に奉ニ存上一候。恐惶再拝謹言

右要領は、天保十四年暮より弘化二年まで元利共何らの返済なく、よってお札拝借を申入れたが回答はえられなかった。この時までに涼庭の立替えた金子は一万五千両という巨額に上ったが、一銭の支払いもないので訴え出たものである。そして、藩の重臣に問いただして、勝手向はともかく、お札所へ用立てた向でも返済されたいと、慶永に歎願したのである。

越前藩史料　『松平春嶽全集』の「政暇日記」によると、弘化三年六、七月における涼庭関係記事は次のようになっている。

六月十日　涼庭は掛物・唐筆・唐墨を慶永に献上
六月十二日　賜謁
六月十三日　三処物（兼則長吉につき候くりから竜）を拝領
七月六日　調達金上納を言上
七月七日　賜謁

右の七月六日の条の要点を左に引用しておこう。

今朝八郎兵衛評定所へ罷出候処、家老共八郎兵衛申候は、新宮涼庭、先日家老共へ面会いたし、是迄差出候調達金、不残献上いたし度旨申出候事如レ左

口演控

一御高五百石御墨付二通之表
一元金九千弐百四拾七両御勝手並御札所証文六通之表

外に

金子六千四百三拾五両余

　天保七年申同八酉同十三寅同十四卯年追々調達仕候御利足積之分

元利合

　壱万五千六百八拾弐両余

右ハ於二京師一

御上様　御賢徳追々奉二承知一候ニ付、今般暑中　御機嫌伺旁々出福仕候処、御目見之上、奉レ蒙二御懇之　御意一、其上結構之御品拝領被二仰付一、難レ有仕合冥加至極ニ奉二存上一候。逗留中　御上様御文武を初、殊更御行状御身廻り御質素、万端一々乍レ恐奉二感伏一罷在候処、御勝手向之義は御苦労にも被二思召一候哉之風聞奉二拝承一、深奉二恐入一、感涙仕候ニ付、御徳行を奉レ仰、前文之条々永上（永久に上納する意）仕度奉レ存候。右之趣宜御披露御執成奉二願上一候。以上

弘化三年丙午七月　　　新宮涼庭

酒井外記様

有賀内記様

狛　帯刀様

〆

以二別紙一新宮涼庭演舌差出候

　演舌奉二申上一候趣意

一、本紙申上候通り　御徳行を奉レ慕、永上仕度志願之儀、御受納被二成下一候ハヽ、難レ有仕合奉レ存候

一、献納金高之内、私使矢野守祐江金弐千百四拾八両御渡被レ成候趣に候得共、於レ私聊も頂戴不レ仕候間、御手続を以　御引上御納金可レ被レ下候様奉二願上一候。

一、先達而山形新右衛門殿・八田嘉左衛門殿被二見得一、私調達金之儀は、去秋私より差出候使守祐江御引合之上、悉皆事済候趣被二仰達一候得共、右は私一円拝承不レ仕、殊ニ守祐江添書仕二差上一候儀は、去秋之事ニ而、其節之引合相断候処、当年ニ至り、又々御掛合申上候由ニ而、御大切の御証文、別て重き知行御墨付迄、守祐は一己之存寄を以、私ニ無二応対一粗忽之取斗方、於レ私不二存寄一事共ニ御座候。右様粗忽之者とは不レ存、軽卒ニ相願候段、深奉二恐入一候。

一、右献納仕候ニ付而は、御証文知行御書付御下ケ被レ下候様仕度、左候ハヽ、台座熨斗付ニ而献上仕度、則其段　御請債方迄申込候処、渡辺利左衛門殿被二見得一、写御持参、本紙証文之儀は、御使守祐より、庄右衛門（庄右衛門とは当時来栖弥三郎の養父也尤山師也）御預り申置、庄右衛門より、御役所へ預置候儀ニ而、難二相渡一旨被二申聞一候。左候得は、守祐より慥成証書請取置、私より預置候書付類之儀ニ付、間々之義は申ニも不レ奉レ及、則私之証書ニ相違無二御座一候。尤前文新右衛門殿嘉左衛門殿被二申聞一候趣ニ而は、御決算事済之趣ニ候得共、利左衛門殿嘉左衛門殿被二申聞一候次第ニ而は、未御勘定廻り相済候儀とは不レ奉レ存、何分守祐は私より指出候使之義ニ而、此度本人私罷出候而、御引合申上、献納仕度段、相願候ニ付而は、聊御懸念無レ之義と奉レ存候。何卒早々御評議御受納被二成下一、安心帰京仕候ハヽ、重畳難レ有仕合奉レ存候。右之段偏ニ奉レ願候。以上

七月　　　　新宮凉庭

（『松平春嶽全集』第三、五五五〜八頁）

ついで、九月九日、京都より春嶽の生母青松院（れい）より飛脚が来た。それには、凉庭が七月に木村主計頭に出した書状が添えられている。

去ル閏五月廿二日、御下ヶ金歎願として、在所表親類之者福井表へ差出候而、御役人中と及ニ御掛合一候処、去巳ノ秋差上候使之者、粗忽之取斗方有レ之、故障ニ相成候ニ付、早速申越候次第も有レ之、且　当御上様御賢徳、兼て奉ニ承知一奉ニ感伏一居候得共、いまた未《ママ》御目見江も不レ仕候折柄、為ニ　御機嫌窺一、去ル六月六日出福仕候処、同十二日御目見被ニ仰付一、蒙ニ　御懇之御意一、難レ有仕合冥加至極奉ニ存上一候。然ル所逗留中、御行状万端一々奉ニ感伏一候ニ付、別紙之通り奉ニ献上一度旨奉ニ願上一候処、御受納有無之儀は、追て御沙汰可レ有レ之之旨、御家老中より御書付を以御返答有レ之、去ル七日為ニ御暇乞一御目見被ニ仰付一、蒙ニ御懇之御意一、重畳難レ有仕合奉レ存候。去ル九日福井表発足、同十三日帰京仕、御返答相待居申候。右之段達ニ御聴一、願書御直覧も被ニ成下一候ニ相違無ニ御座一候事や、具に承知仕度、御直覧被ニ成下一候事ニ御座候へは、難レ有大悦仕候間、何分御聞合之程、宜御取成奉レ願候。以上

七月　新宮凉庭

木村主計頭殿

右之通り凉庭直筆を以如レ斯申レ之。れいより慎独へ以ニ内書一申参り候書状、書抜

極御内々申上候。定て御存知殿ニも被レ為レ在候半、京都之新宮凉庭と申者、其御地へ参り度旨御目見被ニ仰付一候由。ことの外〳〵有かたかり、右いたく主計頭懇意のものニ而、無レ拠頼まれ申越候。上納金いたし候由書付いよ〳〵、御直々御覧も被レ遊候ハヽ、誠ニ以有かたきことと、右のいなや私より極内々伺候やう申越後。下略

木村主計頭はれいの実兄ニ候

（同前六五六〜七ページ）

これに対する九月十四日の書翰は、

一筆申入候……（略）……扨は、新宮凉庭と申者、当地へ罷出候儀ニ付、御申越の趣、承知いたし候。則其節之手続共、側用人へ申付、為ニ書取一申候。委細は別紙ニて御承知可レ被レ下候。別紙したため側用人中根靱負ニ申付一体凉庭指出候書付之趣、奇特之儀故、右

様之取扱ニも及ひ候事にて、書付を見不レ申候而は、直々言葉抔かけ候事は無レ之筈に御ざ候。夫をいよいよ一覧致候哉と疑ひ候て、主計頭との(殿)迄内々相催候事は、へんな事にて、凉庭之心掛ワかり不レ申候。しかし、御申越之事ゆへ、委敷申入候。京都へケ様ニ有体ニ御申越ニ而は、何事も御頼申候得は、此方へ通りもよろしき事そんし(存)、色々の事を其もと殿へ御すかり申候様ニ相成候而は、そのもと殿にも、御迷惑之御事、このかたニおきても、迷惑ニ御さ候へは、其許殿より、京都へ之御返事にハ、此度書付一覧の有無ハ越前殿之御風御かたき事ニ候上、当越前殿には、へつ(別)して以ニ内縁ニ申入候様之事は、殊の外嫌ひ被レ申候故、かた〳〵私より申入候儀は、迷惑いたし候なとゝ申やうに御申越被レ下候はゝ、此後の御為ニもよろしかるへく、此かたにおきても、大きに〳〵宜御座候。一体凉庭は、もと金子用達申候故、役人共抔も凉庭心実を承知いたし申候。此人もとは大山(師)しものと承申候。只今は当人はよきすじの学問をいたすと申居候由……（後略）

（頭註）別紙ハ其節之手続、幾日ニハ何、幾日ニハ何々と云様な事故、不レ認申候

（同前、六六八〜九ページ）

右によれば、凉庭は調達金の返済期し難く、ついに上納ということにしたのである。もっとも、この間凉庭の使矢野守祐が二千百四十八両を受けとって着服したことがある。

しかし大名の方は万事家老まかせであるから、凉庭に謁を賜う時でも「此度奇特之趣申出、心入之義は満足に存する」で、凉庭はこれに感激せねばならぬという損な役にまわるのである。しかも慶永自身は凉庭の調達金上納を、何か底意があるのではないかと心配し、凉庭を全然理解しないで、もとは一個の金貸・山師とみていたようである。さらに、慶永はこの件に関係した木村主計頭の娘れい（京住、慶永の妾?）から、凉庭が何か因縁をつけるのではないかと心配した内書を受取り、九月十四日の返信で、さきの「此人もと大山しもの」と述べたのである。

福井に滞在間、涼庭は「越城偶成」と題して詩を作っている。

霖雨冥濛半月強
緑陰深き処昏黄し易し
天風一陣豈意無けんや
頑雲を駆逐して夕陽を放つ

越前藩との関係の意を寓しているようである。その頃前田梅洞に贈った詩に、

文雲隆なりと雖も多くは名を啖《くら》う
誰か実学を以て昇平に報ぜん
雄藩の儒教君須らく力むべし
俗を化するは一城を陥るゝよりも難し

とある。要するに、涼庭は越前藩の財政立直しに努力して自己の財産を枯渇せしめ、晩年非常に苦労したのである。

『言行録』の記載　以上は、確実な史料によって述べたのであるが、参考までに『鬼国先生言行録』の記事を引いておこう。

越前侯用度支えず。京摂の債主に償う能わず。債主相約して後また其藩に貸さず。是に於て其江戸邸費出ずる所なし。乃ち先生を聘す。先生赴き執政松平主馬と議し京摂の留守を廃し債主接待の冗費を省き、代って其任を取てより凡そ七年、自ら一万両を貸し且京摂の諸債主を説く。是に於て鴻池善右衛門出貸七万円、其佗貸者甚だ多し。侯先生の功を喜び禄五百石を賜う。其後執政更迭してまた債主に償わず

とあり、のちの記事に、

初め越前侯に貸す所の金、本支合せて二万両、及び其賜禄五百石は後悉く之を侯に献じ、因て更に年禄五百苞《ぼう》を賜う。先生永久書院の学資に充つ

とあって、ほぼ事実と合致している。なお『駆豎斎詩鈔』中に「夜雨感懐」なる詩がある。欄外の牧百峯の注に「個是先生失財懊悩困極之作」と注しているので、この頃の作かと推定する。

財利紛紛動もすれば人を汚す
也《いづく》んぞ知らん名望身を危くし易きを
山斎臥して聴く滂沱《ぼうだ》の雨
一洗す胸間万斛《こく》の塵

帰洛　この年七月七日賜謁ののちまもなく、涼庭は帰郷の途についた。『駆豎斎詩鈔』には、前掲「前田梅洞に贈る」についで「新田左中将の墓を過ぐ」とあるから、藤島城趾の新田義貞戦死の後を尋ね、さらに「丙午七月十二日越前より帰り長浜に至る、暴風雨に会い水駅道を没して津梁皆断申、晴るゝを待つ数時、舟を買い坂本に渡る、此作あり」とあるから、七月十二日に長浜から坂本に舟出したことが明らかである。京都へ帰ったのは、この日か翌日くらいであろう。

第五節　その他の諸藩との関係

鯖江藩　鯖江藩は越前藩の南、いまの福井県鯖江市にあった。この頃の藩主は間部《まなべ》氏で五万石、涼庭と関係のあったのは、間部詮勝で、その年代は、天保九年以前からである。詮勝が京都所司代をしていたのは、天保九年四月から同十一年一月までである。『鬼国先生言行録』によると、間部詮勝が京都所司代であったころ、涼庭はここに出入した。かつて涼庭は、藩の用度を助けるために五千両を貸したので、涼庭が順正書院建設のことを話すと、詮勝は喜んで「順正書院」の四大字を書いたという。この額は、今に順正書院に掲げられている（口絵参照）。

涼庭は天保のはじめから越前藩と関係があったから、鯖江藩とも早くから関係があったものと思われる。詮勝は文化十一年に襲封、天保十一年には老中になっている。

綾部藩　綾部藩の九鬼家は、豊臣秀吉の時、水軍で有名な鳥羽の九鬼家が家督争いで二分し、その一が綾部藩二万石に封ぜられたのにはじまり、涼庭のころは九代目隆都《たかひろ》である。隆都は七代隆郷《たかくに》の子で、兄の八代隆度《たかのり》が病弱のため、文政四年に兄の養子となり、翌五年、兄二十三歳で隠居して以来、文久元年隠居するまでその治政は四十年、歴代藩主中の偉材として数々の治績を残した人物である。大隅守・式部少輔で、貫翁・桃洞・敬義斎などと号した。

隆都は藩主となると、前藩主が病弱のために弛緩した藩風を一新しようとして家老以下を処分、断然たる改革に出た。これには保守的な重臣層の反対もかなり強く、改革は十分の成果をあげえなかった。その上、その治世の間には天保の大饑饉などの異変もあり、財政的にもかなり苦しかったのである。そこで天保九年十一月には、新宮涼庭や佐藤信淵と親交のあった奥山弘平を招き、藩政改革のことをたずねた。のちに掲げる涼庭の「上九鬼綾部侯」にも、奥山弘平と旧交のあったことをのべている。

奥山弘平は沼田安平を案内役として領内を巡視し、農本主義的改革を行ったが、藩役人の反対が強く、ついに奥山は綾部を去って南部藩に召しかかえられ、江戸へ帰った。

そこで隆都は、文化十三年以来江戸追放となった佐藤信淵を、伊達宗紀・宗城父子のすすめで招いた。時に文政十一年、信淵七十四（または七十二）歳であった。信淵招聘の効果は、信淵自身大いに自賛しているが、この年の九月十九日には江戸に帰っている。

涼庭が九鬼侯に招かれたのも、また隆都が藩政改革に資するために、涼庭に治国の道を問おうとするためであって、涼庭はこれに対して「上九鬼綾部侯」を書いた。それが『駆豎斎文鈔』に収載されているので、左に引くこととする（原漢文）。ただし、『綾部町史』によるも、何年のことであるか明らかでない。

上九鬼綾部侯

平安布衣碩頓首再拝、書を綾部侯閣下に奉る。曩には辱けなくも手示を賜い、又屢々進見を蒙る。降挹《いう》（挹は手を前でくむこと）の恭、書辞の懇、列侯を以て匹夫に下り、高明を以て至愚に聴く。皆聖門仁義の道にあらざるはなし。君子は深く名其実に過ぐるを愧ず。閣下何の聞く所あって此敬待を加うや。舌巻て下らず、汗流れて衣を湿す。慚懼《ざんく》の至に勝《た》えず。碩嘗て奥山弘平と交り、就て閣下英資卓然たるを審にす。厚く聖学を信じ道を思うこと焦るが如く、師を求むること餓者食を索むるの状の如し。朱雀進見を得るに迨《およ》び乃ち始めて弘の人を欺かざるを信ず。驚喜望外に出ず。伏して惟ふに閣下綿衣布袴、食は味を重んぜず、出るに輿を用いず、民に臨んでは深く賑恤《しんじゅつ》を加へ、朝聞夕行の早からざるを憾む。況んや治国安民の術に於てをや。今の諸侯、多くは深閨婦女子の手に長じ、上に良師友なく、下に規諫の臣なし。翅《ただ》に人情世態を解せざるにあらざれども、奢侈放逸に走らざれば則ち婉柔軟媚、婦人女子の如し。時勢の煽る所靡《び》然として風を為す。賦斂《ふれん》下に厚く、威厳上に衰え、上下恥ずるなし。給は豪富鼻息の間に仰ぎ、経綸の道頽敗潰溢、砂の崩れ水の漲《みなぎ》るが如く、皆奢侈放逸婉柔軟媚財用不足の弊に出でざるは無し。丁酉戊戌（天保八・九年）疲困亦極る。何の暇か賞罰を明らかにし、仁義を行なわんや。閣下独り斯に見るあり、志を道徳に立て、心を治国に用ゆ。時流に卓絶すと謂うべし。凡そ天下の事、盛んなれば則ち衰え、衰うれば又盛なり。今夫れ昇平日久しく文運隆盛、人忠孝を欲せざるに非ず、仁義を知らざるに非ざるも、驕肆遊惰勤苦を好まず、本を棄て末に趨《はし》り鄙に背いて都に向う。競うて財利を逐い蟻の羶《なまぐさき》に聚《あつま》るが如き、日一日に甚しくして曠野僻村日に荒蕪となり、飢寒するもの道路に相望む。義勇閣下の如き者ありと雖も、沛然として防ぎ易からざるは弊なり。勢時と与に之れ由て致す所なり。故に善く国を治むる者は必ず先ず弊を救い、善く弊を救う者は必ず先ず勢と時とを審にす。先ず勢と時とを審にせずして国家の弊を救はんと欲するも亦難し。国家弊を致すは人の疾を得る如し。人主弊を救うは医の薬を用うる如く、必ず先ず其陰陽虚実の因る所を視、陽にして強きは瀉以て之を救い、陰にして弱きは補って以て之を進む。陰陽併する恵者は一補一瀉、宜きに随って交用し変化窮りなし。陽なる者以て補えば則ち塞り、陰なるもの以て瀉せば則ち亡ぶ。其当ると当らざるとに在るのみ。然して疾を治するの道、定理有て定方なし。定方を以て変化測るべからざるの病に応ず。未だ嘗て害なからざる也。人主の弊を救う、亦此の如きか。夫れ国家常典の如き、素と弊を救うの術に非ず。万世に亘り、古今を通じ、革易すべからざる者也。弊を救うの術は則ち然らず。其施行する所革易変改、時の宜しきに従い、事の成るに視て、猶医の症に随って剤を処するが如く、常規限りあるの方を以て、時弊窮りなきの世に加う。所謂柱に膠して瑟を鼓する如く、其成功を収めんと欲すと雖も、其尚を得べけんや。碩謹んで按ずるに、事に先後あり、術に緩急あり。今其急なるもの先なる者とを挙げて議を建つ。曰く繁を削らん、曰く華を罰せん、曰く情を懲さん、曰く農桑を重んぜん、曰く商賈を抑えん。是の五件は其弊勢を折《くじ》く所以の術也。勢折て弊自ら除き、弊除いて国自ら富む。農桑重ければ都に向う者留る。荒蕪以て植う可し。商賈抑うれば則ち末に趨る者止まり、物価以て平なるべし。繁を削り華を罰し惰を懲さば則ち財用自ら足り、国家以て富むべし。而して後、聖学を開いて人材を導き、忠孝を勧めて風俗を化す。庠序《しょうじょ》（学校）の設以て興る可し。則ち治国の道整々然として備わる。夫れ人の主として恃《たの》む所、民人を要する無くんば、譬うれば樹の根あるが如く、民人の頼る所衣食に急なるなきは、譬うれば灯の油あるが如し。灯に油なければ輒ち滅し、樹に根なければ輒ち槁《か》る。孟子開巻一編、衣食足って而して後学校を設け、衣食足りて後礼節を知る、是也。之を如何。飢寒窮迫の民を駆って道徳仁義の域を躋《のぼ》らんと欲するは、所謂急河を鑿《さく》して高地に導くが如し。豈戻らざらんや。故に明君は必ず先ず本を務め以て其根を固《か》らす。国を富まし以て其民を教ゆ。尭舜湯武の治と雖も茲に出でざるはなし。伏して惟うに閣下義を為すに勇に、善を作すに吝《やぶさか》ならず、是を以て人の能わざる所を能くし、人の勝《た》えざる所を勝ゆ。富国安民の功日を計って待つ可し。尚何ぞ他人に謀るを待たんや。碩の閣下に於ける、左右之を容るゝが為に非ず。而して叨《みだ》りに知遇を承け義として黙すべからず。自ら蕪陋を忘れ敢て所見を述ぶ。謂うべし小人褻《けが》して忌憚無き者也と。恐らくは高明を唐突せん。罪不赦に在り。伏して冀う寛宥を賜え。碩頓首再拝

右によれば、九鬼隆都が涼庭に治国の要道を質ねたのにたいし、涼庭は諸侯の弊を論じて天保八、九年がその極とし、削繁罰華懲惰重農桑抑商賈を救済策とした。盛岡の場合と似た考え方である。

なお、隆都は幕府の公職についたことも屢々あった。文政五年以来の日比谷御門番、天保十二年十一月の大御番頭（江戸城警備の統率役）、翌十三年京都二条城在番、弘化二年大阪城在番、嘉永六年の海岸防備御用取扱、安政二年の講武所総裁などである。涼庭が隆都に呈した文が『綾部町史』に写真版とともに出ている。左のとおり

である。

曾聞、説レ道者未レ見二行レ道人有一。侯号二桃洞一。力行世無二後園一乎①。自耨《くさきり》粒々知二辛苦一、吐《と》二握《あく》寒士倹素②一賑二窮貧一。素褶《しゅう》視レ奴③出二道義一、只是玲。方今未二学弊一、筆硯供二潤身一。文章堕二虚語一。怯儒似二慈仁一。対策帰二抒《カ》欽一④、宦路推二黄塵⑤一⑥、独出二勢閑窟一、卓操磨不レ砕。朱雀賜レ謁日、謙虚問二経倫《ママ》一、布袴与二縷套一、眉宇温似レ春、小人管窺⑦服、安識君公真、唯払二紅粉一却、題二扶レ筆色紙一

奉

桃洞九鬼公電覧　　小民新宮碩再拝

①後に園がない、すべて耕地とする意か。②賢士を優待する。③質素なあわせ。④不詳。⑤官につかえる。⑥世俗の雑事。⑦せまい見識。

出石藩　但馬出石藩と涼庭との関係は、『駆豎斎文鈔』に載せられている三篇の文によってうかがうことができる。それによると、桜井茁《めぐむ》が涼庭を訪ねて藩情を話し、藩治の向上についても述べるところがあったらしい。また涼庭は書院に仙石侯を招いた。その後まもなく涼庭は出石藩の学問興隆のために、天保十四年十一月に学校建設資金の出資を上書している。これは『新宮涼庭先生言行録』にも出ている。

まず、桜井茁(号は石門、字は伯蘭)との関係をしめすものとして、「与桜井石門」を左に引用しよう（原漢文）。

与桜井石門

碩啓す。仁兄京を去って既に三日。秋涼節ならず。頃日起居如何。想うに騒擾の餘、百務謂紛、君に勤め民を愛するの意惓々焦るが如からん。伏して惟うに加飯自重（健康に留意すること）。蓋し天下の事、凡百意の如からざる者あり。故に君子は事に臨み必ず先ず理と勢とを視て勉励倦まず、苦しんで後成功を獲。譬うれば農夫の如く然り。水旱（大水と旱天）を以て穮衮《ひょうこん》を廃せず（農耕をやめぬ意）、要は脩為に在るのみ。仁兄素と忠勇、其為す所果して応《まさ》に人目を一洗すべし。亦豈碩の称揚を待たんや。碩の如きは草茅の医生、鍼石《しんせき》（医術）衣食を給し歳月を奔走に送る。碌々身を終う実に廝養の業（しもべ

の仕事）固より論ずるに足る者なく愧尤も深し。然して丈夫世に居し、居する所異ると雖も其志す所、行う所と即ち一なり。是れ碩の自ら駑鈍を忘れ、区々の意を陳ぶる所以也。餘は言うに足らず、君萬々自愛せよ。

箋に餘白あり、賢弟叔蘭この頃百務を終へ京を発して程に上る。今既に六七日、想うに当に行次八朶《だ》の雪（大雪）を見るべし。幸に之を先生に白す。癸卯菊月。

癸卯菊月は天保十四年九月のことで、桜井石門と語りあった数日後に送ったものであるという。しかし石門は寛政十一年（一七九九）に没したとあり（平凡社・人名辞典）、桜井東門の誤りかとも思われる。

つぎは仙石侯に対するもので、天保十四年十一月廿七日の日付がある。学校の資金を献納する上書である。

上出石侯

平安小民碩頓首再拝、謹んで仙石出石侯の左右に啓《もう》す。曩《さき》には枳《き》棘（荒路のこと）を避けず、征旆《き》翩々茅盧《ぼうろ》（草深い家）に臨せらる。碩は草茆（民間）の書生才拙なく学浅し。閣下何の求むる所ありて此枉屈《おうくつ》を辱くする（まげて家を訪う）や。碩恐懼其出ずる所を知らず。閣下優礼士に下り、甘んじて苦言を容る。徳量海の如きに非ずして、安んぞ小人区々の誠を尽すを得ん。感喜実に深し。伏して聞く閣下国に就て日ならず、夙夜惓々言路を闢き、以て徳政を脩し徭役を省き、以て民力を寛にす。一国の人上下内外悦服せざるはなしと。頃《ちかご》ろ桜井茁、命を奉じて京より来る。乃ち就て其実を審にし、恐喜の至りに勝《た》うる無し。碩又自ら狂愚を計らず、敢て一言を献ぜんと欲する者あり。不恭の罪遁るゝ所無きを知る。謹んで按ずるに、善く国を治する者は、必ず先ず其患《うれ》うる所を救い、善く疾を治する者は必ず先ず其因する所を療すと。今天下の疾は、専ら貧に在らずして其患うる所は実に奢りにあり。苟くも之を医せんと欲すれば、倹の一事を以て之を処すれば、則ち其病自ら愈《い》ゆ。是れ所謂国を医するに精なる者也。今日の国を医する者倹の良薬たるを知らず、或は之に処するに利を以てす。利の出る所、竟《つい》に聚斂《しゅうれん》に陥らざる者幾《ほと》んど希《まれ》なり。夫れ利は固と理国の廃す可からざる者なり。而して士大夫之の謀の為に病み、利を謀るにあらずして其患ふる所、義の当否如何を正さゞるに在り。倹の美徳たるを知らざるを憂えずして、其善く倹を用いざるを憂う。是れ其終に聚斂の害を免れざる所以也。頑窃《ひそか》におもえらく、治乱の本は人心に在り。人心義に向えば治、利に趨れば乱、況んや天下奢廉の俗深く人心に沁み、功利交《こもご》も競い、比党（党をくんで争う）互に傾く。或は水火の相容れざるが如く、其由来する所皆利にあらざるはなし。此等に当って教法峻制を以て急に之を救わんと欲するも、翅《ただ》に其効を見ざるのみならず、勢い為すべからざる所あり。譬えば乱糸を理する如く、之を急げば反って敗す。仁以て之を涵《やしな》い義以て之を侵し、春風の氷を釈《とか》し、醇醪《じゅんこう》（美酒）の人を酔わしむるが如く、漸以て之を融化するに非ざれば、則ち未だ遽かに化し易からざる也。是以て治国平天下の道、上は仁義を好み、下は之に由らしむるより大なるは無し。天下国家の禍、綱紀弛み、風俗敗るゝより甚しきは無し。風俗一たび敗るれば則ち猥褻倫を乱し、綱紀一たび弛めば則ち暴慢度なし。仁義一廃、則ち忠孝並び衰へ、廉恥地を払う。利に趨って義を顧みず、其れ此の如くにして禍を招かざる者寡し。聖賢政を為す必ず先に教化を施し、風俗を敦うし、未だ始めに必ずしも法を設け制を施さず、唯手を拱《こまぬ》き無為にして天下治まる。何者か其末を捨てゝ其本を取らんや。然りと雖も天下の大、生民の衆、人人にして之を喩《さと》し、家家にして之を教うべからず。故に家には塾あり、党には痒《しょう》（学校）あり、国には学有り、上は以て士大夫を教育し、下は以て庶民を風化す。宜なるかな、教は性に本づき、道は心に具わる。庸夫愚婦と雖も忠孝義烈の事を聞けば、惻然《そくぜん》（あわれむさま）心を動かさゞるは無し。況んや下の上に化せらる猶草の風に靡《なび》き水の器に従うごとく、所謂上仁を好めば則ち下忠孝を知る。上義を好めば下忠孝廉耻を知る。則ち綱紀張らず、風俗敦からずして、国家治まらざらんと欲すると雖も得べからざる也。堂々たる雄藩耆徳碩学其人に乏しからず、碩久しく学政具備し教化年有りと聞く。然れども天下の事、唯名有って実無きは用を為さざる也。古の賢主深く之を察し必ず身を以て之を先んず。故に令せずして行い、言わずして聞く。詩に曰く位に懈《おこた》らず民と塈《とも》にする所と。伏して惟みるに閣下純謹精行、勧学教化に汲々乎《きゅうきゅうこ》（懸命になる）として飢渇するが如しと。固より碩輩の蕪《ぶ》言（つまらぬ言）を待たざらん。唯其知遇の厚きに碩自ら止む能わず。恭く茲に椭《だ》金（小判のこと）百片を黌《こう》舎（校舎と同じ）

に献じ、以て薪水紙筆の資に充てん。笑納、却《しりぞ》けざれば則ち何の栄か之に加えん。書するに臨み恐懼の至に勝えず。癸卯十一月廿七日

出石藩は天保六年に「仙石事件」なるお家騒動があり、奸臣仙石左京（貢）の処分がこの年の十二月九日、同日藩主仙石道之助久利（一八二〇〜九七）は五万八千石から三万石に減封されたが、若輩の故に格別の処分をうけなかった。この事件で儒員桜井東門（一七七六〜一八五六）は仙石貢に対立して藉を削られた。のち再度弘道館取締兼教授となった。なお、涼庭と関係ある仙石侯は久利である。

津藩　津藩藤堂家は藤堂高虎の裔で、外様の大藩である。涼庭との関係は、涼庭が伊賀伊勢国学校へ三千六百両を立替え、ついにこれを献金したこと、これの結果であろうが、養子涼閣が、在京のまま百石で藩に召抱えられたことである。このほか、津藩の儒者斎藤拙堂との交遊があげられる。

嘉永三年、涼庭は伊勢参宮に出かけた。この時偕楽園で藤堂侯に会っている。郷土史家の印田恵助氏は、偕楽園には他藩のものは絶対に入れないことになっていたと言われるが、涼庭には「藤堂少将公と偕楽園に謁し、辱くも高文を示さる、時に沿岸多事因て此れを賦して奉呈す」という詩があり、同藩の藤堂多門・平松楽斎・斎藤拙堂とも親交があったから、特別のはからいがあったのであろう。応答の詩は、大してすぐれたものでもないので、省略する。

涼閣関係では、涼庭の遺命中に、

涼閣は既に津侯の世臣となり禄百石を受く、然れども京に常住して侍奉を缺く。則ち素饗《そさん》（禄のみをえてそれらしい仕事をせぬこと）の懼《おそれ》あり。故に曩《さき》に既に斎藤拙堂と謀り金千両を侯に献ず。則ち左右に違うと雖も責を免るゝに近からん

とある。なお、次の一札は右のことをしめす史料である。

奉願上候口上之覚

此度不存寄　　　涼閣儀

御医師ニ御召抱被下知行百石被下置京都住居ニ而通勤も御免被為成、其上老屈之涼庭迄拾人扶持被下置候段生々世々難有仕合冥加至極ニ奉存候。右為涓滴《けんてき》之冥加報恩今般金子千両御学館江奉献上度奉存候。御許容被為成被下候ハヽ、是又難有仕合ニ奉存候

何卒宜敷御取成御披露偏ニ奉願上候　以上

嘉永五壬子年

十一月　　　新宮涼閣

義健　花押

新宮涼庭

碩　花押

高畑七郎右衛門殿

右大意は、養子涼閣が京住のまま藩医として百石を賜わり、自分まで十人扶持を下された。この賜った恩に報いるため、学館建築に千両を寄贈したく、許されれば幸いである、というにある。

涼庭の後悔　佐久間象山が嘉永三年に梁川星巌にあてた書翰に、

先便に新宮涼庭の事仰遺され、此人も諸侯に出入、財力尽き困り居り候。乍レ然経済は好候事故、随分相談に成可レ申候。且道学を少年の時習候人故面白候

と述べている（『梁川星巌翁』）。

これによって見ても、涼庭がいかに困窮していたか、かつそれが、世間の一部に知られるまでになっていたかがわかるであろう。さきに、涼庭の感懐を夜雨の詩に託したことは述べたが、『駆豎斎家訓』にも、

金銀貸借は決して致すべからず。餘は守銭奴と言はれんことを恥ぢて、門人出入の者は勿論、諸侯方迄に其の国用を調達して倒され、人々の笑草と成りたり。一に徳を敗り、二に学術を怠り、三に財宝を失へり。是れ血気の人慾より出づる事なり。朱文公曰く「財ハ脂ノ如ク、近ヅクレバ人ヲ活カス」とは名言と謂ふべし。和蘭人の戒語に「金ヲ友ニ貸セバ則チ金ト友トヲ失フ」とは一轍の智言なり

と、子孫や門人にじゅんじゅんと戒めている。しかも、この建議は、涼庭画像の自賛に「議する所の制度幾んど阻塞して行われず」とあるように、越前・南部ともに一蘭医の言は用いられなかった。

右のごとく、多額の金を失った反面、涼庭は、諸侯およびその藩士中の文人らの多くと交遊しえた利点も考えなければならない。『鬼国先生言行録』には、鴻池善右衛門との話しが出ている（大意）。

ある日善右衛門が涼庭を見て、戯れて曰く、

「私は先生から治療を受けて今日あるをえました。こんなに嬉しいことはありません。たゞ、その謝礼が甚だ高いので……」

と。涼庭が驚いてその理由を問うと、善右衛門は笑って

「前年は先生の保証で越前侯に七万両を貸しましたが、ついに返してもらえませんでした。これが先生に対する謝礼ですから、高いぢゃありませんか」

と。そこで涼庭は、

「自分は性質が愚直であるので、武士たるものが食言するとは思わなかった。ましてや相手が大藩のことだから、自からは

からず、大いに心慮を労し、かつ、局外の身でありながら数十人の役人に当り、七年ほど苦労した。また、自から蓄わえた金を集めて一万両余りあったが、これも越前藩につぎこんだ。おもえば七万両は巨額であるが、自分とあなたと較べてみれば、風の前の塵のごときものではないか」

と。両人は手をうって大笑いした。

第六節　『破レ家ノツヾクリ話』について

著作の動機　本書著作の動機は、すでに本章第二節でふれたように、文政十一年、某藩家老が財政立てなおし策を求めたのに答えるものとして書かれたもので、一般に某藩とは南部藩に比定されているが、凉庭の南部行きは天保十一年、かつ、『鬼国先生言行録』には、「某藩儒生」となって、頼みに来た内容が類似していることと、盛岡に随行した相馬一郎*・九方が序文を寄せていることから、あるいは文政十一年が天保十一年の間違いではなかろうかということを推定してみた。

なお、相馬一郎には『立誠堂詩文存』という詩文集があり、このなかに「医国新話引」なる文章がある。これは『破レ家ノツヾクリ話』の叙とほぼ同文で、ただ後者の「山人」が「凉翁」となっているのと、二三の字句が代っているという相違があるにすぎない。『立誠堂詩文存』の文章には、年次が入っていないが、『破レ家ノツヾクリ話』は以前、または以後に『医国新話』という名でよばれていたのではないかと思う。

＊ **相馬一郎**　号九方、名は肇、字は元基。讃岐の人で凉庭の門に入り、のち岸和田藩に仕えた。明治十二年（一八七九）三月二十八日、七十九歳を以て没した。著書は『左氏春秋解』・『史記定本』がある。

本書の題言の一節に、

人を激し励まして国政を興し民を救ふの一助にもなれかしとこひねがふのみ。当世の士人恥を恥とも思はず、要路顕役に出でても、うか〳〵と今日送りに暮し、遂には国政を毀《そこな》ひ、風俗を傷《やぶ》り、武威を落すの姿に至れば、国を医するの心得にて、かくは罵り辱かしむるに似たれども、上たる人に対しては芹を献じ（物を送ること）、朋友には善を責るの心なり。さて人の穴を言ふて其弊《やぶ》れを補はん趣向にて、破れ家のつゞくり話とは名づけたり」

とあるので、本書の意図するところは明らかである。

出版と評価　本書の出版は、弘化四年丁未夏五月で、出版者は相馬一郎である。相馬の序のなかに、五十本を写して之を同志の士に贈るとあり、広く流布することを目的としたものではなかったようである。

大正八年に再刊された「稼堂叢書」のなかに、『新宮涼庭言行録』が『播州尚友伝』と合冊されている。編者は鬼川漁史とあり、あとがきによって、編者が新宮涼庭の欽慕者であったことがわかる。この言行録は、一部の省略はあるが、『鬼国先生言行録』の忠実な和文書下しで、巻末に「余聞四則」と、『破レ家ノツヾクリ話』の抜粋とがある。前者は『破レ家ノツヾクリ話』にある相馬の序文から、涼庭の人となりに関する箇所を引き、つぎに涼庭が治療に一種の催眠術を用いたこと、第三に養子涼民とその養子涼園のこと、第四に「上仙石侯書」をかかげている。いま、編者については詳かにしないが、編者は高橋翁（伝不詳）より示されたものを写録したと述べているから、涼庭が当時の人にもかなり知られていたことをしめしている。

ついで本書はまた、滝本誠一博士の『日本経済叢書』の巻二十一に収載され、一般に流布するようになった。滝本博士はその解題で、此に一の注目すべきは、本書は編者の知る所では我邦に於て、政事と経済とを分離したる権輿《けんよ》（はじめ）なるが如しと述べられている。本庄栄治郎博士も本書を中心に「新宮凉庭とその経済思想」なる論文を、昭和十二年二月の『経済論叢』に発表され、のち『日本経済思想史研究』に収載された。はじめに、ほぼ『鬼国先生言行録』にもとづいて凉庭の略伝をかかげ（したがって誤りも多い）、〃著書〃で本書の概要をかかげ、

当時に於ては経済といふ語を広義に用ひ、その時々の政治の是非を論じたもので、経国済民の義であったのであるから、政治と経済とを区別し得ないのが一般であったにも拘らず、凉庭は右の如く経済篇と政事篇とを分ったことは注意すべき点である。尤記述の内容について検すれば、両者が必ずしも明確に区分されているとはいひ得ないが、兎に角両者を区別したことは、本書の一特徴であるといひ得る。

と述べている。その次の〃経済思想〃は、本書の内容の大要である。

内容（一） 本書の内容は、上巻が「経済篇」で問答体になっており、中巻の「政事篇」と下巻の「政事篇」の続き、および「吏術篇」とは、問答体でない。

まず上巻の「経済篇」について、その概要を紹介する。

（1）時弊を論ず 凉庭は時弊の生ずる原因を奢侈にありとし、町人からの借金、諸侯家老の暗愚を指摘する。太平の御世では上下をあげて奢侈に走る。自然町人から借金するから、町人に頭を下げる。このような輩を勘定奉行にすると、都会に出て借金が出来れば手柄顔をし、都会の風に染むと奢侈は一そう募り、ついには主家の借金をあと廻しにし、町人と結託して私利をはかるにいたる。一家の経済のできぬものに十万石、二十万石の財政はできない。これが今日諸家役人の通弊である。

また、家老も家門によってなるから下情に通ぜず、人を目ききして君に推挙するのが役前であるのに佞臣《ねいしん》を近づけ諫臣を遠ざける。諸侯も婦女子の手に育ち、仁義文武の道は勿論、世上のことにもうとく、気随気儘だから暗君が多く、家老の補佐も不充分である。上は暗柔で明断なく、下は陋劣で忠義心がないから、その日ぐらしになる。町人への借金、百姓への重課、しかも一部町人に苗字帯刀を許すから、階級制度が乱れる。

悪い町人は借金の添役となり、役人と結託して利を貪ぼる。しかし、小役人のかかる行動は深く咎むるにたらず、重役でかくのごとくして巨財を蓄わえ、その上辞職して生涯を安楽に活そうとする。倹約をつとめれば借金の要もないから、悪心も起らぬ。しかし倹約はどこの国でも嫌がる。貴藩もおそらくそうであろう。

（2）勘定奉行えらみ方　しからばどうするか。それには人となり簡約で自分の勝手むき身のまわり質素を好み、寡慾にして遠略あり、腹中有算の人がよい。かかる人は倹約と吝嗇《りんしょく》（けち）との区別を知っている。大名の勝手は雑費を省き倹約を守ればよい。倹約の人で、ただ主家の身上を自分の身上と同様に心得る人がよく、無算の人は大利を知らない。重臣の心得は本を務めること＝質素・文武奨励・剛毅忠実・腹中有算の人を選任し・軽薄佞諛の小人を退け・一国の風儀を善に移すこと、が肝要である。

（3）評判よろしき人をえらむ論　しからば評判よき人がよいかというに、これに二種あり、「器量達才ありて衆人如何にも威服するもの」は本ものだ。一般に温潤で人に逆わず、付合いのよい人を誉めるが、かかる人に俊傑はいない。まず、眼識ある人が一同よしといわねば本物ではない。厳法改政の際は非難もできるもので、御機嫌とりのよくするところではない。これを断乎行い、いわゆる三年にして民大いに悦ぶ態の、果敢有為の士を選ぶべきである。

丁寧な人は大概大略がない。簡易卒忽の人に大略ある人物があるから、重臣はかかる駿足を選ぶ伯楽でなければならぬ。また果決勇悍の人と温順寛容周密な人というごとく、反対の性格の人を用いて成功することもある。勝手役の果断なもの、それも二人あればよく、他はその指揮で動く小才のきく人があればよい。

(4)重臣勝手かゝりの心得　しからば勝手向きは勘定奉行一任でよいかとの問に対し、大本をしめる重臣が常に国家の利害得失に眼をくばり、金穀出納の大体を記して勘定奉行の所為をにらみつけ、勝手役人の伺いを速決する人物が必要である。彼らは細事を知り、下の侮りと姦人の無道とを防がねばならぬ、と答える。また、改政中は勘定奉行の下に吟味役二人、筆算の達者なもの数人をおき、おいおい引立てて人材の更迭をはかるがよいという。

(5)勝手向不如意の根元を論ず　勝手向不如意の根本は、太平と世上の華美で分限を弁えぬ奢侈にふけって借金を頼みとするにあるから、質素倹約が根本である。陪臣などは給料減の上に奢侈にふけり、質素倹約するものを軽侮する。諸侯は江戸詰の費用で武備もおろそかに、不時の入用で財用もかかり、ついには参勤交代や雑費のかかることを免れようとして、武家の威光は地におち、豪商の鼻息を伺うにいたる。小禄の者でも節約し、内職して他人に迷惑を及ぼさぬものがある。分限を守り、賄賂のもととなる借金を控え、武威の落ちぬようにせねばならぬ。また火急に備えて平素から金を積立て、積金がなければ士人相応の質物で用便するがよい。主侯に余財あれば貸付ける。臨時の金は都会の豪富に借りるのが、国威の落ちぬ方法である。士分のものも、供廻りなどは三分の一に減じ、参勤にも輿に乗ることを禁ぜよ。最近土州侯のやり方はよい。

(6)金銀融通の論　借金をしないのが根本策ならば、貯えのない時に不時の用があればどうするか。曰く、国に三年の蓄えなきは国其国にあらずといわれる。遠略もって三年分は蓄わえるが、それができぬときは都市の豪商に借りよ。ただし返済に違約があってはならぬ。とくに大阪の富豪は、確実に返せば低利でも借してくれる。近来風儀の悪い藩の重臣で、銀主に会うのに王侯貴族のごとく数十人の供をつれて音物（手みやげ）をもって行き、その鼻息を窺うのは醜態である。

右のごとく武威地に落ち、商人百姓に用金を申付けるから、彼らは力をあわせて反抗する。たとえ金を借すと願出るものがあっても、領内のものには利子をつけて返済せよ。重役が恥を重んじ厳を主として命令を下せば国威もあがる。金を貸りるのに音物盛膳を厚うしても、当今の商人はそのような餌にかからぬものである。

(7)重臣学問なければ其任に堪えざる論　不学無術の者は重臣の任なしと云われたが、重臣には学者を用うべきやとの質問に対し、凉庭は学者に二様あり、徒に書を読むものは学者でなく、聖人の所謂天理自然の道を能く会得し、道理を踏んで今日の事を行うよう心がけるのが真の学者で、実行力なき者は学者でなく芸者である。書を読まずして忠信徳行の者あり、国家の大用をなすものがある。かかる人が学問すると器幹も大いに勝れると答える。

初学は宋学をし、これを離れれば人でないという理を悟るべきである。その上で歴史を読み、さらに十子の書を読むと益がある。執政者は読書によって義理の大体を知ればよく、小説類は慰みにすぎぬ。末に流れるのはよろしくない。藩には傑出卓識の師を招いて俊傑を育てねばならぬ。

(8)銀主を撰む論　銀主は融通が大きくて質素なのが手間どらない。用便早ければ利は八朱まではよい。不取締りの銀主では家臣もこれに泥む。金を借すのは大事な娘を嫁にやるようなもので、貸方もよい家を選ぶから、借りる方もよい銀主を選ぶべきである。

(9)銀札米札の事　銀札米札の利不利については、自分に別の意見があるが、概して国産の多い国の銀札ほど、他国のものでも見込みがある。要は、銀札の見かえりの金があるか否かが問題である。

(10)廻米の事　借金返納引当に廻米するのは、十年見積って当否を論ぜねばならぬ。しかし米産の多い国は大阪へ廻さぬと売捌き難い。西国は船賃も少なく升数も減ぜぬし、金銀の融通もつくし、引上げれば年により利潤になる。奥羽地方は江戸に廻すとよい。利害は国によって異なる。遠国・小国は廻米が損であるが、廻米せねば国内商人に安くたたかれるから、実直な商人に取扱はせねばならぬ。

以上が上巻の概要で、とくに倹約を重視し、具体的に諸藩のありそうな事情を説き、かつ、役人として立派な人物、銀主として安心できるものなど、ときには人名まであげて説明している。もとより蘭医であった涼庭のことであるから、その見聞の範囲内で例示したのであるが、幕末各藩の実情をある程度道破しえて、経済史上も貴重な観察といいうるであろう。

内容(二)　つぎは政事篇で、これは中巻と下巻の前半にわたっている。

(1)重役は人を目利するが先務たる論　重役は人を目利きして適材適所で行けば、賞罰乱れず、勝手向もよく行くものである。君公もかかる重役をもてば幸いで、国の大小に応じて人物は求められるものである。

人は生れつきに品等があり、これらを学文によって磨き、適材を適所につけねばならぬ。ついで小人奸人を見分けて退けねばならぬ。

(2)良からざる家老に国事を任すれば其君耻辱を受る論　良くない家老に国事を任すと、乱世なら国を失ない、治世なら国政衰亡、勝手向き乱れ、君の恥辱、百姓町人の難儀になる。悪い家老とは器量なく、負け惜しみ強く、勝れたものを忌み嫌うものである。家老の下に、肥後藩の大奉行のごとく平士中から明達のものを選んで政事の要職につけるとよい。上に立つものが忠誠ならば、藤樹が一村を感化したごとく、下のものも用立ち、能ができてくる。時務を知る者は俊傑にありの語、よく味うべきである。諸葛孔明はその好例である。

（3）制度を固く立るは善政なるを論ず　自分は諸葛孔明を幼少から尊敬していた。孔明兵を出すに法は厳に、賞罰は細論したが誰も怨言を出さず、罰せられたものも公の死を聞いて泣いた。まことに大徳というべく、政をとるものは公を範とせねばならぬ。

わが近来の諸侯も制度の厳しい家は困窮しても大崩れはしないし、見るべき政事がある。わが国は漢土と異なるが、神と聖の心は同じで、天理に合う道理は一致する。わが国は世禄をもって門地を尊び、門地なきものを卑しむのも異国にはないことで、国風によって制度をたてるがよい。根本は誠意正心の四字で、天理自然に随って設けないと行われ難い。

（4）事を省くが善政なる事を論ず　およそ治世が永く続くと諸事繁雑になり、無益のことがふえて雑費もかかり、人手もかかる。これを省くのが倹約である。いま諸家の役人のしていることを見ると、本を忘れて末に走っている。元の耶律楚材《やりつそざい》が天下を治める要訣を「一事を生ずるは一事を減ずるに若《し》かず。利を興すは一害を除くに若かず」と述べている。これには善人を登用し悪人を除く意も含まれている。

（5）政事は寛より猛がよろしき論　小堯舜といわれた金主雍は仁慈の志のあつい人であったが、群臣に「政事に寛慈を本とするは此上なき美事だが実にむつかしい。自分ごときは賞罰のみだれぬようにするのが真の寛政か」と言っている。今では寛慈が柔弱と混同されている。威徳なければ寛で国を治めることは難い。勝手向も同様である。しかし、厳を虐と混同してもいけない。自分は心は慈愛を主とし、行は清白を務め、法は厳に用うるがよいと思う。

（6）**賞罰正しきは真の寛政なるを論ず**　賞罰は全国にわたり、かつ平均せねばならぬ。白河楽翁や大岡越前守はその模範である。

（7）**賞の濫れは私恩より来る論**　私恩は誰しも脱がれ難いが、執政者は慎まねばならぬ。賞罰は政事第一のことゆえ、私恩で賞罰が左右されてはならぬ。また、ニラムということも愛憎の私心から出ている。上に立つものの大疵で、奸人の讒言に乗ぜられやすい。

（8）**愛憎甚だしきは賞罰濫るゝ論**　愛憎は人情で除き去りがたいが、これをふりまわすと人を見損なう。ウマの合う人をよいと思うと嬖《へき》人（悪人）が擡頭して害をなすのが多い。

（9）**人を使うは義を励ますにある論**　上に立つものは下の者の才幹をのばすように心掛ける。しかしはじめから一切を任しきらず、数年観察した上がよい。細部にわたってコセコセせず、また、よくやれば物で賞めるだけでなく、けじめけじめでほめ言葉をかけるがよい。

（10）**君上諫を納るゝ心得方、臣下諫を奏する心得方**　上にたつものは度量があって、よく諫言をいれることが必要である。諫言するものは忠憤義烈の士か、律義一遍、上を大切にするものである。また諫言する者は、国にかかわる大事には自己の利害を顧みず、一身を抛つ覚悟でする必要がある。しかも、君に汚点のつかぬよう、また、君主が用いるようにすべきである。とくに庸君の場合はしかりである。このため君臣は疎遠であってはならない。

（11）**酒を戒むるは国益を興し悪風を除くの両全なる事を論ず**　近来酒が山奥まで行わたり、米の費え、都会ならば悪所通い、田舎なら遊惰となり、若輩・妻女にまで及ぶ。すでに申歳以来の飢饉には無告の良民多く餓死したこともあり、田舎の困窮三四分通りは飲酒の流行による。とくに吉凶につけて飲酒するのはよくない。妻子と一しょに用いる寝酒、くたびれ休めの茶碗酒こそ真の飲酒である。

(12)国益は農業産業を勧むるにあるを論ず　真の国益とは勧農・興業、国中徒食するもののないようにすることである。近来はいづれの国においても百姓が町人の栄華をうらやみ、転業し、ために田畑は荒れ、領主の物成り（税金）は減じている。

小禄のものの妻女にはかならず産業を教えるがよい。これを蔑視するものがあるが、そうではなく、これにより金銀の貴さを知り、倹約のくせもつくものである。

家屋敷も分不相応に広いのはいけない。孟子も不益の地面には桑麻野菜を植えて国益をおこせと述べている。聖人の教えを知って実行しないのは死学問である。倹よりも産業を興すことが大切であると自分はつねに言っている。

(13)賄賂を堅く禁ずるが国政の基本たるを論ず　賄賂は国政が鈍り、人気が卑しくなる基である。武士は奢侈に流れ、志が卑劣になり、富んだ町人は頭をもたげ、上を軽んじ、士を侮り、奸黜の徒が勢を振う。音信付届けは賄賂のはじまりである。

公事訴訟断獄の役人はもっとも志を正さねばならぬ。上に明君あり、次に剛正の重臣があれば、賄賂は自然とやむものである。

(14)淫祠を絶つは人の惑を解き費を除く善政なる論　世上心にかかる不当を致す輩《やから》、愚直で己が思案に能わぬ大望を企てる族《やから》、姦吏が己の罪をひそかに恐れる場合、かならずわけもない神仏をいのるものである。一般人はとにかかく、政事断獄に関係する人がこのようなことをするのは、聖人の書を読まずして物事に疑惑するからである。近来淫祠邪教がふえ、人を惑わし、国費をまし、政道を害することがすくなくない。都会では奸徒が不正の利をうるのに利用しているから、役人はこれを理解して禁ずると、一挙両得となる。

×　　×

以上で中巻は終り、下巻に移る。はじめは政事篇の続きである。

(15) 諸侯及び人に上たる方の心得　人に上中下の差別がある。諸侯や上に立つものの備えるべき徳は、下の者を威服せしめ、国家を治めることで、このためには聖人の書を読み、これを基準に政治を行ない、次に兵学と指揮法を学び、余力があれば弓馬鎗剣の技まで習うのが順道である。当今の諸侯は白河楽翁の思召しを学ぶとよい。近世の諸侯は柔弱女子のごとく、重臣また達識なく、君主として大切な学問兵法は迂遠なりとして勧めない。もっとも甚だしいのは養育を女子の手に委ねて大名風と心得ていることである。

また上たる者は算数のわけ——胸中で事の大小軽重を目算し、物事の見透しをつけること——を会得しなければならぬ。人に君たるものの心掛の第一は、器量あるものを愛し好むことである。下はかならず上をみならうものと心得ねばならぬ。

(16) 家老重臣の心得方　家老は一国の宰相であるから、心得は天下の宰相と変るところがない。ゆえに、わが身の上に一国のことをかついでいれば、何事も行き渡らぬことはない。君を賢明にすること、人を見出すこと、人を使うこと、賞罰を厳にすること、すべて家老の仕事である。

よい宰相は善人を知るとともに小人を知って用いないがよい。また度量を広くして適材を適所に配するがよい。

読書は大体を会得し、儒生のように読みふける要はない。当世の重臣に戒めることは、党を立てて権威争いをすることで、私利私慾にはしるから、このようなことになる。犬が骨をとりあうようなことをするのは、無学の人の所作である。

(17) 側用人こころえ方　側用人は聖賢の実学を会得し、己れの見識を定めて主侯を善道に誘うことは勿論、主君が柔弱にならないようにしなければならぬ。また金銀に手をふれさせず、主君が金のことをいえば口が汚れるようにいうものもあるが、大きな心得違いである。数は六芸の一で、君主はその大体に通じなければならぬ。この点は重臣も同様である。

(18) 番頭《ばんがしら》こころえ方　番頭は平士の頭であるから、士の鑑となるような人でなければ勤まらぬ。武芸は勿論、兵学は自分の役前と心得、組子の風儀も武門に適うように導くがよい。ひまな時には組子を集めて兵書を講義し、不時の変に備えるべきである。

(19) 傅役《もりやく》こころえ方　傅役は庸人凡才ではだめで、人となり質直方正で大体に明るい人を撰ぶがよい。そして、幼稚な人を育てるのは植木を育てるようなもので、撓《たわ》めやすく、直にも曲にもなるものであるから、気随にならぬように育てよとは家康の言であるが、今はそれに反している。

(20) 目附役心得方　目附役は穏便をのみ願わず、信賞必罰主義をとることが必要である。武門を励まし、風俗をあつくするのが目附の役割で、姦悪を探り、盗賊を召とるのは下目附捕吏の役である。近来人情詐術を好み、陰《おん》陽家《みようか》や売卜者《ばいぼく》に迷わされているから、これらは取締らねばならぬ。

×　　×

以上で政事篇は終る。この篇も前篇同様、具体的な例をあげて論じているが、内容は相互に関連性があり、また、各項内においても密接な関連がある。政事のなかで、君主や家老に算数の心掛けを要求し、下士に内職を奨励するあたり、当時の武士が金銭を卑しみ、商売を賤としつつも、貨幣経済にまきこまれ、しだいに商人に圧倒されて行くことを考え、さらに海保青陵が、武士が商業をいやしむことを痛撃したことと思いあわせると、時弊によく目を向けているといえるであろう。

この篇は、君主を中心として家老以下の心得を具体的にのべ、相互関連して詳述しているのであるが、君主たるものには上に立つものの器量をもとめ、家老・側用人などが君徳培養に心がけ、また重臣は能を挙げ用いて一国を宰領する重職にたえることをもとめ、ほぼ首尾一貫した体系をもって説いている。しかも、凉庭のよって立つ基盤は、封建制度を是認し、中国の聖人の道を基準とし、それに和漢の名君名臣の言行を配したものであって、蘭学者としての卓抜新奇な説は見られない。

内容(三)　最後は吏術篇で、四条よりなっている。官吏の心構えを説いたものである。

(1)訴訟犯科裁判の心得方　訴訟はたいてい義理の心得違いから、たがいに利欲にはしり、兄弟親族が親譲りの田地屋敷を争い、裁判に及ぶことが多い。これらは忠孝信義を説き聞かせて双方を感心させ、裁判するのを良吏とする。一方が無理を申立てた場合、その詐術を探り求めると断じやすい。山林田地の境界争いは即座に断じ難いので、十分理解させる要があるが、裁判が延引すると無益の雑費をかける。裁判では、その人の弁・不弁に左右されず、事実・人物の吟味が必要である。また、律のみで処断せず、人の生死存亡に関することは内心をも探らせ、慎重を期すべきである。法はその運用よろしきをえなければならぬ。

平塚操軒は律を薬にたとえた。律に該当せぬときはそれを準用し、内情を察して処断するがよく、それがのちの手本となって、律を新に作ったことになる。軽罪または連坐したものが牢死することが時々あるが、これは最も残念である。牢は空気の流通をよくしなければならぬ。

（2）郡奉行心得方　郡奉行は、百姓の風儀を淳朴質素にするのが要務で、これによって百姓は自然に農事に励み、遊惰の源が絶えるようになる。また休日には心学などを教えるがよい。百姓は小児のようなものだから、人気にはまることが必要である。ちょうど子供に月代をするとき、はじめは随分いやがるが、しあがるとさっぱりする。はじめに甘やかすと朝四暮三になり、反対を気にすると何もできない。

郡奉行は耕作巧者を撰び、土地に合うようなものを植付けさせて寸地もあけぬようにし、国益を営ませ、都市遊惰の風にそましめぬようにしたい。近来百姓で商人を羨み、商売するものがふえたが、これらは制度をたてて市中に出し、農村に商人の風が移らぬようにせねばならぬ。もっとも甚だしいのは足袋をはき草履を蹋《ふ》んで耕作するものがあるが、これは小事ではない。博奕飲酒はもちろん、婚礼葬式衣服等の制も奢侈に傾かぬようにしなければならぬ。近来天下の大患の物価騰貴は、百姓減じ商人多きためである。

（3）町奉行心得方　町奉行も郡奉行同様淳朴質素の風儀を教え、奢侈の源を防止すべきである。豪富の者に格式を与えるのは、武威も落ち、町民も身分を忘れてしまう。町人百姓は武士に無礼なきように教え、武士また士たるの本分を失わぬようにせねばならぬ。近来武士が借金のため町人に侮られるものがある。町奉行はこの辺のところをよく取締るべきである。

また、罪人吟味はたしかな証拠がなくて拷問打擲して詰問するのは善吏ではない。義を以て詰問するのが善吏である。とくに婦女子や百姓に対して、叱りつけて口述を害してはならぬ。賄賂など、とくに慎しむべきである。

（4）収納米取方の心得　収納は厳重に申付けねばならぬ。近来はどの国も収納がすくなくなり、その上、検見《けみ》役人がすこしの得分でごまかされることがある。天災不作のないかぎり、収納は厳重にすべきである。百姓は馬と同様、一度悪い癖をつけると、その癖がぬけがたい。憐愍《れんびん》（あわれみ）は時に毒となるものである。近来は百姓上を侮り、米価高値につけこみ、市中は無頼の徒の煽動で富家を打ちこわす弊がある。役人はこれをおそれず、厳しく吟味して禍根を絶つべきである。近ごろ百姓の歎願で百姓の収納を多分に免ずるのはよろしくなく、役人をおどし、徒党を企て、武威は衰える。今世天下の大患は、人情奢りに長じ、皆骨折りを厭うて農事に力を尽さぬからで、農は国の本、国々勧農の役人を用いて農事に骨を折らしむべきで、そうでないと、耕さず織らず衣食する者が年々増し、物価は年々騰貴し、世間一統財産不足、人情ただ利にはしり、耻を知らず、懐手して安逸を思うような時風になる。だから、凶歳にあえば瓦解するのである。とくに近来百姓が奢侈に流れるから、質素を本とし、人民暑寒の苦しみに堪えて農事に尽させねばならぬ。

さて、時弊を防ぐには大下剤を二三年も続けねばならぬほど、積年の病弊が浸潤しているから、一片の触書では蛙の面に水である。

人には慾がある。武士は学問でこの慾を制しうるが、町人百姓は上から教えねば治めがたい。しかし、慾望の道を絶つために、遊所、料理屋、芝居などは除き去るがよい。蝦夷人は慾望をおこすものがないから、大古のままの淳朴さがある。しかし、蝦夷人と同じようにせよというのではなく、善心を起す道具を設けることが肝要である。徒らに堯舜の世を謳歌するのは、儒生の言である。

×　　×

以上で下篇は終る。涼庭はあくまで農本主義を堅持し、倹約を重視するが、その中でも、真の国益は地より物を産することであり、倹約を教えるよりは産業を励ますが近道であるなど、かなりの積極論もみられる。以上を通観するとき、涼庭は、かなり諸国の実情に通暁しているようであるが、時代が土地経済から貨幣経済に移って行くことを十分念頭におかない抽象論もみられる。

町人に対しては、財力によって武士を圧迫するものとの見方で、その勢力の進長するのを圧えようとする。このため、諸侯の借金を戒しめ、御用金を出させてその反対に町人に格式を与えることを避け、賄賂を厳に禁じている。

百姓に対してはこれを愚民視し、百姓は子供のごとく取扱えとか、百姓は馬のごときものだから、悪い癖をつけるとつけあがるとか、まったく支配者側の立場にたった論が多くみられる。ここには農民の重課にあえぐ姿、それをはねかえすための百姓一揆の意義を、高く評価することもなく、本居宣長のごとく、一揆に同情する評論もない。

第五章　順正書院

第一節　概説

知られぬ旧蹟　京都市の周辺には、閑寂な旧蹟が多いのであるが、いまや、新らしい時代の波は容赦もなくその境地におしよせつつある。南禅寺畔もまた、その例外ではない。かつて凉庭が塾生や飢餓に瀕した少年とともに材を伐り石を運んで建設し、草をわけて雅友を案内した南禅寺山門西方も、いまや料亭が建ち並び、順正書院もまた料亭「順正」となった。さいわい書院の建物は旧態を存しており、庭の一部にかつてのおもかげを止めている。ここが新宮凉庭の学問所であり、諸侯や文人墨客が訪れた一種のサロンであったことを知る人はすくなく、**史蹟碑**すらない。しかもここは、凉庭が医学に八科を分ち、系統的な教育を行った、わが医学教育史上特筆さるべき場所であり、名儒が書を講じて市民の教養向上に資した場所でもあった。

凉庭は多くの養子をとって分家を作り、協力して書院を守り、その学統をながく後世に伝えようとし、そのためにに故郷の丹後に田を購い、これを学田として書院を永久に維持するための資とした。この念願は、凉庭の死後も維持され、明治維新以後も、まだ新宮一門の協力活動は続いた。しかし、大学が設立されて学問の一大中心となるにしたがい、新宮一門もこれに吸収され、やがて一族もしだいに四散した。それでもなお、敗戦までは、書院は一門の手にあったが、一族中、この共有財産を人手に渡そうとする人があらわれた。若干の紛糾があったし、また、この名蹟を何とか旧態のまま保存したいと考えた人もあったが、その努力も空しく、人手に転々として、ついに現在の状態にたちいたった。

順正書院とは　順正書院については、『順正書院記』と『順正書院詩』の二書があり、これらと、『言行録』とをあわせると、その概要が明らかになろう。

この二書は涼庭没後十五年の明治二年に出版されたものである。『順正書院記』のなかの巌谷迂堂の序によれば、「山人歿して年あり、其の三子涼琨・涼閣・涼介相謀り、編輯して一書と為し、之《し》を梓に上《のぼ》し以て同志に頒《わか》つ」とあり、新宮貞亮の小引によれば、「順正書院記十二篇、諸名家先子鬼国先生に贈る所也。先子之を装して以て楣《のき》に遍《へん》す（掛け額とすること）。不肖貞亮等保護珍重敢て懈《おこた》らず。而して尚恐る経年の久しき、損蝕散逸無き能わざるを。又慮る火災盗竊或は不慮を発するを。乃ち梓に上して以て不朽に謀る」とある。十二篇を装したものは、いま京大図書館に蔵されている（口絵参照）。

本書は序と小引につづいて書院の絵がある。明治二年のもので、山陰黄仲祥の描くところ、今日と大差はないが、西の部分がやや広いようである。ついで越前松平春嶽の「落葩《は》（落花の意）水面皆文章、養賢堂主人」、間部《まなべ》詮勝の「順正書院松堂」、伊達宗城《むねき》の「順正黌」、林懿の「名教楽地」の題字がある（口絵参照）。本文はじめに「順正書院記　福井藩　新宮貞亮文卿編次」とあり、次の十二名の文がある。『順正書院詩』の末文の「作者姓名」を借りて、字、号、その他を加えると次の通りである。

篠崎弼　字承　号小竹　大阪人
後藤彬　通称半蔵　久留米儒臣

頼　醇　字子春　号三樹　京師人
近藤義制　字商臣　号睡翁　丹波福知山人
木山絅　通称三介　号楓溪　備中新見儒臣
佐藤坦　字大道　号一斎　東京人
川田興　字猶興　号藻海　東京人
上甲礼　字師文　号南洋　伊豫人
長戸譲　字士譲　号得斎　美濃人
奥野純　字温夫　号小山　大阪人
斎藤謙　字有終　号拙堂　伊勢人
後藤機　字世張　号松陰　美濃人

＊　　＊

『順正書院詩』の方は、はじめに凉庭の遺品らしい椅子、花瓶等の絵があり、藤井竹外の「詩教争雅出奇無窮　竹外」の題字がある。ついで春嶽の詩と夬斎の詩があり、本文は「順正書院詩　福井藩　新宮貞亮文卿編次」にはじまる。これに詩をよせたものは、前と同様『順正書院詩』末文の「作者姓名」によると、

牧　輗　字信侯　号百峰　美濃人
八角高遠　字仲招　号又新斎　陸奥南部人
川田興　前出
宮沢雉　字神遊　号雪山　武蔵秩父人
中嶋規　字景寛　号棕隠　京師人

上甲礼　前出
韓中秋　字大明　号藍田　肥前佐賀人
梁川孟緯　字公図　号星巌　美濃人
張氏景婉　字道華　号紅蘭　星巌妻
斎藤謙　前出
梶川景典　字士常　号大窪　丹後宮津人
藤沢甫　字元発　号東畡　讃岐人
木世興　未詳
新宮義悟　通称涼哲　号翠崖　京師人
藤井啓　字士開　号竹外　摂津人
鈴木瑠　字敬玉　号蓼処　越前人
鷲津宣　字重光　号毅堂　尾張人
津田臣　字仲相　号香巌　紀伊人
神山明　字季徳　号鳳陽　美濃人
阪谷素　字子絢　号朗盧　備中人
平塚清影　字士松　号瓢斎　京師人
新宮義慎　字子淳　通称涼民　号燕石　京師人
新宮義健　通称涼閣　号寧寿堂
新宮貞亮　号文卿　通称涼介　号榴溪

蒲生秀復　字不遠　号老山　近江人
堀内渉　通称宇七　号北溟　丹後田辺人
村田淑　字蘭雪　号香谷　筑前人
村田哲　字季秉　号梅村　尾張人
清敬直　字其正　号梅東　山城男山人
林　昇　号学斎　東京人
竹内幹　通称玄洞　号西坡　加賀人
石川信　通称玄貞　号桜所　陸奥人
伊東貞　字文仲　号鞏塘　東京人
中村正直　字政堯　通称敬輔　東京人
巌谷修　字誠卿　号迂堂　近江水口人
小林発　字公秀　号卓斎　京師人
亀谷行　字士蔵　号省軒　対馬人

最後の跋は小林発の撰にかかる。

×　×

右の『順正書院記』中の近藤義制の一文が、書院についてよく説明しているので、その要旨を左にかかげる。

近藤はまず涼庭について次のごとくいう。

涼庭新宮先生、既に軒岐《けんき》（医の先祖）に学び、又墳典（三墳五典の略、中国の古書）に耽る。人の夭枉《ようおう》（若くして死ぬこと）

を憫み、衆を済《すく》うに切なり。毅然として志を立て、嘗て瓊浦《けいほ》（長崎のこと）に学ぶ。淡を食し苦を攻め、術業精詣、痾《あ》を癒し痼《こ》を起し、遂に居を洛陽に移す。貴は則ち列侯牧守、賤は則ち市井草莱（荒れた土地）、凡そ疾ある者之を延て以て其治を仰がざるはなし。又能く経史を熟読す。進んでは則ち政事に賛画し、裨益する所多し。退ては則ち後進を誘掖し、成立する所有り。常に謂う。人性之美天に禀《う》くと雖ども、而も之を成すは人に在り。万物之霊を以て草木と同じく泯滅《みんめつ》する亦悲しからずや。

と。ついで順正書院を建設する志を立て、これを経営することにうつる。

是を以て人の道を問い業を進めんと欲する、猶饑者の食を求め、渇者の飲を求むるがごとし。世の医にして儒を窺い、粧《しょう》点《てん》（かざり）以て售《う》ることを世に求むるものに比すれば、奚んぞ啻《ただ》に霄壤《しょうじょう》（天地の差あることをいう）のみならんや。蓋し洛陽巨儒輩出すと雖も、唯家庭に講述し、未だ学校の設、淳古（昔を尊ぶ）之治を想望する者あらず。恨む所無き能わず。先生坐視するに忍びず、義を奮い金を捐し、南禅寺内隙地を買い、自ら其門生を拉し、其の親眷《しんけん》を随え、草を刈り木を伐り、工を鳩《あつ》めて経営し、新たに書院を作る。榜《ぼう》して順正書院という。鯖江侯の筆なり。門内に祠堂一龕《がん》を作り、以て夫子を祀る。前に石を建て以て門形を為す。刻して名教楽地と曰う。林祭酒の筆なり。土木の功日ならずして成るを告ぐ。是に於て経史を堂に蔵し、卉薬（薬草の意）を圃に蒔く。

さらに、この書院における講学の模様については、次のごとく続ける。

師儒を請うて以て書を講ずること大凡毎月三会にして止む。志有る者斯の堂に升《のぼ》って以て其講を聴くを許す。会の日先生及び門人先ず至り、室内を掃す。一室に文宣王の画像を壁間を掲げ、一室には炎帝氏の画像を掲ぐ。先生陞坐、医書を講じ畢《おわ》る。又経を先聖の位の前に講ず。既に畢《おわ》れば復進講者陞坐す。士庶忻《きん》然として維新の志あり。夫れ昭代之凞《き》隆、陋習既に除かれ、美俗漸く成れば、則ち庠序《しょうじょ》（学校の意）学校必ず備有るを知る。然れば則ち先生之私かに書院を置く之を倡率課督する者か、将た気運の然らしむるところか。抑も人を済い物を愛するの情已むを得ざるものあるか。嗚呼此挙や、国家民を化し、俗を成すの意、豈一時の恵に止まらんや。之を後生に沢し、亦将に窮無かるべし（下略）（圏点原文のまま）。と。この文は天保十四年の夏になったものであって、近藤義制が涼庭の門人であっただけに、他の文に比してかなり具体的に書かれている。以下項をわかって書院のことを述べる。

第二節　書院の創建

目的　順正書院創建の目的は、前節で明らかなように、ここで蘭書を講じ、また儒学の師を招いて講義し、ひろく希望者に聴講させるためである。涼庭の「天保己亥三月順正書院を経営するの四首」によると、

黌舎塵に委して七百年
誰か一臠《れん》①を将《もっ》て文宣に報ぜん
林を買う千頃《けい》②人知るや否や
児孫の為に美田を問はず

①　切り肉。　②　面積の単位。

梵刹《ぼんさつ》①　崔嵬《さいかい》②帝畿を圧し
五金七宝翬《き》花③を闘かはす
唯吾れ奉祀せん文宣の聖
僅かに軒岐《けんき》と半扉を分たん

①　寺院。　②　高大なさま。
③　飛ぶ花。

これは、学校を創建するに際し、涼庭が文宣王（孔子のこと）に報じようとする意気込みを読んだものである。

これも寺社軒をつらね、高大なさまは京を圧し、名宝の多い京都にあって、自分のみは孔子をまつり、軒岐（軒は黄帝軒轅氏、岐は岐伯、ともに医祖、転じて医術）、医術に精進しようとの意をのべたものである。

さきにあげた「順正書院記」中に、諸家の述べているところの二、三を参考までに引用すると、つぎのとおりである。

篠崎弼…齢五十を過ぐ。乃ち自ら少時貧学の苦を憶い曰く。天下後進の貧に挫くる者衆し。是れ惜しむべき也と。乃ち地を京の東、南禅寺境内幽寂之処に撰ぶ（中略）。
今の上下姦声乱色、淫楽慝《とく》礼（悪い礼）を以て其聡明心術を害せざる者或は寡し。是涼庭之医国之志有る所以也。今其の諸侯に献ずる所の説を書院に移し、天下之人材を育成し、以て国家太平の恩沢に報ぜんと欲し、千金を惜まずして此の盛挙を成す。その財に於けるや、散ずる所を得ると謂うべし。其の時に於けるや、務むる所を知ると謂うべし。其の仁術や、克く拡げて之を充すと謂うべし（下略）（圏点原本のまま）。

上甲礼…君夙に医を以て海内に名あり。而して慨然憂世の志有り。斯書院は蓋し洛下教学の衰を憂ひて設く。其の言に曰く、天下政無かるべからず。政は教に由らざる可からず。教は則ち格物窮理より以て其の気質を変化するに至る。必ず人材を育て世用に充て、人人の心術身体、日用事業、皆順正に繇《よ》りて後止ましめんことを期すと。

右の外、十二人の記者の述べるところ、ほぼ同様である。すなわち、

第一に涼庭は医者であるが、医国の志あり。幕末諸侯の財政窮乏を嘆き、財政の立なおしに献策するところがあり、また金を用達ててかなりの成果をあげた。しかし、これは現実の対策である。しかも、世は滔々として淫靡の風が支配している。かかる中にあって、将来のために人材を養い、彼らによって、さきに諸侯にもとめたところを実行させるならば、これは将来の対策となるであろう。

第二には、凉庭は少年時代に困窮の中に志を屈せず、よく努力したが、世には往々にして才がありながら、貧窮のために志を伸ばせぬものがある。よって、書院で講演会のごときものを開き、無料で聴講せしめたならば、人材育成にもなるであろう。また、この書院の永続によって、新宮の家学もまた永続するであろう。

第三には、凉庭は京洛の地に久しく書院の設けがなかったので、興学のためにこれを興したことである。凉庭の前掲の詩に、「黌舎塵に委して七百年」とある。この意味はやや解しかねるところがあるが、勧学院などが閉鎖されてから、というほどの意であろう。これを後藤彬の記によれば、宮中に淳和・奨学の二院を置き、源平二氏の士を教えた(これは若干事実に反する)。而して書院の講習は聞かない。鎌倉・室町は兵乱のため士大夫の教は廃弛した。江戸開府にあたり、弘文館を開いて旗本の士を育て、諸侯も学校を開くこと日々盛んになったが、書院の講習は開かないから、順正書院こそ本朝書院のはじめであると述べている。

ここで疑問となるのは〝書院〟という字句とその機能である。江戸時代に入って、中江藤樹の藤樹書院、伊藤仁斎の古義堂その他、また蘭学では江戸の大槻の芝蘭堂、京都の小石の究理堂その他、いろいろの例があるが、これらは一体いかに考えられているかである。推測するならば、それは今日の成人講座にも比すべきもの、聴講無料、入場随意という点を〝書院〟という字にふくませ、同時にそれは図書館をも兼ねしめたものらしい。

なお、凉庭のこの書院の構想を、凉庭の売名行為として非難したものもあるらしい。このことは『順正書院記』の中に、そうでないことを反駁した文章のあることによって、明らかである。

〝順正〟の意味　間部詮勝が「順正書院」と命名した意味については、諸家おのおの自家の見解を述べているが、篠崎弼の文がもっとも原義をえているであろう。

篠崎弼……順正の二字蓋し之を楽記《がっき》に取る。然して学問の要此に尽く。逆はざる之を順と謂い、邪ならざる之を正と謂う。是天運之常、四時行はれ百物成る所以なり。人の生るるや性を天に受く。豈順且正ならざるものあらん。其逆にして順ならず、邪にして正ならざる者は、事物之を感じて心知常に変ずる也。学問の要は他無し。其の感ずる所を慎しんで変を常に反《かえ》すのみ（中略）。善く治療する者は、血気の逆邪を調べ、順正の常運に反らしむ。善く教導する者は心地の逆邪を矯めて順正之常用に反らしむ（下略）。

頼醇…夫れ協和安静、聖道に従事し敢て邪説異端を騁せざる者は順也。高毅醇粋、身を修め人に及ぼし、人欲の為に節を失わざる者は正也。朱考亭先生言有り曰く、吾之心正ならば則ち天地の心亦正し。吾之気順ならば則ち天地の気亦順なりと。凡そ此院に学ぶ者、起坐之を仰ぎ、以て推拡其の徳を涵養せば、則ち修身斉家治国平天下の極に至らん。然れば則ち学校政を行うの本にして、順正道を脩むるの要なり。嗚呼間部公之意其れ此に在らんか。

佐藤坦（一斎）…順正なる者は坤《こん》徳也。地道也。夫れ人各々居る所の地あり。行う所の道あり。君子は其の位を素として行い、其の外を願わず。富貴貧賤、夷狄患難、入りて自得せざるはなし。是を順と謂う。順ならば則ち正なり。乃ち承けて天に順う也。

これらの文章を通じてうかがわれることは、学は順正によりて成り、風俗を矯正しうる。また、正学を可とする。医もまた人体の自然に順うならば、健康を保ち得、また、病むも治が早いという学医両面から説いていることである。

建設　書院の建設については、ほぼ前節で明らかであるが、涼庭自ら一族門弟を督し、職人をあつめて建てさせたのである。『鬼国先生言行録』にも、

居常篳轂の下黌舎の設け無きを嘆惜し、遂に一万金を抛って書院を東山南禅寺畔に建つ。是より先、鯖江侯所司代たり。

先生其館に出入す。嘗て五千余金を貸し、其用度を助く。屢侯に告ぐに黌舎建設之事を以てす。侯大いに悦び、自ら順正書院の四大字を書して之を賜う

とある。また、先に掲げた涼庭の四篇の詩中の他の二篇は、書院創建のさまを述べたものである。

書生鉛槧《えんざん》①の手を借り得て
鋤を荷い簣を負うて荒榛②を払う
山僧笑う勿れ吾が堂の小なるを
納れず黄金丈六の身③

① 文筆。
② 乱れ茂る林。
③ 仏像の意。

×

閑を偸《ぬす》みて日々鳧《ふ》川①を渉る
院は東山古寺②の前に在り
雨笠晴中常に路に慣る
松梢閣露是れ南禅

① 賀茂川。
② 南禅寺。

×

とあって、涼庭が書生らとともに建設に苦労し、室町から南禅寺畔に往復したことをしめしている。なお、『順正書院記』に後藤彬は、次のように述べている。

此地久しく廃地たり。翁之を得て手ずから荊棘《けいし》を抜《ひら》き蓁莽《しんもう》を芟《き》り、工に命じて之を営み、数千金を費す

他に若干建設にふれたものもあるが、大同小異である。また、書院の庭は多くの小石をもって充たされている

が、これもすでに述べたとおり、天保の飢饉に際し、餓民に賀茂川原から石を運ばせ、そのうちよいものを取り、他はまた川原へ捨てさせ、その労働に対して賑恤《しんじゅつ》の意をかねて報酬を与えたものである。その完成期は明らかでないが、糸井仙之助氏は前掲の一文で天保十三年頃にはすでに完成していたと述べられている。

書院の構造　書院の構造の大要は、別に図示したとおりである（口絵参照）。もともと、この地は東山の麓、閑静の地であった。川田興の記によると、

比叡之巍峩《ぎが》（そびえたつさま）仰ぐ可く、如意の岧嶢《ちょうぎょう》（山の高いさま）攬る可し。群嶂列峙茂松脩竹鬱乎として相映ず。寺楼民廛《てん》（民のやしき）断続して村を為し、鴨水清徹、迂餘《うよ》（めぐるさま）廻流す。其幽邃閑暢、脱塵之境と謂う可し。而して書院は其最勝の処に当って之を設く。則ち清静の趣知るべし。

とあり、他の記者もまた、かかる環境が人材を育てるに好適の地であることに言及している。涼庭また古人にならい、この佳境に「書院十二景」をみたてた。それは、

梅圃の春風　春暁の早鶯　曲塢（まがった土手）の躑躅　幽篁の夜雨　梧竹の濃陰　蓮池の遊魚　北窓の清風　秋晴の胡枝
露庭の虫語　楓林の夕陽　書閣の寒月　枯林の快雪

の十二であり、一月より十二月までの佳景をとったものである。石川丈山の詩仙堂もまた、凹凸窠十二景を作っているが、これは別に各月の景を採ったものではない。川田興は「夫れ書院の東北半里許り、修竹林を成し、古松独り秀づる者は、丈山石川翁之居に非ざるか」といい、丈山が青壮気鋭に、晩年世俗を離れて志を養ったことをもって、暗に涼庭の志望に対比している。

建築そのものについては、『順正書院記』中にあまり記するところがない。後藤彬は、「書院の東北土肥之壌

燥なり。往《さ》きに将に夫子廟を建てんとして今（天保十二年正月）未だ成らず」とあり、斎藤謙は「祠を建てて宣聖及医祖を祀る。講堂生舎以下悉く具わる。多く漢蘭書籍をその中に貯わえ、以て生徒の資に乏しき者を待つ」と述べ、上甲礼は「宣聖の廟、講習の堂、その燕居の室、諸生の塾とともに、整整然として備わる……而して門人子弟及び洛の士、日に其間に誦読せしむ」と記している。すなわち、この書院は治療所でなく、講学および来客接待の場所であった。

第三節　書院の経営

講学　順正書院は講学の場所であり、客を待つ場所であった。医療はもっぱら室町の邸で行われた。『順正書院記』では、長戸譲は「来学の士を待ち、講師数輩を招延し、諸生をして質正する所あらしむ。歳に貲《し》（資金）若干を付し、以て其費用を供す。既にして来りて学に就く者日月とともに漸く盛んなり」といい、奥野純は「日に諸生を率いて書院に至り、諸老先生を請い、講磨切劘《び》す。既にして諸生益々進み、四方笈《きゅう》を負いて京に遊ぶ者争って其院に入る。公卿大夫駕を枉げて来り、講説を聴講す。嗚呼盛んなるかな」と述べている。

右は、形式的な書院記のうちから抜粋したものであるが、もっとも詳しいのは、概説に引用した近藤義制の一文であろう。『鬼国先生言行録』では、

先生講釈の外、毎夜塾生をして討論せしめ、又毎歳寒中三十日間、暑時二十日間を以て討論会を設く。又毎月三次、儒師を順正書院に迎えて経学文章等を講じ、先生亦自ら翻訳書或は傷寒論を講ず。常に言く、医学は会読討論躬自ら苦辛するに

非ざれば心根を貫徹せず。譬えば軍談を聞き、戯場を観るが如く、事去れば則ち茫々乎として影を捕うるが如し。乃ち正邪紛々危急存亡之秋に当り、安んぞ虎穴に入りて虎児を得るの功を奏するを得んやと。

とある。はじめの討論会が順正書院で行われたのか、室町の自邸であったか明らかでないが、凉庭が討論によって学問の印象を深からしめようとしたこと、および、武術における土用稽古・寒稽古のごとき試みをして、塾生を鍛錬したありさまが想察できるのである。

凉庭の講義は、翻訳書、傷寒論とあり、中国の書籍は、『駆竪斎家訓』にあるような、種々の医籍のほかに、一部の門人には直接蘭書を講じたと思われる。言行録にある宮本元甫に蘭書の購読を託したのは、凉庭の保身を必要とするときであり、また、『鴨軒遊戯』に引用されている石渡宗伯（嘉永五年秋入門）の書翰では、凉庭は自分の訳した『窮理外科則』と緒方洪庵訳の『扶氏経験遺訓』ならびに宇田川榛園訳述の『西説内科撰要』の三書を輪読したとなっているのも、晩年のことであろうから、蘭書は学鋭きものに読ませよという凉庭の主義（『家訓』参照）どおり、一部の者には蘭書購読の指導はしたと考えてよいであろう。ただし、その程度については疑念がないわけではない。というのは、『鬼国先生言行録』の宮本元甫の割注に、凉閣は、自分はオランダ語に関しては、多く元甫翁の益をうけているとのべているからである。治療と翻訳に多忙であった凉庭としては、そこまで十分に手がとどきかねたということも、あったであろうと思われる。

凉庭の門下生であった横井俊介は『凉庭先生言行録』において、次のごとくのべている。

先生広く当時の儒者に交際し、例月三次講筵の外に書画会詩会等を設けられたり。歳暮には俗間の鏡餅に準じて儒家え餅米一斗づゝ贈られ、日向炭一俵を添うる家もあり。俊介は例として其使を命ぜらる。故に各儒家の請取書謝状の鄭重なる、俗文、又は漢文或は詩等を蔵せしが、毎年の事なればさほど貴重せざりし。故に人の請ふまゝに与えたり。後に聞けば頼三樹三郎氏の謝状の如き、某氏は之を他に売却し、更に他に移り、数転して今は知る人の蔵となり、高金にて買得したりと。今にて思えば当時は正義家と称する人が多かりし故、僅に各家の一通ずつは保存したるを先年新宮家に贈り、同家に保存あらんことを請えり

と。それらも今は散逸して見るをえない。

八学科と塾則　順正書院のもっとも大きな特色は、医学教育に八学科を設けて系統的に教育したことにあり、ここにも涼庭の組織的な一面がうかがえるのである。この八学科とは、『鬼国先生言行録』によれば、「子弟を教うるに八則を立つ」とあって、つぎの八つをあげている。

生象学則　生理学則　病理学則　外科学則　内科学則　博物学則　化学則　薬性学則

ここにいう〝学則〟というのはいかなる意味か、かならずしも明確ではない。たとえば、生象学則では生象学の学び方のごとき規則があったとも解せられるのであるが、それらの学則が残っておらない。したがって、一般にいわれているように、八学科の意味に解しておく。富士川博士は、『日本医学史』において、その医学教育の項に、

西洋医学ニハ江戸ニ大槻・宇田川・坪井ノ諸大家アリテ、各私塾ヲ開キシモ、医学ニ順序階級ヲ立テテ子弟ヲ教導セルハ、京都ノ新宮涼庭ヲ以テ第一トスベシ

とあり、『新撰洋学年表』においても、大槻如電博士は大槻盤渓の言をひいて、涼庭の業績を賞讃しておられる。なお、広瀬元恭も七科の軌範を設けて子弟を教導した。これは涼庭をならったものと思われる。その内容は、究

理、解体、生理、病理、薬性、舎密、古賢経験で、この順序に講習させた。涼庭の使用した教科書は、自からの翻訳するところが多かった。いま『鬼国先生言行録』によってその内容をしめし、（　）内に涼庭の訳書を付記すると、

ゴルトル氏内科書、同外科書（『窮理外科則』）

プレンキ氏解剖書（『解体則』）、同外科書、同婦人科書（『婦▲人科書』）、同小児科書（『小▲児全書』）、同黴毒書、同外薬学則書（『外▲薬則』）、同局方書（『方府』？）、同化学書、

ブールハーヘ氏万病治準、スウイントン氏軍中備要、モンロ氏水腫治療書、コンスブリュク氏内科袖珍（『泰西疫論』）、

医学院解剖則、同外科則、同博物学則、同病理則、同薬学則、同産科則、同化学則、同生理則（『生理則』？）

右のうち▲を付したものは、『鬼国先生言行録』の著書の項に出ていて、残存しておらないものである。また、最後の八書に本文中に〝医学院〟とあるのは、注目を要する。すなわち、涼庭が八学科を設けたのは、蘭方医の系統的な教育としては最初であるが、その源流はこの医学院*ではなかろうかと考えられるからである。

＊ **医学院**　京都の御医畑黄山が天明元年（一七八一）に創立したもので、教課は医経・経方・児科・女科・瘍医・鍼灸・本草の七部、それぞれ教科書を定め、毎年試験を行って科をすすめた（富士川『日本医学史』四二五ページ参照）。

ただし、ここにある医学院の各学則なるものが、畑の医学院であるのかどうかは、まだ研究していないが、畑は漢方医であり、涼庭のあげたものは、それに比しては新らしい傾向にあるので、後考をまつこととする。

つぎに塾則については、涼庭時代のものは残っていないので、明治に入ってからであるが、涼閣が用いていたものを左にかかげて類推する程度にとどめたい。これは「明治九年改」とあるので、それ以前もこれに準じたも

のではないかと思われる（原文句読点なし）。

寧寿堂塾律

一　御布令之趣謹慎固守可㆑仕候。火用心尤大切に可㆑致候事

一　吾医者人命に関係するの業なれば、第一に療術を熟練すべきなり。是故に博く皇国支那西洋の書に渉り、格物窮理を勉め、師伝規則を守り、経験習熟する事に心を用ふべし。若し技術拙なければ人命を冥々に誤り、仮令仁義の心なりとも終に残賊の罪に陥る也。我門に遊ぶ者最も是等の義理を会得し、専ら医学を研究すへき事

一　遊学生父母親族の洪恩を蒙り、修学年を積むの間其費用少なからず、必ず旦暮倚門の情実を忘却すべからず。然るに其鴻恩を顧みず、或は出遊に耽り、悪友に交り、或は酒狂喧嘩等いたし、学業に怠慢なる輩は師友に背くの悪徒なれば、親疎の差別なく当塾に暫時も差おき申間敷事

一　塾中相互に扶助切磋いたし、医事討論の外は雑談高声を禁す。朝起夜臥は必ず定限あるべし

一　諸生の他門に通ひ候事に禁なし。各門長ずる所を得ん事を要す

一　昼夜に限らず外出の時、其事故を先生又は塾長に告べし。無案内花街青楼に止宿致す者は速に退塾可㆓申附㆒候事

一　師は勿論親戚朋友其他賓客有㆑之候はゞ、挨拶慇懃不敬致さゞる様に可㆓心得㆒。且つ先入を敬し後進を導き、坐臥飲食門戸出入等に就て先後長幼礼義有㆑之べき事

一　入塾の時は其宿許より請状一札差出し可㆑申候事

右之通

明治九年春改　　寧寿堂管事誌

×　　×

請状之事

一　今般其御許え入塾稽古被ㇾ致候生国何州何郡何村長次男誰と申者、我等前々より身元慥に存し居申候。依ㇾ之此度請人に相立申候処実正也。然る上は御布令之趣は申に不ㇾ及、御塾法堅く為㆓相守㆒可ㇾ申候。万一心得違有ㇾ之候節は、御掟通りに御申附可ㇾ被ㇾ下候。聊申分無㆓御座㆒候。其外病気は勿論、如何体の出入懸り合等出来候共、早々我等方へ引取埒明、其御許え御難儀相掛け申間敷候。且又飯料之儀は毎月無ㇾ滞相納させ可ㇾ申候。若遅滞仕候はゞ、我等より相弁可ㇾ申候。為㆓後日㆒一札仍て如ㇾ件

年号月日

入塾人　何　某　印

何通何町

請　人　何　某　印

寧寿堂

御管事　小篠興作殿

御塾司　秋吉鉄弥殿

×　入門式　×

一束脩	金五拾銭	先生え
一	同三拾銭	若先生へ
一扇子料	同二拾銭	管事へ
一	同　拾銭	塾司へ
一饅頭料	同弐拾銭	塾中へ

入塾式

一金弐拾銭　御内政へ
一同　五銭宛　下婢へ
下男　壱人分

退塾式

一金五拾銭　先生
一金弐拾銭　若先生
一同拾五銭　管事
一同拾　銭　塾司
一同拾　銭　御内政
一同弐拾五銭　塾中
一同　弐銭宛　僕婢へ

右之通

×　　　×

右の塾律をみると、御布令（御触）を守れといい、医技をみがけといい、涼庭の教訓がおりこまれており、これらは以前のものと大差はないのではないかと思われる。小石元瑞の究理堂学規・掟書も内容はきわめて類似したもので、法令の遵守、医学の心得、親への孝養、逸遊の禁止等が説かれているが、小石家が他門との学術交流を禁じていたのに対し、寧寿堂のそれは、交流による採長補短を認めている（ただし幕末は不詳）。

請状も当時一般に行われており、入門、退塾すべて同様である。いま、他と比較することは省略するが、拙稿

「小森玄良伝研究」には、小石、小森両家のものを掲げておいた。なお、入門、入退塾にかなりの費用を要したことは、当時米一石六円前後ということから逆算すればわかることと思う。すなわち、入門、入塾時米一俵分の費用を要したのである。

書院の維持　涼庭は書院を後世にのこすため、その維持になみなみならぬ努力を払った。そのことは『鬼国先生言行録』に、つぎのごとく述べられている。

書院地方三十六歩北に薄田二段あり、又丹後加佐郡田辺瀕海の北村福井村海岸の地を官に請いて新田を墾し、大円小円の二山を崩して海を埋め小村を作り、名づけて新宮村と云う。細民七戸居す。永久に書院の学田に充つ

その他越前藩に貸した金が返済されず、その代りにもらった五百苞、同じく盛岡藩からの年金百両、その他輸金三千六百両（伊勢国学校資金）の利子三朱もことごとく書院の資とし、さらに資金としてみずからも五千両をさいた。涼庭が死ぬときの本家分家の子弟への遺命を言行録はつぎのごとく伝えている。

予順正書院を建て、軒岐文宣を祭り、儒書及び漢蘭の医籍を貯え、学資の金米若干を附す。精神の注ぐ所、志意の存る所、汝等本末須らく体得謹守せよ。其金米は私用を許さず、但し汝等本末或は不慮の事変有らば則ち衆議其金を用い以て之を救助するは妨げざる也。

とある。また『駆豎斎家訓』には、書院の維持について懇々とさとしたこと、すでに述べたとおりである。

涼庭が故郷の地に学田を設けたことは、田辺藩の大夫牛窪攬暉のすすめによったこと、『駆豎斎文鈔』の「牛窪君に呈す」その他にみるごとくである。曰く、

大夫碩の陋劣を棄てず、遙に人をして高旨を諭さしむ。縷々懇に告ぐ、学田墾闢の事に及ぶ。顧るに墾闢の利、事は天下

読書の種子に係る。則ち特《ひと》り碩の利ならず亦国家の利也。大臣の心を用うる誠に宜しく此の如くなるべし。蓋し碩が書院を興すや功成るに垂んとして、力未だ能く果さゞる所の者有り、優遊日月を送る。而して未だ嘗て計を他人に仰がず。今や図らずも大夫反って碩に求むるに此事を以てす。碩の栄固より大、独り之を碩の栄と謂えば則ち一人の私也。書院の存亡は則ち名教の盛衰する所以也。之を君子に語る、君子以て美談と為し、之を識者と論ず、識者以て盛事となす。大夫道を尊み学を好むの厚きに非ざれば、安んぞ言此事に及ばん。其れ誰か敢て感戴せざらんや。

と、牛窪攬暉が書院の建設に並々ならぬ配慮を示していることを述べ、さらに『但泉紀行』に、

午飯し訖って牛窪大夫を招飲す。大夫学を好み嘗て昌平黌に学ぶ。人となり果毅、慫慂《しょうよう》（すすめる）して学田を開かしむ。規度も亦博し云々

とある。なお、書院の維持にかんして、凉庭の書翰数通が西舞鶴図書館の糸井文庫にのこされている。左に一括して、凉庭の苦心をみることとしよう。

まず天保十三年正月、田辺藩の林丹下から凉庭におくった書翰である。

新春之慶賀千里同風芽出度申納候。先以貴家御揃愈御安栄可レ被レ成二御加年一珍重奉レ存候。然ば旧年得二貴意一候学校御修覆手当として金千五百両追々に御出金有レ之、右利足年々両度ツヽ返済永々御預り申度訳合之儀、重吉郎え得《とく》と申含メ差出候間、御聞取之上御存寄ニ相叶候ハヽ、永世相預り申度、返済手当致方之義も同人え申置候間、是等之所御了簡ニ応シ候ハヽ、宜敷御相談被レ下度、尤重役衆ニも申述□□仕法に致置候間御相談ニ預り度、此度重吉郎罷出候ニ付、委細同人より御聞取可レ被レ下候。猶期二永日一候。恐惶謹言

壬正月十五日　　林　丹下

新宮凉庭様

尚々、未春寒難レ去御加養専一奉レ存候。扨旧年□□□にも養生不ニ相叶一残念至極に御座候。兼而世話ニも相成り居候人故別而心□(痛か)ニ御座候。□(同か)役新開三司馬え被ニ仰付一、当人も明日屋敷替ニ而取込罷在候ニ付、拙者一名ニ而申上候。左様御承知可レ被レ下候　草々

凉庭より与えた書状は、

再白時気不レ正為ニ御国一御自玉専一

尊書謹而拝見、如ニ高諭一春色已に老候所、先以御双容様御安泰可レ被レ成ニ御勤一奉ニ敬賀一候。然者順正書院修覆料永世御預り御世話被レ下候段辱不レ浅奉ニ感謝一候。且又御預り書是又慥ニ落手仕候。何分可レ然御支配奉ニ願上一候。粗菓壱筐進呈仕候。御笑留可レ被レ下奉レ希候　早々頓首

三月十五日　　新宮凉庭　花押

林　丹下様

新開左司馬様

右二通は、前年十二月凉庭が書院維持のため、田辺藩に千五百両を借し、年二回利子を払下げられたいと申出たのに対する諒承の手紙とその礼状であろう。凉庭が順正書院の維持経営に苦心した一端をよみとることが出来る。次の一通も年次不明であり、内容よりすれば、凉庭が、貸した金を返済してもらえなくて困窮している弘化のはじめのころのものではないかと思われる。

一書呈啓厳暑之節先以御安泰可レ被レ成奉ニ敬賀一候。然者先達より順正書院相続之金子ニ付種々御厚配被レ下候段、深難レ有奉ニ感謝一候。追々手廻次第相納可レ申筈ニ御座候所、此節金子手廻り兼候ニ付、少々延引可レ仕候間、何分不レ悪御含置可レ被レ下奉レ希候。永世之事と此上にも御心配不ニ相懸一様仕度、如何様にも御相談可ニ申上一候間、此上にも御取計被レ下度、是非とも

御厚配に預度存心に御座候得共、別而希候筋ニ御座候。書外期二再書之時一候　頓首再拝

六月十四日　　　　新宮涼庭

再白炎暑之節為二御国民一御自玉奉レ祈候。先日者京地白木屋勘兵衛内願筋申上、早速相済難レ有段私より深御礼申上候様申出候。同御国表御政事之行届候由ニ申立難レ有評仕居候。私においても深辱奉レ存候

林丹下様

新開左司馬様

糸井氏の前掲の一文によれば、涼庭は書院の維持費の一部として、加佐郡田所村付近の海面を埋立てて新田を作った。その管理人は田辺藩水利事業の功労者林六三郎（文化十五年没）の嫡子、郡奉行林憲正ではないか。また憲正が丹下と称したのではないかとされている。

第四節　順正書院を中心とする交友

本節は、順正書院を中心とした涼庭の交友関係について、当時の名士を主として述べることとする。

篠崎小竹　小竹は父三島とともに、大阪の大儒である。天保十一年十一月上旬、書院に来て書院の記を作った。両者の交友関係は明らかでないが、『西遊日記』に批評しているところから、かなりはやいと思われる。

後藤彬　通称半蔵、久留米藩の儒臣である。天保十二年正月、書院の記を作った。書中「書院の東北土肥之壌

燥なり、往いて将に夫子の廟を建てんとして今未だならず」とあるから、このときはまだ孔子の廟ができていなかった。

新見藩関係　これは、のちに述べる木山絅の文に「壬寅冬余我君に陪して書院にいたる」とある。壬寅は天保十三年、凉庭との関係は明らかでない。

頼三樹　山陽の子。文政八年（一八二五）五月の生れで、京都出生者では三男、山陽先妻の子（聿庵）を入れると四男であった。大阪に遊学し、天保十四年、十九歳にして順正書院を尋ね、書院の記を作った。三月十六日のことである。三樹はこの年一たん京都に帰り、六月廿七日には二条大橋から順正書院にいたったが、閏九月には江戸遊学のため出発した（木崎好尚『頼三樹』による）。

頼三樹三郎の文は、十九歳とは思われないほどで、さすが山陽の子であると感ぜしめる。文末に、自分は笈を負い（大阪遊学をさす）外に在ったが、他日帰京の時に書院の門を叩いた、と記して、院内の士の温良恭敬の状を歎賞している。

木山絅　備中新見藩関侯の儒員。通称三介、楓溪と号した。楓溪は天保十三年の冬、主君と書院を訪れたさい、凉庭から書院記を作ってほしいと頼まれ、一たん承諾したが、なかなか出来なかった。そこで凉庭から書翰で督促されて、翌十四年四月、記を作ったのである。

凉庭の『駆豎斎文鈔』には「木山楓溪に与う」なる一文がある。これによると、楓溪は学を好み、国政と度支（経済）を司り、かねて顧問に任じていた。ところがある人が、楓溪は才はあるが、国弊に民疲れているのに、数年その職にあってどうすることもできぬと嘲った。凉庭之を弁じ、その文を見るに、まことに正義の士であり、為すことある人であると弁護している。この文は嘉永五年に書かれたもので、楓溪が書院を訪れてから、まさに十一年目である。したがって、文中「碩也もと狂愚且老ゆ、君を見ざる玆に十年」とし、筐底より楓溪の文をとりだしてその容をしのび、詩数篇を送っている。その詩は、詩集に残っていないが、嘉永六年に新見＝関侯が、涼庭を三樹楼によんでいるのは、この涼庭の書翰と関係があるのであろう（『駆豎斎詩鈔』）。

佐藤一斎　名坦、また愛日楼とも号した。江戸の大儒である。涼庭は桜井叔蘭（後出）を介して交わりを求め、また書院の記を乞うたのであるが、一斎は涼庭を見たこともなければ、書院に来たこともない。そこでやむなく、〃順正〃の義を説いて、その責をふさいだ（文は前出）。

川田興　字猶興、号藻海、また迪斎、屏淑。文政八年江戸に行き、尾藤二洲門に学び、また佐藤一斎の門にも往来し、一斎の娘を娶った。このため、一斎の愛日楼に対し、風月楼という。例の仙石事件で仙石侯のために桜井東門（仙石侯儒員）らと奸を除くのに努力した。よって侯は川田に道を問うている。この桜井東門の子が伯蘭、叔蘭である。二人は、父が奸悪仙石貢のために籍を削られると、こもごも江戸に来て風月楼に寓し、迪斎とともに神谷転《うたた》を助けた。なお川田は安政の条約文を草した開国論者である。安政六年四月、五十四歳で没した。涼庭は仙石侯と交渉があった関係から、桜井伯蘭、叔蘭を介して川田興に、さらにその師で義父にあたる佐藤一斎に交を求め、書院記を乞うたのである。そのことは『駆豎斎文鈔』中の「呈風月楼先生」に明らかである。これは書院記に対する礼状であり、涼庭は一斎の文とともに楣間にかかげたいと述べている。

右の涼庭の文は天保癸卯（十四年）十二月であり、川田興の文は天保十五年甲辰季春とあるから、すこし合わない。川田の書院記にも、桜井叔蘭を介して記をもとめられたが、一斎同様、涼庭も書院も知らぬと述べ、書院を詩仙堂に比している（既述）。

その後、川田は、嘉永元年に書院を訪れて詩を作っている。それは「戊申季春涼庭新宮君を訪づれ、饗具頗る豊かなり。即ち二截句を賦して以て呈す。時に清田桜井家長諸彦亦来会す」とある。一篇をかかげると、

我は江門に住し君は洛上
書簡往復十年の交
高堂文酒懐を開いて話す
寧ろ謂わん新知漆膠①を得と

① 親密な交わり。

上甲礼　この人は上甲礼三、字は師、号は振洋で伊予宇和島藩の人である。弘化元年二月、廿九歳で昌平黌を卒業した（号は『順正書院詩』に南洋とある。丁野南洋との混同ではなかろうか）。

上甲は弘化元年の冬に京都に来て順正書院にとまった。書院の記を書いたのは、翌二年の正月十五日である。なお『順正書院詩』にも「懐を東山順正書院に寄す」の一篇がある。また嘉永三年にも来て、書院にとまった。その時の涼庭の詩が「上甲生来って書院に寓す、往て之を訪う」である。

一条と久我　天保十五年（弘化元年）二月十七日には一条相国公が書院を訪ねた。牧輗・百峯が書を講じたのを聞くためである。百峯は感激して詩を作っている（『順正書院詩』）。この時には久我公も来たようで、『駆豎斎詩鈔』には「一条相公、久我亜相、辱けなくも東山書院に臨まる、此を賦して奉呈す」と題して、詩を作っている。

祖公の偉業皇畿に冠たり

青史千年徳威を仰ぐ
野草山花文軫①を駐め
金魚玉帯柴扉を照す
布衣何の幸ぞ経席に陪し
台座須《もち》いず錦幃を垂るゝを
和気恵風春海に似たり
寥々たる籬落光輝を発す

① 軫は横木。

一条相国とは、一条忠香で忠良（前関白、准三后、氏長者、天保八年六月三日没）の子、文化九年二月十三日の生れ、当時正二位であった。

久我は当時建通、前内大臣通明の男、文化十二年二月一日生れ、当時三十歳で正二位、春宮権大夫であった。

牧輗 号は百峯また蘐《とう》斎、山陽門人で、のち小石元瑞の女婿となった。なお、牧は嘉永五年にも涼庭をたずねた。その時の涼庭の詩が「雪朝牧百峯大士信二兄来り訪わる。同に賦す」である。

長戸譲 号は得斎、美濃加納藩の人。少にして父母を失い、江戸に出て佐藤一斎に学び、梁川星巌と交際があった。涼庭は桜井伯蘭を介して長戸に書院記を求めた。佐藤一斎門のゆえである。長戸も涼庭、書院ともに未見のようで、弘化三年丙午清和月（四月）に記を作った。

奥野純 大阪の人で、字温夫、号は小山。別号寸碧楼。小石元瑞や涼庭と交わりのあった篠崎小竹の門人で、安政五年、五十九歳で没した。涼庭は門人松山文卿を遣わして書院の記を請うたが、まだ書院を見ていないので後日を約し、嘉永元年戊申十月、入京して涼庭にあい、書院に行き、翌年三月書院の記を作った。このなかで、浪速に書院が出来なかったことを述べているが、懐徳堂は「書院」とは別の範疇と考えたのであろう。

宮沢雉　宮沢は武州秩父の詩人で、字は神遊、号は雲山また細庵、剃髪して酒肉頭陀と号した。市河寛斎の門人で、嘉永五年二月、七十二歳で没した。書院を訪ねたのは、嘉永二年初秋で、詩五篇を作っている。

中島棕隠　名は徳規、字は寛、文吉と称した。京都に住んだ一風変った儒者で、逸話の多い人である。安政二年六月没。棕隠は嘉永二年、自分の家の庭の梅五株を順正書院のために送り、同時に詩二篇を作った。その一に、

幾年豎《じゅ》①を駆る煩《はん》に勝えず
故に禅林に就いて一門を張る
泉石膏肓《こうこう》②君却って篤し
青山を恃《たの》んで独尊を称する莫れ

①　病気。涼庭の号駆豎とかけている。
②　深いこと。

ついで九月に書院に題する詩二篇を作っている。

綾部侯　綾部藩主九鬼隆都については、第四章で詳述したから略する。すでに弘化二年八月にも、涼庭は大津の水亭に九鬼侯によばれているが、侯は嘉永二年に順正書院を訪ねた。涼庭は「綾部侯辱けなくも書院に臨まるを謝す」の五言の長詩を作り、さらに同年「綾部侯再臨せらる、賦して呈す」がある。

宮津侯　嘉永二年には雨を冒して書院を訪ねた。涼庭は「宮津侯微服雨を冒して辱けなくも書院に臨まる、敬て此詩を賦して謝し奉る」として、五言の長句を作っている。

出石侯　出石藩の仙石侯についても前章で触れた。侯も嘉永二年順正書院を訪ねた。涼庭は「出石侯辱くも書院に臨まる、賦して呈す」として、七言絶句を作っている。

鯖江侯　鯖江藩主間部詮勝と涼庭とは浅からぬ関係にあり、ために詮勝が順正書院の額を書いたこと、すでに述べたとおりである。嘉永四年、間部は涼庭を招き、三更（夜の十二時）まで飲んだ。この時涼庭は「京師大尹鯖江侯招飲、此を賦して謝し奉る」として七言詩を作っている。

浅野楳堂（一八一六〜八〇）　名長祚、字胤卿、幕吏、画家。はじめ蔣潭と号した。三千五百石の旗本で、浦賀町奉行から嘉永五年に京都町奉行となった。のち江戸町奉行。画は椿椿山に師事し、中国画の研究では当時その右に出るものがなかったという。『駆豎斎詩鈔』には、嘉永四年(?)の十一月に西尹浅野楳堂に招かれ、ともに飲み、席上作った詩をのせている。涼庭は「君至る所職を称《たた》え、性又風流書画を善くす、此詩は実を証す」として、七言絶句を作り、人物を称揚している。その次には「両市尹辱くも書院に臨まる。此を賦して謝し奉る」とある。両市尹は京都所司代および京都町奉行であろうから、右二項の返礼として浅野とともに間部もよんだのであろう。

牛窪攬暉　牛窪が書院維持のために学田の設けをすすめたことは、既述のとおりである。嘉永四年に辞職して、順正書院を訪ねたので、涼庭は之に喜びの詩を作っており、その次にも「冬日賦して牛窪園木二君に示す」、さらに翌嘉永五年にも「牛窪園木二君来訪せらる、賦して謝す」の作がある。前者の方に「禿髪の儒翁学芸高く長眉の国老談論に富む」とあるから、園木は儒臣であろう。

なお、嘉永辛亥十月と題した書が、矢野真次郎氏のもとに蔵せられている。右の牛窪が辞職して順正書院を訪ねた時のものと思われる。

攬暉牛窪大夫、偶然来京且諭云、我曾学ニ於昇平一、不幸承レ乏少年与ニ国政劇職一無レ暇ニ於読書一。頃《このごろ》請ニ休暇一見《され》レ允《ゆる》。今歳五十有六乃得ニ此閑日月一。因欲下寓ニ順正書院一読書明上レ道。不ニ亦幸一哉。碩驚且喜迎。短褐布帯、竹笠芒鞋、担頭膏顔礎ニ一隅一。碩云善矣。大夫之心腸豈人之所レ志哉。遂寓矣。書院在ニ於東山禅刹松杉箭立之中一。昼無ニ人声一唯聞ニ鳥語一境罠極幽寂。大夫手炊而飯焉又汲而飲焉。机帳索然寒厨無ニ麹蘖一。独座ニ孤灯一唯対ニ陸士大全一。碩晨夕相訪討論移ニ題目一。気宇豁如乃初審レ為ニ志気遠大挙止簡潔之人一。因書ニ一絶一幷録ニ旧作一奉呈請レ正、聊為ニ大夫一破ニ岑寂一。

辱知　碩拝具

韓中秋　佐賀人、字は大明、号は藍田。嘉永のはじめ「題順正書院」七言の長詩をおくっている。中秋が関東から帰る途中に立寄ったようで、詩中「曾て聞く良工善く国を医すと、吾此翁に於て又然か云う」と述べている。欄外の評語に、「聞く中秋翁詩を賦す吐嗟にして弁じ、才力を費さず」とある。

梁川星巌夫妻　字は孟緯、幕末京都に住んだ詩の大家で、勤王運動にも尽した。妻紅蘭も文人として著名であった。順正書院を訪ねたのは、嘉永四年頃と思われる。十二月三日で、夫妻で詩を賦している。

津藩の人々　津藩藤堂侯との関係は、涼庭が学校建設に資金を出し、のち涼閣が京住のまま藩員となったこと、すでに述べたとおりである。涼庭も津藩を訪ねているが、津藩より来訪したものは、藤堂多門、平松楽斎、斎藤拙堂で、なかでも拙堂は儒臣であったから、順正書院の記と詩をとどめている。この三人が訪れたのは嘉永五年のことである。

『駆豎斎詩鈔』には、「津藩平松楽斎翁訪わる、賦して呈す」「楽斎翁に示す」「津藩藤堂多門君辱けなくも書院に臨まる、賦して呈す」「斎藤拙堂訪わる詩あり、韻に次して之を謝す」「拙堂と与に鴨涯酒楼に飲す」の五篇が載せられている。

平松楽斎は藩政を司っていた人物のようで、涼庭の詩中「武を演じ文を講ずる曾て才あり」「救荒策は及ぶ無名の草、闔国の疲民春回らんと欲す」「俗を化する教に若くは無し、国を富ますは私無きに在り」などとあり、暗に執政者の重責を説くがごとくである。藤堂多門は、藩侯の一族であろうか。

斎藤拙堂は寛政九年の生れ、名正謙、通称徳蔵、別に拙翁、鉄研の号があり、文靖先生という。文政三年、藤堂高兌が学校を創建したとき、二十四歳で教授に抜擢された。督学として学政を振張し、政事にも尽し、慶応元年、六十九歳を以て没した。

拙堂の書院記は「嘉永五年竜集玄黓困敦（年は壬子の意）、春王正月」とあり、この年、涼庭の督促で固辞することができずに草したものである。拙堂は西洋の教育施設の整備、学問の進歩を賞し、天文地理以下は中国の及ぶところではないと述べながら、道にいたっては、西洋は妖邪怪誕としている。当時の比較的進歩的な学者の一般的な見解であった東洋道徳西洋芸の考えがここにも現われているのであるが、さらに当時の涼庭に言及し、「今翁喎蘭《おらんだ》之学を修む。其道に至っては則ち之を擯弃《かんき》（排斥の意）して以て異端と為し、独り篤く孔孟を信じて之を尊奉し、他岐の惑なし」とし、順正によってその義を行うは蓋し此にありと、順正の義に説き及んでいる。この記述は、晩年の涼庭のありのままの姿であろう。

涼庭を拙堂が訪ねたのは、この年の八、九月のころで、涼庭はその詩において「偉語堂々策群を出ず　始めて知る遠識曾て聞くに過ぐるを」と、大いに拙堂を称揚しており、拙堂のために九月九日、洛中の名流二十余名を会して宴をはった。拙堂また参集者が旧知の人々であったから、「席上相逢う故旧多し　天涯豈復た家郷を望まん……十年この好重陽なし」と、大いに喜んだ。鴨涯の酒楼で飲んだのは、この書院の会ののちであろう。

凉庭の最晩年、平松楽斎は梅花一枝と詩を凉庭に送っている。

後藤松陰　松陰は美濃の人、春草とも号した。山陽門人で、篠崎小竹にも学び、その娘を娶った。文政三年大阪に私塾を開き、文治元年、六十九歳で没するまで大阪にいた。嘉永五年桂花月（陰暦八月）書院に来て、最後の書院記を書いた。

梶川景典　景典は宮津藩の人。字は士帯、通称作左衛門、沢辺北溟とも称した。皆川淇園の門人である。「順正書院に寓するの作二首」と、「順正書院を観るに壮且麗なり。故《もと》凉庭新宮先生肇《はじ》むるところなり、感じて賦す」の一篇とがある。同時の作とすれば、凉庭没後書院を訪れたこととなる。

藤井竹外　摂津の詩人で名は啓、字は士開、号は竹外、また雨香山人。詩を山陽に学び、梁川星巌、広瀬淡窓、森田節斎らとも交友があった。順正書院記に題字を書し、また凉庭の嘉永五年の詩に「藤井竹外書院を訪わるゝことを謝す」があり、また竹外も順正書院のために詩をよせている。

その他、嘉永五年には蓬翁羽倉簡堂が書院を訪ねた。簡堂は幕末、幕府の良吏として有名な人であった。

×　　×　　×

×　　×　　×

凉庭没後　凉庭没後書院を訪れた人のうち、『順正書院記』に詩を収められている人がかなりある。たとえば、大阪に住んだ漢学者藤沢甫（讃岐人、字は元発、号は東畡、元治元年七十二歳没）、明治二年には尾張藩の儒者で、一時久留米藩に仕え、明治に入って登米《とよね》県（のちの宮城県の一部）の知事などを勤めた鷲津宣（字重光、毅堂、号宣光、九蔵と称す、明治十五年五十八歳で没）、明治初年に活躍した阪谷朗盧、巌谷小波の父、一六山人として有名な書家巌谷修、蘭学者竹内幹・玄洞、儒者中村正直らがある。すべて涼庭没後であるので略する。

第五節　書院のその後

順正書院および涼庭の蔵書については、かつて涼庭の患家であった三井家と関係があるらしいとのことで、故矢田梧郎氏が昭和三十五年九月に三井高陽氏に連絡された。同月二十一日付の返信は左のとおりである。

一、順正書院は御来示の如く三井家にて買取りたる事実なし。順正書院は涼庭先生御在世中に遺言され、御子息四人に将来四人にて維持すべき共有財産として保持する様に托されました。其四人の家は現在判ります限りでは〔系図図示、略す〕といふ家系であり、どの家の専有でもなく、四家のものでありました。然るに涼庭〔涼亭の誤か〕先生没後涼男氏（医家）〔養子、涼庭の曽孫にあたる。昭和六年五十四歳没〕が売却して自己の財産としたい考を持って買主を探したりした事があり、これでは折角有名な順正書院も破却滅亡しては大変であると、涼国氏（現存、齢八十二歳にて御健在、医博）が心配し、三井高棟氏に此事情など具陳し、三井高棟氏が涼男氏に厳に戒めた事があります。しかし貧を補ふ目的の涼男氏は自己一家の固有財産でないにも不拘、売却の気持があり、これでは惜しいと三井家に於て円山応挙の子孫国井応祥をこの順正書院に借家させ、アトリエとし、その家賃を三井家で出して新宮涼男一家に提供して、辛じて其売却滅亡を防いだことがあります〔昭和十五年五月の『京都師範学校同窓会報』中の「教育史蹟―順正書院」に、「現今は国井応祥画伯の僑居であるが……」とあり、国井氏がいつころから住まれたか不明だが、この頃居住が明らかである〕。然るに三井高棟氏はすでに十数年前他界し、涼男氏もそれよりずっと前に他界し、涼男の息子某〔彬秀〕が戦争より復員し、職もなく、食べられないので、この家を他人に売却し、これを買った人〔造船学の権威、工学博士和辻春樹氏か〕から更に現在の持主（京都で戦後マーケットなど経営したりした人）〔綿糸商上田氏か〕の手に渡っています。三井家が買った云々は京都で専ら噂されているデマであり、事実ではありません。

二、涼庭先生の遺墨遺品蔵書などについては、三井家で一つも買入れたこともありません。これもデマであります〔下略〕

〔備考〕（ ）は原文、〔 〕は山本注。

涼庭没後も子弟門弟は順正医会（二八一ページ参照）を作り、その学統を伝えていたが、右のごとく、昭和の初頭よりしだいに動揺し、今次の敗戦が決定的な影響を与えた。最近書院は料亭「順正」となっている。また、新宮家の蔵書（既述のとおり、多数の洋書を蔵していたことは、シーボルトにまで聞えていた）も多く散逸したが、洋書の一部は新宮凉亭氏が京大図書館に寄贈した（口絵参照）。

第六章　医書と医説

涼庭の著書中、医学以外のものは、すでに各章で述べた。また、医書についても間々関説するところがあったが、ここでは一括して述べ、それに加えて、涼庭の書翰、詩その他から、その医説を探りたい。筆者は医学に門外漢であるので、医学史上の功績を、医書の詳細な分析を通じて行いえなかったことを遺憾とする。

第一節　医　書

全医書　『鬼国先生言行録』には、末尾に「先生著述書目如左方」として十四種の著書があげられている。そのうち、医書は最初の十書で、次のとおりである。

窮理外科則　原著護爾篤児《ゴルトル》氏
泰西疫論　参考扶呆郎度《ヒュヘランド》氏及公私貌律屈《コンスプリューグ》氏書
腐敗疫論
解体則　原著布斂吉《ブレンキ》氏

人身分離則　同上
外薬則　同上
外科方府　同上
小児全書　同上
婦人科書　同上
療治瑣言

右のほか『生理則』など、なお若干加うべきものがあるであろうし、また現存しないものもある。これに『療治瑣言』・『解体則』巻末の「新宮鬼国先生著書目録」の説明（片仮名交りのもの）をかり、ほぼ著作または刊行の年代順に説明を加えたい。

窮理外科則（十三篇）文化十四年～嘉永三年刊著書目録によれば、初篇の部に、

元本西医我尓徳児《ゴルトル》ノ著述ニシテ詳カニ生象生理ヲ説キ凡ソ外科ニ預ル諸病ハ悉ク論説シテ其治法ヲ挙ク蓋シ病理治術精粋多論ナルガ故ニ分テ十三篇トス

とある。原著者はゴルトル、蘭語訳はカルプである。編（ⅠⅡ）冊数（1 2…）と内容の概略をしめすと、左のとおりである。

Ⅰ 2　天賦四性流凝二体を論説
Ⅱ 2　骨髄関節接続縫合等の理と治法
Ⅲ 4　熕腫丹毒等動脈諸病と治法

Ⅳ1　静脈の病理治術と脈管関係の病気
Ⅴ5　頭脳神経および五官関係の病気
Ⅵ1　皮膚爪毛髪の諸病と痒炎
Ⅶ3　創傷火傷凍瘡爛傷打撲胼胝欠唇等
Ⅷ1　搔痒甲錯頑死病肌膚変色諸斑癩疾等
Ⅸ1　垢痂凝痂丹炮痂瘡発疹等
Ⅹ1　痢病丹毒気腕
Ⅺ1　腺部諸病瘰癧木節腫蟹腫等
Ⅻ1　疝諸病脱垂石淋等
XⅢ3　前十二編通計の薬剤

本書の出版順序は次の通りである。

1第七篇（上・中・下）…文化十四年（一八一七）
2第三篇（?・亨・?・貞）…文政五年（一八二二）
3第四篇（一）…文政六年（一八二四）
4第五篇（一〜五）…天保二年（一八三一）
5第二篇（一・二）…天保七年（一八三六）
6第六篇（一）…弘化三年（一八四六）
7第一篇（乾・坤）…嘉永三年（一八五〇）
8第八篇（一）…嘉永三年

9第十一篇（一）…嘉永三年
10第九・十・十二（以上各一冊）・十三篇（上・中・下）…不明

× ×

最初に出版された第七篇の初版本には、出版年次が書かれていない。文政五年の再版本には、表紙裏に「文政壬午鐫行」、奥付に文化十四年正月とし、江戸の北村伊八、大阪の松村九兵衛、京都の北村四郎兵衛、同庄助と三都の書店が名を列ねており、序文、例言、跋が文化十二年、同十三年春、同年七月である。したがって、その執筆は『泰西疫論』とほぼ同じで、長崎における医術と語学の研鑽の成果である。

序文は吉雄永保のもので、次のとおりである（原漢文、句読点なし、一部は四三ページ既出）。

序

述べて作らず信じて古を好むは是孔夫子の自ら処する所以也。聖人猶且つ斯の如し。況んや其下れる者をや。余を以て之を視るに凡そ世之百技皆然らざるなし。医の伎《ママ》に於ける伎之れ尤も重んずる者也。之を作る固より難し。之を述ぶる易からず。蓋し良医茲に有りて後良医之道得て伝う可き也。丹後の処士新宮子涼庭篤く西洋医方を好み、其志汎《ひろ》く採りて普ねく之を試みるに在り。乃ち長崎に来って余に従って蘭語を学ぶ者三年。学既に成る。近く趯尓徳児《ごるとる》著す所の窮理外科則十余篇を翻し、今将に第七篇を以て上梓す。余に題言を徴す。余取りて之を読むに則ち辞と事と相允す。精密詳審諸を掌に指さす如く、苟くも採りて之を試むるあらば則ち廃を起こし死を活かすの策、坐して以てこれを定むべし。余乃ち巻を置いて嘆じて曰く。之を作ること固より難し。之を述ぶる易からず。況んや異邦の書を読み殊宜之言に通じて其旨を得ること此の如し。嗟呼涼庭の此気あるをや、勤めたりと謂いうべし。夫れ聖人にして之を述ぶると、良医にして之を伝うると階級同じからずと雖ども、其の心を用うる所以は則ち一也。涼庭子豈に医の良なる者に非ざらんや。余焉《いずく》んぞ賛揚して之を成就せしめざるを得んや。

文化十二歳は乙亥にあり

長崎阿蘭訳司　吉雄永保撰

右により、本書が、凉庭長崎滞在間に翻訳に着手され、まず第七篇を上梓しようとしたことがあきらかである。その著作の由来は、長崎今籠町の菊谷芳満*の例言によって分明である。曰く、

此書…先生朝夕之を講じ以て生徒を教う。芳満輩自ら講席を退き輙ち之を筆記し輯録して十編となす、遂に之を梓に上す。亦忘に備ふるのみ、敢て大方君子之覧を期するにあらず

と述べ、自分は西洋説の精妙さを信じたが、これを室外に験するにいたっては隔靴掻痒の感を脱がれない。そこで凉庭についてその説を聞いたといっている。

* **菊谷芳満**　芳満は本書中で「芳満世々蘭館に給す」と述べているように、オランダ通詞である。古賀十二郎氏によれば、芳満は低い身分であったが、蘭学に長じていたようである。彼は長崎に来た新宮凉庭とも親しかったし、またシーボルトとも親交があり、その江戸参府に東上したおりも同行した。しかし、生涯不遇であったという。『新撰洋学年表』では、水戸の徳川家に仕えて西学都講となった有名な幡崎鼎は、もと菊谷藤七（また藤市、藤平）とあるから、芳満の弟であろうか。幡崎は天保九年参府に随行したとあるが、芳満との混同ではないかとのことである（古賀十二郎著『西洋医術伝来史』二五三〜四ページ参照）。

本書の跋は文化十三年七月、末次忠助である（要点第二章に既述）。

第七篇の本文第一ページには、つぎのごとく記されている。

窮理外科則巻之上第七篇　遠西改暦一千七百六十二年鏤行

遠西　和蘭　窮理大医学　育漢涅斯蓮尓徳児著以刺甸詞
憲垤烈吉格尓父訳以和蘭詞
大日本　丹後　処士　新宮凉庭碩　重訳
陸奥　菅　玄竜以貞
門人　日向　甲斐文貞国幹　輯録
尾張　永田良達有定

第七篇は上が創部で、序二枚、附言三枚、目次二枚、本文は第一章「創ヲ論ス」より第三十四章「静脈創ヲ論ス」まで廿四枚、中が目次二枚、創部は第一章「腱創ヲ論ス」より第十九章「問答篇」、爛傷部は第一章「爛傷ヲ論ス」より「死肉ヨリ発スル者ヲ論ス」まで六章、打撲部は第一章「打撲ヲ論ス」より第八章「問答篇」まで計廿三枚というようになっている。下は火傷部、凍瘡部、胼胝部、潰瘫部、瘻部で、目次二枚、本文十七枚、広告一枚、跋一枚である。

ここで筆者の利用した本は、京大附属図書館蔵の新宮凉亭寄贈本で、明治三十五年五月二十三日民贈の印があり、第一ページの右上に「駆豎斎蔵書印」、右下に「西京室町新宮蔵書」の朱印がおしてある。第七篇が最初に上梓されたことは、前述の吉雄永保の序で明らかで、つぎにのべる第三篇の序でもそのことはうかがわれるが、第七篇の下の「駆豎斎著述書目」によると、第三、四篇と、第七篇とが「出来」とあり、他は「近刻」となっている。このほか「瘮疫論」「敗疫論」も「出来」となっている。この二書は『泰西疫論』ではないかと思われる（前篇は「神経疫部」文政七年、後篇は「腐敗熱部」天保六年の版行）。したがって、新宮家の寄贈本も、かならずしも初版本ではないのではなかろうか。

×　　×

さきにあげた文政の再版本の、文化十四年の広告をみると、「腫瘍篇、骨病篇、血瘤及痔篇、眼耳鼻口篇　嗣出」とあって、これは第三、二、四、五篇にあたり、おそらくこの順序で出版する予定であったと思われる。しかし、実際の出版順序は、前に示したとおりである。

なお、文政七年の『泰西疫論』に付いている著述書目では、一〜七篇が既刊、八〜十三篇が近刊となっている。しかし、これも文政七年の初版本でない。再版本あたりの著述目録ではなかろうか。なお、天保十三年の序のある『療治瑣言』（出版年次未詳）では、全部出揃ったことになっている。『新撰洋学年表』では本書の刊行を嘉永三年とし、また本によっては、冊数は統合して一冊にしたものもある。

次は第三篇が出された。文政四年五月の斎藤方策（小石元俊門人）の序によると、

（前略）丹後新宮凉庭、泰西医理に妙通し、術内外を兼ぬ。曩にゴルテルの外科書十余篇を訳し完り、題して究理外科則と曰う。その七篇創部は既に上木し、今又将に第三篇腫瘍部を梓せんとす。此書専ら外科を論ずと雖ども云々

例言七則は文政五年春、芸州吉村忱文哲（門人）であり、コルプの増補版によって訳したこと、「先生朝夕講授す、忱等聴くに随って筆録して敢て帳中に秘せず、刊布して世に公にす」と述べ、七則の最後に、長崎における凉庭の評判が高く、理論と実技とを兼ね備えていたことを述べている。

輯録者は門人三名で、安芸の日高凉台精、遠江の長尾隆玄信之、相模の市川隆甫士曄である。跋は文政五年春、丹波田辺の内海邦佐とあり、内海贖斎である。前の第七篇の例言では十篇としているが、吉雄の序文も、またこの篇の跋でも十数篇としている。

内海贖斎の跋は次のとおりである。

跋

予官務之暇。喜んで西洋の医書を読み。其説明確。空論臆度に非ざるを覚ゆる也。此書意義精妙萃を抜き類を絶す。吾が郷人新宮凉亭《ママ》の訳する所為《た》り。吉雄永保嘗て予に語って謂う。彼の邦の医流日に験し月に測り。迂を舎《す》て簡を取る。而して官制有り。相秘喪するを許さず。歳に其論説治術之最も精良なる者を撰び世に公布し。限るに十五年を以てして板を毀ちて行わず。以て拘泥之弊を防ぐ。而して此書今を距る五十年。遵奉廃せず。称して装《(カ)》無しと為すと云う。予此書を読み。始めて其言の過奨に非ざるを信ずる也

文政五年季春　　　　　　　　　　　　　　　　　田辺　　内海邦佐撰

（原漢文、句読点はすべて。）

右の内容は、巻之一が動脈部・出血部、序文二枚、題言二枚、目次三枚、本文三十枚。巻之二（享の巻）が焮腫《きんしゅ》部、目次二枚、本文二十一枚、巻之三が膿癰《のうよう》（うみとはれもの）部、目次四枚、本文三十八枚、巻之四（貞の巻）が脱疽部、血瘤部で目次三枚、本文二十五枚、跋一枚である。凉亭寄贈本は一・三冊を欠き、（二、四冊は享の巻、貞の巻とす）富士川文庫本は各篇が合冊されている。

×　　　×

第三回は第四篇一冊で、序文二枚、例言四則一枚、目次三枚、本文三十一枚である。序文は秋吉南豊で、大要は次のとおりである。水といい火というも、その性質を究めなければ役立てることはできぬ。医もまた同様であり、瘍科にいたっては一そう然りである。中国の医学では、もはや益がないとし、

予が友新宮凉庭氏は蘭科の巨擘也。嘗て崎陽に寓すること十餘年（これは誤り）。親しく業を蘭人に受け、内外通徹、名

声藉甚。曩《さき》には趕尓徳児之外科書を訳し、名づけて窮理外科則と曰う。其の第四篇、今将に上梓せんとす。蓋し其の載する所、人身之造質を弁じ、元運之妙理を析《ひら》く。瘍の発する所以、毒の寒熱消長百尓之変を成す所以自《よ》り、薬漿劀殺灌注之方法に至るまで、詳審精覈、毫末も遺さず。嗚呼夫れ此書出てよりの後、天下何の瘍か治るべからざらん。所謂大浸稽天（天までとどく）して溺れず、大旱金石流土山焦して熱せざる者乎。学者苟くも熟読して深く則するに詣《いた》らば、啻に自ら焚溺之患を免れざるのみならず、彼の酒を嘆《は》き火を滅し、芦灰水を止むる者、亦庶幾《しょき》す可けん。文政六年歳は癸未秋八月に在り。南豊秋吉質平安之快雪堂に識す（原漢文）。

また、門人周防の中島郁・玄潭の例言四則の最後には、ゴルトルを称し、涼庭がゴルトルを尊重したことを、つぎの通り述べている。

泰西外科の書、我邦に伝る者、枚挙に遑あらず。苛私垤児《ヘイステル》。布歛已《ブレンキ》。布羅徳涅尓《ブラトネル》等之著す所の如きは、煩に過ぎざれば、則ち簡に失す。独り趕尓徳児《ゴルトル》之書、煩簡中を得、義理深長、論説周悉、卓然自ら企つべからざる者有り、蓋し我先生之学、術を諸書に資すと雖ども、其の本ずく所、皆趕尓徳児《ゴルトル》之轍に出づ。其の論聞くべく、其の論伝うべし。郁等講に侍し、日に筆記する所秘して伝えざるを得ず。我党の学者、熟読措かず、以て見識を立つべく、以て医才を発すべし。焉馬之誤（焉は鳥の名、鳥と馬とまちがえること）の如きは、後学の正を俟《ま》つ。

文政六年中秋

× ×

本書の筆録者は、丹後の新宮涼山惟義、伊勢の横井俊輔雄、肥後の鳥飼道祐全明の三人である。

第五篇は五冊よりなる。序・跋・例言はなにもない。内容、目次と本文の枚数は次のとおりである。

一…脳及神経部　三枚・三十七枚

二…疼痛部・鼻部・鼽《きゅう》司部・鼻病及鼽司病部　三枚・三十枚
三…目味部・口病及舌病部・耳部・聴理部・耳病部・聴病部　五枚・三十九枚
四…視司部・眼目部・視理部　四枚・二十七枚
五…眼病部　三枚・三十二枚

右五冊を通じ、輯録者は陸奥の大久保大造醇、加賀の黒川元良哲、備中の山岡素庵正紀の三名である。

× ×

第二篇もまた、序・跋・例言等を欠いている。内容、目次と本文枚数は次のとおりである。

一…骨部　四枚　二十九枚
二…骨病部　三枚　二十一枚

輯録者は、右二冊を通じ、丹後の新宮顕蔵潤（すなわち、涼庭の妹千代の夫）と、遠江の長尾元鳳宗之である。

× ×

第六篇も序跋と例言を欠き、目次二枚、本文十九枚のもので、輯録は陸奥八角宗律高遠、尾張の水野民部義廣、丹後の古河柔吉勝健（すなわち、のちの新宮涼閣）である。

× ×

初篇は乾が凝体部、凝体疾病部、序・跋・例言等を欠き、目次六枚、本文二十七枚、坤は目次二枚、本文二十七枚、筆録は盛岡の八角宗律高遠、加賀の今邨宅朔潤の両名である。

× ×

これ以下の出版順序は、かならずしも明らかでないが、いちおう嘉永三年とみて、篇次をおうて、述べることとする。

第八篇は、搔痒部以下十二部であるが、全一冊、目次三枚、本文二十一枚である。なお、この篇以降はすべて序・跋・例言等を欠いている。この篇の輯録者は尾張の金子敬一陶理、丹後の新宮哲造義悟、すなわち第三分家をたてた凉哲である。

第九篇は垢痂《こうか》部以下六部一冊、目次二枚、本文十七枚。輯録者は前篇に同じ。

第十篇は疣目部以下六部一冊、目次三枚、本文二十一枚。輯録者は紀伊の松山文卿貞亮と前記新宮哲道の両名。松山文卿はのち第二分家となった新宮凉介である。

第十一篇は腺部以下六部一冊、目次三枚、本文二十二枚。輯録者は第八篇に同じ（ただし新宮啓造義悟となっている。誤植である）。

第十二篇は疝部以下七部一冊。目次三枚、本文二十九枚。輯録者は京都の西慶輔義材と多田周治耕の両名。

第十三篇は薬剤部三冊。上は本文三十一枚、中は本文四十六枚、下は本文四十枚で、ともに目次もなく、上に百、中に百五十、下に百二十八と、合計三百七十八の薬剤が記されている。

以上が『窮理外科則』全十三巻の内容である。なお、本書の大さは、横十八糎、縦二十五・五糎（一部は十八・五糎と二十六・五糎）で、凉庭の著書は、多くこの大さを用いている。

泰西疫論　前篇　神経疫部二冊　文政七年刊、後篇　腐敗熱部二冊　天保六年刊

本書は凉庭が長崎滞在間、火災後の熱病を治療するとき、原書を訳して『内科則』としたのから、神経疫部を

とって編集したものである。目録によると、

此書ハ西医鐵歇郎突《ヒュツヘランド》・公斯布律偪《コンスブリュグ》新発明ノ奇書ニ原ヅキ傷寒温疫ノ二論ヲ参考シ更ニ先生ノ自験発明ヲ加ヘテ神経疫ノ原因ヨリ症状治方ノ薬剤ニ至ルマデ洞明精密ニ論定ス凡ソ疫疾ヲ療ゼンニハ必ズ缺クベカラザル一大要書ナリ

とある。本書の吉雄永民の序文は、本書の成立について参考とすべき点が多いので、ここに全文をかかげておく(原漢文、人名も漢文であるが、いま片仮名になおす)。

丁丑(注—文化十四年)之秋新宮涼庭氏と蘭医バティ之客寮を訪う。バティ嘗て業を彼の邦の大医プレンキに受く。其の学最も内科に精し。此の時吾崎嶴(長崎のこと)災後人多く疫を病む。闔門(一家)駢殪(ばたばた倒れる)し、猖獗の勢極まる。其の症大率温疫傷寒に似たり。而して治療皆験なし。其の患に罹る者は頭痛譫妄《たんもう》(うは言をいう)或は下利《ママ》泄血し、変症百態不惻に出づ。諸医愕眙(歯をガタガタさせて)相視る。技窮まり術尽く。竟に病何の名たるを知らず。バティ聴て其の状を審かにし、手を拍って曰く。是れ我邦の謂ゆる神経熱なり。纖悉に論及して此と符を合すと。乃ち二冊子を出して涼庭氏に授く。曰く、ヒュッヘランド及びコンスプリュグなる者著す所、我邦近世推重する所也。子熟読翫味せば則ち此を治するの方に於て遺欠有ることなしと。涼庭之を得て手巻を釈《と》かざること数月、訳して二書を併せ、繁を芟り約を拾い、淘汰精神、傍ら自ら験するところを加へて収録して疫論を編む。余之を読むこと三復。翅《ただ》に原書の義理精妙ならずして其の訳する所を面命を受くる如く、間々人を警起せしむる者あり。嗚呼バティ之恵、涼庭氏之功、皆世を大補するもの有りと謂うべし。欣喜之余、弁ずるに鄙辞を以てすること此の如し

文政六年癸未春三月　　長崎和蘭訳司　　吉雄永民撰

この序文は、実によく委曲を尽したものである。また、門人で編集者の一人交部香の付言は次のとおりである。

先生嘗て西洋内科書十余編を訳し、遂に内科則若干巻を著す。香等今其の書に就て神経疫編を抄出し、其の綱要を総括し此の冊子を作り上梓して世に公けにす。此篇最も戮歇郎突《ヒユヘラント》公私布律倔の著す所に係る（下略）

とある。これによると、凉庭は長崎でまず外科と内科の訳述に力をそそいでいたことが明らかである。

本書の跋は文政七年の小石元瑞のもの、編集にあたったものは、山城の交部晁采香のほか、下総の猪野玄碩恭、周防の中島玄潭郁の三人である。

本書の体裁は乾に序文二枚、付言三枚、目次は乾三枚・坤二枚、本文は乾三十六枚・坤七十六枚、跋は坤二枚となっている。

なお糸井文庫には『神経熱』なる写本があり、

神経熱　彼紀元一千八百九年鏤行　神経熱一名胡乙亜独尔箇児却即白脉熱之義

遠西和蘭　𨇾歇蘭度著

大日本丹後　新宮凉庭碩訳

とあり、前篇六章、後篇十九章と薬法よりなる。本訳書の原本であろう。

×　　×

本書の後篇は、前篇より十数年おくれた天保六年に刊行された。目録によると、

此編又西哲諸家ノ書ニ原ヅキ腐敗疫ノ察病治法悉ク明論ス実ニ前編ト合シテ一双ノ櫝玉《きぎょく》ナリ

とある。序文は丹波頼易で、さして特記すべきものもないが「蘭法を外蕃の法と非難する儒医と雖ども、ともに外国から伝わった法を祖述する点では大差はない（大意）」と述べている点に、時勢の変遷がみられる。

凡例は有馬崔信斎のもので、これによると、本書はコンスプリュグ、ヘイラック、ヒュヘランド、クワーリン、ストルク著の諸書を取捨選択し、さらにブリンゲル、プレンキ、イペイ、トルチッソットの諸書からもとって補備としたもので、大方君子に公開するものではなく、山村僻地の子弟門生の治療の参考とするために出版したとある。凡例は天保癸巳四年二月であるから、これ以前に出来あがっていたようである。

纂訂者には前記有馬のほか、加賀の加藤恕邦安、甲斐の大窪貞固章吉がある。

なお『鬼国先生言行録』に出ている『腐敗疫論』というのは、本書の後篇のことをさしているのではないかと思う。

療治瑣言　前篇四冊　天保十三年ころ刊　後篇未刊

目録には、

辺境僻邑良医ニ乏シク又ハ遊学ノ諸生師門ニ投ジテ多年ノ功ヲ覚ヘタキ者ノ為ニ先生日常経験スル所ヲ述べ且ツ漢蘭古今諸名家ノ説ヲ透見シテ諸病ノ大略治療ノ捷径ヲ示サレタル便利ノ書ナリ

とあり、はじめに「新宮先生口授　療治瑣言　駆豎斎蔵版」の字が、つぎに著書目録とほぼ同様の内容の序文（有馬信斎、天保十三年二月）、天保十三年、三野宮本寛、すなわち元甫の跋がある。後篇は出版されたかどうか詳かにしない。四冊の内容は、上が序一枚、目次二枚、本文三十五枚、中が目次一枚、本文三十五枚、下が目次二枚、本文三十二枚、跋一枚、著書目録二枚、薬剤篇は上中下に分れ、各八、八、六枚である。本書の筆記は紀府有馬崔信斎、校正は福知山有馬典義文哲、盛岡八角高遠宗律である。

解体則　全七冊　安政五年刊

目録には、

独乙布欽吉ノ著書ヲ叮重ニ翻訳シ訳スルニ国語ヲ以テシテ初学ニ便ナラシム凡ソ人身ノ諸臓諸器四肢毛髪ノ際ニ至ルマデ及バザル所ナク、悉ク微細ニ通暁シテ以テ療治治術ノ基礎ト為スベキノ書ナリ

とある。本書のはじめに「独逸勿能《ウエーネン》　飫設布《ヨーセフ》　牙骨夫《ヤーコップ》、般《ハン》、布歛吉《プレンキ》　著述。和蘭暗斯的爾覃《アムステルダム》　達必篤《ダヒット》、般《ハン》、月施児《ゲッセル》参訂」とあり、表紙裏には「ヤコプ、プレンキ原著、一八〇四年アムステルダム刊行第四版、安政五年冬、官許重訳、初版」なることがしめされている。勿能はウイーンであろう。原著者は Joseph Jakob van Plenck (1738〜1807) である。内容は、

1骨編、2靭帯編、3筋編附滑液嚢、4内臓篇、5血脈編、6神経編、7腺編水腫編

で、序文によれば、『解体新書』、『医範提綱』の欠を補なおうとしたものである。凉庭の死後四年、養子凉閣が凉庭の遺稿を整理して出版した。

本書の評価について、まず富士川游博士は『日本医学史』において、凉庭が『解体則』によって「系統的ニ人身解剖ノ事ヲ論述スルニ至リテ、西洋解剖ノ学ハ大ニ備ハルヲ得タリ」と述べ、また小川鼎三博士は『明治前日本解剖学史』において、

解体則は立派な解剖学教科書である。（中略）解体則によって宝暦四年山脇東洋の解屍以来百年を経たときのわが国の解剖学が既にかなり高い水準に達したことを知るのである。

解体則は純粋の西洋解剖書であり、その解剖学用語は今日のものと甚だ近い。例えば巻之四に胸管という語があり、その右下にやや小さく乳糜管と記してあるが、これは胸管の字が日本の文献に出た最初であろう。

とし、ともに凉庭の業績をきわめて高く評価しておられる。

本書の体裁は序文二枚、総括三枚、目録二十九枚、第一巻（目次を含む）九十二枚、第二巻三十二枚、第三巻六十八枚、第四巻八十二枚、第五巻二十三枚、第六巻二十枚、第七巻二十四枚、奥付二枚である。

人身分離則　三冊　安政六年刊

本書は西舞鶴図書館の糸井文庫に一本を蔵し、凉庭の死後に、養子凉閣によって出版されたもので、表紙裏には「牙骨夫布斂吉《ヤコップブレンキ》述　新宮碩凉庭訳　人身諸液分析究理書　西国紀元一千八百七年　暗斯的尔覃《アムステルダム》鐫行第二版　皇国安政六己未三月　官許寧寿堂蔵　初版」とあり、第一巻のはじめに、

人身分離則　巻之一　凝体篇
独逸　勿能《ウエーネン》　飫設弗牙骨夫布斂吉《ヨーゼフヤコップブレンキ》著述
和蘭　礼句《レーテン》　華亜秡亜計《ハアバアケ》　訳補
大日本　丹後　新宮碩凉庭　重訳
男　義健　凉閣　校正

とある。「礼句」はライデンであろう。まず序文をしめすと、左のとおりである。

序

凡そ人身の器たる、其大段に二あり、曰く凝体也。曰く流体也。凝体は以て其体を盛んにし、流体は以て其用を盛んにす。流凝相得て人身之体用始めて全し。故に医たる者は其流凝二体之理を究め、而して後病邪之原因薬方之当否以て察すべき也。然れども古より多く其凝体なる者を論じ、流体は或は置いて論ぜざるは何ぞや。蓋し以て彼は其の理顕較察し易くして是は其原精微究め難きなり。夫れ涯岸砂砥《ママ》者河之凝体也。疏通流注は河之流体也。故に能く水を治むる者は其の疏通流注

之理を察して後之を施功し、浚鑿導達各其宜しきを得しめ河身全し。能く医を為す者は其の気液流凝の理を察して後之に投剤し、寒温寛猛各々其度を得て人身安し。然らざれば則ち場《つか》を為し豬（瀦と同義、水たまり）を為し、四瀆百決取拾すべからずして涯岸砂礁亦従って生ず。其弊何ぞ能く水を治すると謂うを得んや。医理も他無し、亦是の如きのみ。余が友新宮凉閣近く独逸国の医布歛吉著す所の人身分離則を訳す。蓋し其先人鬼国翁命じて之に附する所也。以て余に示す。余之を愛読するに、身を周るの諸液より以て涕聹《でぃ》唾洟《い》（涙・耳垢・つば・鼻水）之微に至るまで、一も具わらざるなし。其先人訳する所の解体則と相表裏を成す。是に於てか体用之書始めて全し。余、世之人徒らに製薬の精疎を論ずるを知りて人身之流凝を詳に知らざるを嵗《(カ)》憂す。人身流凝を詳にせずしては製薬其精を得と雖ども亦用適に益無く、以て其弊を生ずる有り。則ち凉閣之是挙を為すや済世之急務を得と謂い得べし。余や亦嘗て西医傴施著す所の活理綱目なる者を訳して稿未だ脱せず。三書相得て後人身の窮理或は備わると言う可き也。力めて心を凉閣刊して世に行うに慫す。姑く余と凉閣と平時論ずる所を挙げて諸《これ》を巻首に書し、以て読者に告ぐ。

安政己未二月其狩徳方元静民撰

と。本書の内容を総目録によって示すと、つぎのとおりである。

総目録

巻之四　各部諸液篇
　頭部諸液　胸腔諸液　乳房諸液
巻之五　各部諸液篇
　腹膣内諸液　男子陽具諸液　女子陰具諸液　子宮内胎諸液
巻之六　各部諸液篇
　関節諸液　骨諸液　皮諸液
　人身死後腐敗説

×　　×

右の序文によれば、本書は涼庭が涼閣に反訳せしめたとあるので、厳密には涼閣の著書ということになる。内容は身体内の諸液にかんするもので、涼庭の『解体則』と表裏をなすものである。

本書の体裁は、巻之一凝体篇が序文二枚、総目録七枚、本文三十二枚、巻之二流体篇が十八枚、巻之三各部諸液篇が二十三枚である。巻之四以降は不詳。

×　　×

以上が『鬼国先生言行録』にみえる医書のうち、五冊である。なお『明治前日本医学史』第三巻、「本邦内科史」（藤井尚久医博稿）の附載中に、涼庭関係の訳書ではコンスブルックに『泰西疫論』のほか『公私貌律苦内科袖珍』（刊年不明）、プレンクでは『▲外薬則』、『▲外《科カ》用方府』（ともに刊年不明）、『▲婦人科書』（刊年不明）、『解体則』があり、『▲小児全書』は涼民及涼閣訳（安政四年刊）とある（▲は『言行録』に載せたもの）。他に門呂《モンロ》原著・涼庭訳の『水腫治療書』（刊年不明）があげられ、涼庭の用いたものとして『勇斯児《ユンスル》氏生理書』・『能尔列篤《ノルレット》氏窮理書』

（原文レルレレットとあり）がある。以上の多くは筆者未見である。

これ以後は『言行録』にのせられていないもので、著者の見たものその他について述べる。

× ×

方府　方府とは、薬品名とその製法および適応症などを書いたもので、各医家ともにこれを作っているものが多い。

『駆豎斎方府』二冊は、京大の新宮涼亭寄贈本のなかにあり、巻之上は表紙裏に「年々増補、駆豎斎方府、使用有口訣」と三行に書かれ、題言一枚、目次二枚、本文三十四枚である。題言は次のとおりである。

題言

医の道たる、天然にして已む。固陋偏執なれば則ち失う。唯だ良医博学にして近く思い、必する毋《な》く固する毋《な》くして後、天地証す可からざるの理始めて全し。吾駆豎斎先生、学は漢蘭に亘り、識は毫末を貫ぬき、以て刀圭を弄ぶ。死を起すこと神の如くにして、其の術たるや亦唯其天然之理に違わざるものあるのみ。先生業暇に博く和蘭之書を閲し、洽《ひろ》く漢土之方を撰び、類を聚め方を立て部を分ち剤を命じ、漸く積みて篇を成し、以て塾用に備う。今茲に丁未、門人相謀り之を先生に請い以て塾に於て刻す。実に我輩の宝函なり。然りと雖ども先ず其の生象生理病理薬性を窮めずして、徒らに此の方則を用ふれば則ち所謂天然証すべからざるの理失して固陋偏執之害生ず。是れ先生常に以て我輩を教誡する所以なり。時に弘化四年春二月

駆豎斎都講

盛岡侍医　八角高遠識

巻之下は、目次一枚、本文三十五枚で、上下ともに「男義慎増補、義健重訂」である。のちの比較のために、はじめの文を出してみると、次のとおりである。

催蒸剤

辛温催蒸飲　主治蒸気閉塞頭痛悪寒発熱者

紫蘇　橘皮各三分　薄荷　生薑各一分　羌活五合　桂枝二分　紋股藍五厘

右七味以水一合二勺煮取一合

強脳催蒸飲　（下略）

つぎに、巻之下のはじめは次のとおりである。

第一　丸剤

一宝丸　主治　小児女子或虚弱之輩有癥毒者

生汞五朱　亜刺比亜護謨《アラビアゴム》十朱　麺粉適宜

右三味硝子盆内相応三時至不見銀星為丸服量白一二分至三四分

加味一宝丸　（下略）

写本の『駆豎斎方府』一冊は十二枚よりなる簡単なもので、前書も何もなく、ただちに薬剤に入る。

○催蒸剤

辛温催蒸飲　紫蘇　荊芥　薄荷　葛枝　羌治　橘皮　桂枝　紅股藍　生姜

強脳催飲蒸　（下略）

とあり、弘化四年刊行本の要旨を抜粋したもののようである。なお、辛温催蒸飲では、九味を用いているので、刊本より後になったものであろうか。

×　×

つぎに、たんに「方府」とのみ書いたものに、刊本と写本とがある。この刊本は刊行年次も序文も奥付もなく、「年々増補、使用有口訣」と書かれている。写本の一書に、

方府

駆豎新宮先生口授

但馬　菅　玄竜以貞

門人　高松　六車鎌山　授

元木　春庭　秦

田辺　新宮文吾

とある。全部で二十七枚。首部は、

催蒸剤

辛温催蒸飲

苦意　紫蘇各大　桂枝　紋股藍　生姜

右以水一合二勺煮取一合

強脳催蒸剤

（下略）

とあって、刊本『駆豎斎方府』よりは原の形ではないかと思われる。

×　　×

その他、写本で表紙に「方府　全」と書かれたもの、写本で「方府　坤」とあって、「門人　仙台　菅玄竜以貞高松　六車謙山甫　輯録」とあるものがある。後者は三十三枚で丸剤部から始まっているから、刊本『駆豎

斎方府』の下之巻にあたる。

×　　×

『方府私語』も数種みたが、その一書に「巻之中」と「巻之下」があり、巻の上を欠いたのがある。巻中には、

駆豎斎先生口授
劉　状元戩
門人　石津貞丈貞　同筆記
山田好謙画

とあり、巻の下では鳴嶋松斎行が一名加わっている。写本末に「天保十有二年丑晩春発剤余間於吐雲楼抄　田中侍医洙斎蔵」とあり、裏とじに「天保十二辛丑夏四月写于皇都旅館　洙有堂」とある。この私語は、〃私語〃とあるごとく、例えば、

腹痛ホイグベイン　胃痛マークベイン　（文化十二年長崎僑居ニテ二十余年も苛酸液ニテ苦シミシ者ニ吸酸ノ剤ヲ与ヘテ功有リシ処ニ云々）

などのごとく、具体的に記述されている。

他に「方府私話　完」とあって「駆豎斎先生口授」筆記者は前記四名のものもある。

×　　×

『駆豎斎方府』に「使用有口訣」とあるが、『方府口訣』は京大図書館の五冊本、西舞鶴図書館の糸井文庫の三冊本などがあり、『方府』が薬品を主としているのに対し、これはその用い方を口授したものである。そのほ

か「丸散方改正駆豎斎方府巻之中」とか「丸散口訣　全（方府口訣下篇巻之二）」などがある。
右は、涼庭の薬剤とその用法に関するものであるが、年々研究して増補したこと、また多数の写本から、普及度もきわめて高かったのではないかということが考えられる。

血論　本書は刊行されたかどうか不明であるが、筆者はこれを富士川文庫本、糸井文庫本で閲覧するを得た。糸井文庫本は（口絵参照）自筆本で、富士川文庫本は写本である。序文は次のとおりである。

血論序

吾常に遠西の医法を治む。其論深く毫髪に捜(挿?)入す。幼渺微忽に至っては、口言う能はざる者は則ち心愾《がい》然として感ぜざる能わず。気沛然として溢れざる能わず。人と之を言うも未だ嘗て信ぜられず。吾性疎狂隠蔽を喜ばず。事に臨んで退くを欲せず。毎に人と論《あらそ》ひて或は其顔を犯す。必死の疾と雖ども拘々《こうこう》然として必ず其の極を験し、死して然して後止む。人其の然るを見るや、顧みて西説の迂にして僻なるを謂う。然らざれば則ち吾の彼に溺るること深きを謂う。今抄出する所の血論、嘗て目する所、神を注ぎ写して以て大いに医理に関係ある者と為す。然れば猶お九牛にして一毛を取るがごとく、未だ以て其の深微を尽すに足らざるなり。此論出でて人将に益々我の深く彼に溺るるを譏《そし》る。又将に彼の迂にして僻なるを謂う也。嗚呼彼其れ果して迂か。我果して溺するか。四方倶に瞻《み》る。我何ぞ敢て弁ぜん。宣維

文政元年七月十日長崎容膝楼に於て序す　　駆豎　新宮　碩題

とある。写本には「丹後小民　新宮碩涼庭述」とあり、筆者は「木国　前山東叔昌卿枝録」とある。
以上によって、本書が涼庭長崎時代の作であること、および、当時なお西洋医学が迂かつ僻とされたことが明らかである。しかし、本書が翻訳であるのか、編著であるのか、一切明らかでない。本書は十四枚の小冊子で、その内容はつぎのとおりである。

第一章　血象以下、二、血胞　三、血質　四、血液重量　五、血液循環　六、脈動　七、血色　八、血液変態　九、薬能変血　十、注水薬於脈内取奇功論　十一、精論

既述のとおり、原本末尾の識語は、文政元年七月、涼庭がまだ長崎に滞在していたことをしめす。

外科箇方　金創篇　本書は糸井文庫に所蔵されている。それには「外科箇方　金創篇　全」とあり、「独逸布斂吉氏著　和蘭　月施児氏訳　大日本　新宮涼庭重訳　男涼閣校正」とあり、奥付に「春和舎蔵板」とあって、発行所は東京の山城屋、藤岡屋、大阪では秋田屋、河内屋、京都では井上、若林があげられている。慶応に入ってから、涼閣の手によって出版されたものである。蔵板の「春和舎」は若林。序文は涼閣で、つぎのとおりである。

本邦外科之術有ること蓋し尚《ひさ》し。而して其書伝わらず。近世南紀華岡氏有り、漢医籍を主とし、旁ら西洋肓薬方を採り、立ところに一家の法を為し、一時海内風靡し、苟くも外科を執る者其間に出でざるなし。先人涼庭先生、究理外科則を訳して以て世に公にす。其後蘭書に依りて治を施す者亦多し。水府本間氏、華岡氏に学び、漢蘭を折衷して瘍科秘録を著わす。今春佐倉の佐藤氏西医外科書を訳し、已に其初篇を刻す（佐藤舜海訳『外科医法』慶応元年刊）。尤も其章章たる者也。余天下を熟覧するに、能く内景を詳かにして外科術に巧なる者は幾んど希なり。なかんづく金創之術不備と為す。蓋し太平日久しきに由るか。方今国家有事にして邪手賊害亦少なからずとなす。外科其術を詳かにせず、慢りに其責を塞ぎ、人を冥冥の中に誤る。邦《（カ）》家亦恬として之怪しむを知る莫し。先人嘗て言う、医の創に対する者は、須らく先づ内外の損傷を審かにし、安危死生之を治すると治せざるとを察し、而して後症に対し治を施せば則ち膏縫布縛内外薬剤各々其宜しきを得て碍《さまた》ぐる所無き也。其の或は目出血に眩《くら》み、心厥冷《けつれい》（血のめぐりがたえて身体が冷たくなること）痙搐《けいちく》（けいれんしいたむこと）に驚き、其内患如何を審にするに遑《いとま》あらずして匆匆縫縛する処の者往往之有り。此れ患者をして終に死地に陥らしむ。讐《あだ》に死せずして医に死

すと謂うべし。豈に惨ならざらんや。今茲に門生役に赴く者、金創を療するの要訣を索む。因りて先人の遺稿中に就いて此書を訂正し以て授く。未だ能く金創の療術を悉《つく》す能はずと雖ども、諸創の軽重安危治不治生死等の法を察するに至りては、則ち簡にして要有り。世蓋し未だ此書の右に出づる者有らずと尓《し》か云う。

慶応丙寅仲秋　　津藩内外医員新宮義健誌

とある。涼庭が、さきに訳しておいた草稿中から、涼閣が重要なものをとって一書に編集し、慶応二年に出版したものである。慶応二年といえば、内外ともに多事で、仲秋八月は第二次長州征伐で幕府に利あらず、二十日の将軍家茂の死を理由に、翌日征長中止となった月である。いよいよ太平の世の中が去り、戦乱が続けば、医学の方もまた、銃創や刀創にたいして手当をせねばならず、かかる時勢の必要から、涼閣が編さんしたものである。

生理則　一巻　本書は筆者未見につき、『明治前日本医学史』第二巻所収、内山孝一医博稿「日本生理学史」によった。博士のみられたのは、慶応大藤浪剛一博士旧蔵の写本であるという。

本書は最初に「和蘭気之説」と題する約四枚半の一文があり、つぎに生理則の目次がくる。内容は地気・暖気・寒気・燥気・気中塩・風論・気類で、これをみれば、本書は物理学を主とした生理学というべく、一般自然現象の生体におよぼす作用が記述の主体となっている。生理書としては特異のもので、ボイルの法則で名高いボイルが、〃ボイレ君〃として出ている（詳しくは同書二四四〜六ページ参照）。

第二節　医　説

言行録の記載　涼閣は『鬼国先生言行録』において、先人の医学に関する考え方を次のように述べている。

又曰く、医は仁術也。人を活かすを以て目的となす。仁心有りと雖ども、然も術拙なければ、則ち誤って人を殺す。仁医となすを得ず。故に苟くも余が門に入る者は、造次顛沛(注―多忙な時)、須らく巧手を為すを要すべし。

方今世上の医学、漢蘭古今之目あり。余が門に従学する者は、其の方術に於て東西内外古今を問わず、宜しく博く収め並びに貯え、遺棄する所無く、方穢多に出ずと雖ども、苟くも以て人を救うに足るもの、亦在所に取れ。

夫れ西洋之医方たる、我に伝わる日尚お浅しと雖ども、而も彼に在りては則ち百年以来学術大いに開け、各国医学校を設け、研究煉磨、理化解剖等の諸学、亜細亜人の企て及ぶ所に非ざる也。

布斂吉氏外科書に曰く、外科をなす者は須らく獅胆鷹目、両手自在なるを要す。而して羅典《らてん》仏蘭西《ふらんす》英吉利《いぎりす》独逸和蘭之言語に通ずべしと。其外薬学則に曰く、学則を熟知する者は真正の外科なり。知らずして妄りに療する者は眩誣して鬻《ひさ》ぐ徒に属すと。嗟呼欧洲医之心術、公明正大にして博文強記此の如し。彼より我を視れば、其れ之を何と謂うか。

又曰く。支那国は、堯舜以来、三千余年を経、版図は熱帯より寒帯に亙《わた》り、万物備らざる無し。故に天然万物製煉を経ずして効用を為す者甚だ多し。上古の遺方奇功を奏する者枚挙に遑《いとま》あらず。医和扁鵲《へんじゃく》而後、仲景等踵出し(注―つづいて出る)、其術愈ゝ精なり。然して右之方書多く伝わらず。医学校之設甚稀なり。且つ其俗、医を視ること甚だ卑しみ、之を巫祝に伍す(まじない等と同じだとすること)。故に豪傑君子、医学に志ある者なし。其の伝うる所の医書は率ね落第生、村学究之徒に出ず。其書、多くは文章拙劣なる者、以て見る可し。故に論を立て理を説く、一も取るに足る者なし。汝輩支那の医書を読むは、只其病症主治薬方を語すべき耳。其他の理論、一切講ぜずして可なり。

仁術と技術　右の記載中、第一にあげられているのは、〝医は仁術〟だけでは通用しない。かならず医技の裏付けがなければならないということで、すでにあげた家訓にも「立志の話」に「医業は……志、行状共に道に適ふとも、医術未熟にては相不成の訳柄にて、忽ち目前に人命を毀なひ傷るに至れば、仁義の心ありても仁義にならず」とあり、医に関する詳細は医則をみよと記している。

『駆豎斎医則』を見ると、人の病は自分の病と同様に思い、愛の心をもって治療すべきこと、其術が未熟で、学の到らぬ者が誤って自分を信じ、自分はまた受けて辞せなければ小人医であることは免れず、心に慈愛があっても、その生を傷ない人を害すれば賊であると戒めている。

この考え方は、医が人命に至大の関係のある以上当然であるが、とくに医術に秀でていた凉庭としては、他の庸医をみるにつけても、このことを痛切に感じたことであろう。家訓の第一の〝子弟心得方の話〟が序論にあたるものであり、その次の〝立志の話〟にとくにこのことを強調している点に、医としての凉庭の心構えをみるべきであろう。

しからば、医技に上達するには、いかにすればよいか。さきの言行録では、古今東西を問わず、すべての方術は己に貯えて施術治療の参考とせよといい、穢多の治療法と雖ども学べという。

当時は各医家に秘方があって、なかなか公開しなかったものである。これは、昔よりあった秘事口伝の伝統で、日本の教学の封建的性格をしめすものである。江戸時代に入っては、かかる伝統はしだいに打破されてくるのであるが、しかしまだ一般的でなく、医家のうちにも諸国を遊歴して、この秘方を聞きただしたものが多い。

また、広く治術を研究することは、永富独嘯庵、小石元俊などもつとめて行ったので、地方に残る療法を聞けば、自ら出かけて田夫野人といえども、これについて教えを乞うている。

蘭学者の方は、伝統がなく、西洋の伝統を日本に移植する立場にあったから、反訳を出版することによって、治方は衆医の利用しうるところとなり、閉鎖的な面はすくなかった。

涼庭の、右のごとき治術探究の根本となった思想的な基盤は、〃格物致知〃という考え方である。これは、言葉をかえれば、〃親試実験〃ということになり、後者は江戸時代中期以降、とくに新らしい、実証を重んじた学者の用いた言葉であるが、涼庭はそれに較べると、朱子学の用語を用いている点に異色がある。そこに涼庭の学問上の教養と、時世への配慮があったのであろう。

たとえば、『駆豎斎家訓』の〃立志の話〃に、凡そ人たる者は致知格物の学び様を会得せよと言い、また〃学文仕様の話〃に「医術致知格物が大切の条目なり」と述べている。このように、格物致知ないしは親試実験を強調した新宮涼庭が、なぜ人体解剖をしなかったかということは、一つの疑問であるが、おそらく流行医、書院の経営、諸侯への用達等で、その暇がなかったのが主な原因ではなかろうか。

つぎに、涼庭が蘭方、漢方に対していかなる態度をとったかという問題に移る。

蘭方と漢方　『鬼国先生言行録』にも、「先生務めて西洋医術を覃研す」とあるように、オランダ医学を主とした。前々項に引用したところによっても、涼庭は西洋医学の伝統と優秀さ、西洋人の研究心の旺盛なることに心服している。

それに対して、中国は古来から医を尊ばず、医書もみるべきものなく、ただ病症主治薬方を暗誦すればよいと説いて、蘭方に比し、非常に蔑視している。この態度は『駆豎斎家訓』においても一貫しているのである。

おもうに、凉庭は長崎より帰って漢方医を論難して以来、漢方の迂と、漢方医の庸劣さを大いにみせつけられたのであろう。そして、新興の蘭学を研究すればするほど、漢方の迂遠さが一そう痛感されたことであろう。当時は蘭方医といえども、なお漢方にかなりの重点をおいていたことは事実で、凉庭も順正書院では漢方書を講じているが、それは小石元俊らに比し、よほど蘭方の比重が加わって来ている。しかし、漢方をもかなりとりいれていることは、すでに前章でみたとおりである。

なお、凉庭の詩中に、蘭書を訳しつつ蘭医学の精微をのべた詩がある。

訳蘭書

論は乾坤を括し理は釐《りん》を析《ひら》く①
苦心読み得たり毫を下すの遅き
自ら咍《わら》う五十余年の苦
只窓前夜雨の知る有り

① 微細の点まで明らかにする。

とくに、起句に注目すべきである。

駆豎斎医則　この医則はいつごろ作られたか明らかでなく、内容も『駆豎斎家訓』と似た点がある。はじめに、世に君子医と小人医の別のあることをあげ、孝弟忠信は人道の綱常、仁義礼智は道を行うの標的、誠意正心は道を索めるの工夫、致知格物は学問の事実、脩身斉家は人道の成功、医師にして此則の一を欠くも君子医ではないとしている。また、易をひいて、天地大徳を〝生〟、これが大和流行して万物を化成せしむるのが天道の仁で、これを〝元〟、これに反するのが〝殺〟であるとし、また、書経をひいて、天工は人これに代るの説を述べる。これらはすべて儒学の思想を基礎として論じたもので、涼庭の儒学的教養の一端をしめすものであると同時に、おそらく、蘭学弾圧時に作られたものではなかろうかと考えられるふしがある。

その他、涼庭が君子医としてあげるところは、権勢富貴に阿《おもね》って親族貧賤をおろそかにせぬこと、深重で人に信頼されること、医見に信念をもつこと、廉恥を重んずること、他医の長所をほめること、柔にして剛なく、怯にして勇なきものでないことなどをあげている。

医となる十五則　これは順正書院にかかげられている長さ四メートルを越える大きな額で、かなりいたんでいる。書き下してみると次のようである。

脈を切るには静を以てす
色を望むには明を以てす
聴問は詳を以てす
因を繹《わけ》ぬるには遠を以てす
方を処するには簡を以てす
薬を製するには潔を以てす
術を行うには捷を以てす
飲食は節を以てす
説諭は和を以てす

容貌は荘を以てす
婦女には礼を以てす
貴人には恭を以てす
愚人には訓を以てす
貧人には恵を以てす
富人には方を以てす

詩文　涼庭の詩文中には医事に関するものもかなり多い。詩においては「医聖讃」「神農」「仲景先生の画像に題す」など、古来の医聖といわれる人々をよんだもの、「万全痘歌」「脾胃論を読む」「薬物六種」などの病気、医書、薬物に関するもの、自分の病気を読んだ「疾を患う」「病を養う」などがあるが、とりたててあげるほどのものではない。文集中には、副題がそえられてあるものが、医事に関するもので、次の通りである。人名中初見のものもあり、内容は質問に答えたもので、涼庭の医名と医技を知るに足る。

「**福島終吉に答う**　気説」　これは、福島終吉（門人か）が傷寒論を注し、易経を攻究し、涼庭に一書をよせて、気は用あって体なしと述べたのに対する返信で、空気のことについて述べている。直接医学に関係はないが、『生理則』で自然現象と生命との関係を述べた涼庭としては、この方面にも関心があったので、空気の用と体をのべ「造物無尽の一大物と為す何ぞそれ至霊なるかな」と歎じている。

「**永田良達に答う**　命説」　永田良達も門人ではないかと思われるが、質問の趣旨は「命の一字医の論ずべきものに非ず」というので、涼庭は、これは先輩の常套語、庸流拙を掩うの遁辞であるとして、自説を展開する。

すなわち、命とは天が生あるものに与えたもの、人にあっては肺の橐籥《たくやく》（ふいごの意）・心の寛窄・脈搏・腸の蠕動・脳の造液・胃の食を爛すること・肝の胆を取ること・腎の尿を漉《そそ》ぎ、睾の精を醸《じょう》することにあらわれる。人病あれば機能は自由にならず、薬が効を奏すれば命は延び、しからざれば死する。古人は医を司命の官と称したのも当然とし、医の任務の重大性を説いている。

「宍戸玄堂に答う　医学説」　これは致知格物を問うたのに対する涼庭の答えである。涼庭によれば、世の医学は法を学んで法の法たる所以を論ぜず、病を論じて病の病たる所以を知らないから学んで得ること少なく、労して功なしである。これわが〝学〟にあらずという。しからば涼庭の〝学〟とは何か。それは「法の法たる所以を論じ、病の病たる所以を知る。事を執れば則ち必ず之法を審かにし、物を格すれば則ち必ず之理を窮む、理は物を貫く所以なり、法は事を成す所以也」である。

「甲斐文貞に答う　医任説」　この文は前にも涼庭晩年喀血を患ったところで出しておいたが、病をおして書いた晩年のものである。内容は医者の任務の重大なることを説いたもので、すでに述べた医技の重要さを繰返している。「人の患ある己に之れあるが如く也。医にして学ばざれば則ち患者生を傷け命を損ず、其害蛇蝎よりも甚し。惻隠物を愛するの心ありと雖ども、其任たるを得べからざるなり……故に医たる者は仁を以て体となし学を以て用をなす」と。

「再び甲斐文貞に答う　観象説」　これは涼庭が観象の学を医学の要務とするのを、文貞が不審に思って再度質問したのに対し「極弁」したのである。涼庭によれば、観象の学とは「死象を視て生象を知る常に明にして変を期するの道」で、内景の形状位置を知る生象と、機活妙用を知る生理との二があり、格致すべきは流体凝体で、生活はこれによらざるはない。流凝二体相待つの常機を失うと病気になる。だから医たる者はその常態を知らなければ非常を知ることはできないという。このためには、血気ある者は鳥獣といえどもとってわが学に資せよとし、文貞の無理解を詰り、一たび来って面晤せよとまで云っている。

「三たび甲斐文貞に答う　性説」　これは、文貞が朱子学の性理の〝性〟を尋ねたのに対する答で、内容からいえば儒学に属するようであるが、前にも述べたように、凉庭の医説が朱子学の格物致知を思想的な基盤としているので、参考とすべき点があり、とくに医学と朱子学との関係は、ここで明確に答えられている。すなわち、「某の説は観象の学より来り、率ね之は人身生活上に係りて之論を立つ」としている。その大本は、凡そ天地物有れば則ち理あって賦す、故に形有る者此性あらざるはなしであり、流れるのが水の性と同様、瀉下するのが大黄（薬名）の性である、として、性善説を説いている。

「古荘自然に答う　意識説」　この古荘自然という人物も、門人ではないかと思う。これは、古荘が、意識は脳に発する所以の説を問うたのに対して答えたものである。凉庭は、意識は神霊の会、知覚の府、脳に舎《お》り、神経に駕すとし、神経の身体におけるは、あたかも薜蘿（つる草）が木に絡むがごとく、五官のあるところすべて神経の作用であり、「其外よりするもの先づ神経に受けて脳に応ず、其内に発する者は先づ脳を動かして神経を発す」とし、その間声の響に応じ影の形に随うごとき関係ありと説いている。

「再び永田良達に答う　疾説」　これは、永田良達が、疾は命を妨げ生を傷い、人身常を失するゆえ、性邪にして悪、人身病あれば命が之と闘うとしたのを、これは吉益東洞の万病一毒説である。病に有毒と無毒がある、無毒漏脱の症は其人の気力支え難く、而して毒の駆るべき無きは純に治を収斂補益に求めよと説く。ノイローゼのごときを述べているようである。

「三たび永田良達に答う　薬説」　この説は、毒ある草も病によりては薬となり、薬といえども適用を誤れば毒となるから、よくわきまえるべきだ、と説いたものである。

温泉論　涼庭は弘化二年に城崎へ湯治に行ったが、その著『但泉紀行』の中に「温泉論」があり、温泉の泉質を論じ、適応症や禁忌症を挙げているが、現代の医学とも大差ないばかりの進んだ論である。泉質を論じては、

温泉の質は必ず鉱による。その熱必ず礬（礬油一名硫酸）塩（灰塩中塩）硫（硫黄）鉄（緑礬質）滾々妙和の際に発す、自ら定理ありて臆想のよく及ぶ所にあらず。譬えば礬油水を得て沸欝薫灼、硫鉄水に和し、蒸熱爆を発するが如し

とし、天下の温泉、地方により差はあるが、冷と温とに論なく硫鉄礬塩の四者に出ない。その沸騰薫灼の間に揮発精微の気がある。これが礬油精微の気である。しかして、塩かてば疏通し、硫かてば瘡を乾かし、鉄かてば収斂し、礬油かてば熾烈触るべからずとしている。

ついで城崎温泉におよび、四者滾々として妙和し、温熱中を得て偏僻克烈の性なく、他泉の及ぶところでないとしてその効能をあげている。

医陣説　これは、次の「医道時変説」などとともに、『駆豎斎文鈔』に収載されている。これは、疾は敵、元気は人馬、四肢百骸は城池陣営、薬石は刀鎗・鍪甲《ぼうこう》（かぶと）、鍼灸《しんきゅう》は弓銃、膏縛は幕や楯、匙は麑《き》子など、医を兵にたとえたもので、江戸時代の医家には、よくこの対比で医を説いている例がある。そして最後に、善く治療しようとすれば先ず神を凝らし思を静め、彼を知り己れを知り、勝算を定めて後汗・吐・瀉・和・補を行うと、奇正変化が手に応じて出るのであり、学習すでに熟し、意思無限に入るものでなければ不可能である。古人も医

は意であると言ったが、学ぶ者はよく考えるべきであると結んでいる。

医道時変説　これは医史を概観したもので、医道の変化は天の命ずるところであるという説である。したがって、蘭学者としては、いささかリアルな面を欠いた見方である。

涼庭はいう。室町時代に今大路、半井氏らが相ついで出で、栄養益気を唱え、硝黄を嫌った。その弊が流れて迂となったが、これが防ぎえなかったのも天の命ずるところであった。

慶安ののち古医方が起り、汗吐下を主とした。はじめ甲斐徳本・有馬涼及から中ごろ後藤艮山・香川修庵、山脇東洋・吉益東洞にいたって巴帯汞信をみること園菓野草のごとく、これが害をなした。これも天の命で、人力では如何ともしがたいところであった。

さきに遠西の医法がわが国に伝わり、桂川甫周・杉田玄白・宇田川の三子がおこり、その文を訳し、その道を弘むること五十年、しかし其文詭異、其法深密、これを仰げばいよいよ高く、これを探ればいよいよ深く、森然として城府のようで、入門しても堂に入ることが困難であった。洋方が行われ難かったのはこのためである。長崎に中野柳圃出で、文法を悟って城府のごとき門戸がはじめて開け、学ぶ者がややその盛美を窺いうるようになったのも天命である。自分が医術の真理を得たようになったのも、天の然らしむるところである。自分が駑鈍を忘れて日夜努力する所以はここにある。今の学者は一家の私言を主張してこの天命の理を一蹴しようとするが、天の命ずるところを人力で奪おうとしても、それは出来ないことである。

以上が涼庭の説の大要である。

咽喉火毒論　咽喉火毒とはジフテリアのことである。咽喉火毒は外に一種の気があり、内に之を感じ、その発するや火薬の火を走るように焦げ脱けて、人が手を措く暇も、人はただその急激に死を致すを知るも、その病のいかんを知らない。小児が多くこれに感じ、馬痺風と呼ぶ。大人が之に罹ることは、まずない。といい、その症状を説き、治療が急を要しないと及ばないとして、世の医者の注意をひいている。

最後に『白雲遺稿』に、涼閣が「先師諭言」と題した詩一篇を載せておこう。

施薬元飽暖を求むるに非ず
生を救うは全く天扶を補うに在り
飴を売るは猶妻子を解糊[①]するが如し
犬亦児に乳し鳥は雛を哺す

①養なう。

第七章　涼庭雑俎

涼庭の伝記の主要なものは、すでに前章まで記しおわったので、ここでは、以前の記述になくして、涼庭の人物を知る上に必要なものを主とし、以前に記述した事項中、必要な範囲でその概要を補備し、さらに涼庭没後のことにおよぶこととする。

第一節　涼庭の肖像と遺品

肖像と木像　涼庭には天保八年に中林竹溪の筆になる画像（後述）、および木像があり、新宮家に保存されていたのであるが、宗家涼男の後をついだ彬男氏の手によって他人の手に移り、所在不明であることは、遺憾にたえない。ただ、肖像画の上に涼庭が賛をしたのが書き留められているので、左に記しておく。

細君春枝視二余之相貌稍痩一使レ図二肖像一。余与レ議二越前侯南部侯国事一。時天降二大霖一年不レ登《みの》、所レ議制度幾阻塞不レ行、勢加二皺削一。人或以二余近二危険一。漫把レ筆題二其上一。

逸居恰似レ坐二船弜①一　天出二大材一忌二大功一

①弜は強いこと、大船の意か。

医レ国忠言嫌二苦烈一　呈レ文気脈欠二流通一
芙蓉不レ若松花久　蚯蚓却鳴蛛網工
癡歎頑乎任二人咲《わらう》一　散人只合《まさに》レ老二山中一

時天保八年丁酉臘屋於梅花方香書楼

凉亭主人碩

なお、『鬼国先生言行録』には、巨勢小石が写した「鬼国先生肖像」がある。この肖像は、凉庭が右手に本をもっている姿を描いたもので、顔はやや痩型、耳は大きく描かれている（口絵参照）。相馬九方は『破レ家ノツヾクリ話』の序文に、凉庭のことを「山人は長身巨口、偉貌魁梧」と評した。

遺品　凉庭の遺品で、とくに身のまわりの品や印顆などは、全然残されていない。凉庭没後、本・分家において分配されたことと思われるが、子孫の四散とともに、所在不明になったのであろう。

書籍も、順正書院には、凉庭がその詩において七八車と詠み、シーボルトが蔵書家であると評したように、随分多かったと思われるが、その大部分は散逸し、凉庭の著訳書および蘭書（一部か）は、京都大学図書館に寄贈され、わずかに分散をまぬがれている（口絵参照）。

遺品というよりは、遺物、しかも最大の遺物である順正書院は、その後人手に移ったとはいえ、その本建築は、なお厳として東山の一角に百数十年の風雪に耐え、間部侯の額などもそのままに残されている。

銅像　順正書院の邸後の園中に、凉庭の曾孫凉男によって建てられた「凉庭鬼国先生の像」があった。現在は舞鶴市の舞鶴城内徴古館におさめられている。これは昭和三年八月に建てられ、高さ五十センチメートルばかりの涼庭読書の胸像であって、その台座には涼庭の略伝を鐫刻した銅板が嵌入され、これと並んだ石碑には東大名誉教授土肥慶蔵医博の撰文並に書になる「順正書院記」が刻まれている。それには白鹿洞の故事よりはじめ、わが国の学校の起原を説き、おわりに、

子孫其れ宜しく守って失うことなかれ。子孫守ること能わざれば則ち之を官に請い、破るれば則ち葺《くさぶい》て之を新にし、壊るれば修めて之を全うし、百歳の後翁をして本朝の李勃と為すは豈翁の栄ならずや。曰う、翁の栄は一人の私也。書院の存するは国家の公也。則ち書院を無窮に存せしめ欠典と為さゞるは、則ち豈亦国家の栄ならざるか云々

とある。書院の現況をみれば、皮肉の感なきをえない。

なお、この碑陰記は三井高棟撰並書とあって、涼男建碑の挙を嘉賞し、土肥博士撰文の凱切なことを述べ、かつ土肥博士の先考が涼庭の門人であった因縁をもって博士に請うたことが記してある。

第二節　涼庭の思想と文藻

皇室と幕府に対する態度　涼庭は皇室を尊び、幕府を敬し、封建体制の補強こそ考えたが、その打破や、まして倒幕などは全然考えなかったことは、いままで述べたところで明らかであろう。『鬼国先生言行録』にも、

先生平素天朝を尊び幕府を敬するの意甚だ至れり。常に子弟の輩を戒めて曰く、若し典薬御医に会えば、縦令其人学薄く年少くとも、宜しく敬礼崇重、必ず下座に就き、且つ起送之を迎えよ。是其人を敬するに止まらず、乃ち天朝を尊崇する所以なり。幕府の布令、亦宜しく慎しみ守るべし。誹議違背すべからず。是れ聖人の道なり。

といい、『駆豎斎家訓』中にも、

我皇国に生れし者、上古より天朝の御恩沢を先祖代々より蒙むり来れば、素より有がたく尊崇し奉るは申述ぶるまでもなく、慶長以来は将軍幕府の武徳に由て大平に被成たれば、我輩其御恩沢にて枕を高ふして安眠するを、有がたく敬重し奉るは勿論、御掟を堅く守るべき事第一の心得なり。

とあり、皇室の場合は先祖代々の恩、幕府の場合は、平和維持の恩に対し感謝すべきことを説き、『鬼国山人夜話』にも、日本が中国よりまさっている点を強調している。

儒学　涼庭は、当時の一般人士と同様、儒学的教養を基礎としていたが、涼庭の詩文にはかなりその影響が強く出ている。これらは、蘭学をおさめても、医技にとどまって広く西洋の物の考え方や国情にまで及ばず、一切が医学の範囲にとどまっていたこと、さらに西洋の実証性までが、格物致知によっておきかえられたことに原因するが、平素幕令を重んずべきことを説いた涼庭としては、幕府が蘭学を忌めば之に従うという高い順応性、その反面に思想的な主体性の不足が、ここに至らしめたものであろう。このことは『駆豎斎家訓』においてもよくあらわれているが、その詩にも左のごときがある。

智者人を利する潤い雨の如く
仁者物を愛する徳春に似たり
義人事を裁つ厳冬の如く
信は四時の如く綸を乱さず
勇は廉耻を兼ねて雪よりも潔く
忠臣は鉄に比す磨せども磷せず

能く礼を復する者は中節を行い
能く己に克つものは身を謀らず
誠意正心先ず我に在り
致知格物延いて人に及ぶ
衆理条達凝滞なし
着眼万丈天真を観る
研磨せよ是れ此不昧之鏡
浩然気中塵を着くる勿れ

嘉永壬子春誤って手を烙《や》き傷未だ収めず。筆を握って此詩を書す。本藩堤君の鑑と為す
涼庭老人碩
（由良・堤氏蔵）

この詩は、五常の教えである仁義礼智信に忠と勇と克己を加え、涼庭が『駆豎斎家訓』等で強調した誠意正心と致知格物を配し、自からも研鑽するとともに、人にも及ぼすべきことを説いたもので、その儒学的精神の志向をよくあらわしたものとみることができる。

また、長崎遊学途中の詩、

我れを生む者は天地
我れを育くむ者は慈親
已に乳哺の徳を仮て
長成す七尺の身

渥恩滄海よりも深く
寸分も未だ仁に報ぜず（以下略、全文三二ページ）

とあるのも同巧異曲である。この儒学思想は、詩文によく現われている。そのうち、とくに顕著なものとしては、日本の忠臣や英雄をよんだもの、中国の人物を評したものが比較的多いことである。いますこしくその表題をしめし、かつ、その一班を窺いうるものを例示してみよう。

(1)長崎遊学（『西遊日記』）

大阪「不落城畔」（大阪覧古）
豊公の威武雷の轟く如し
柩肉未だ寒からざるに覇業傾く
（柩肉寒からずして業已に傾く）
十万の健児雄鷲に似るも
支えず妖婦の堅城を破るを

右の（　）内は『駆竪斎詩鈔』にあるものである。その歴史解釈の通俗的なること、結句によくあらわれている。

兵庫「楠公の墓に謁す」・「平武州の墓を過ぐ」（敦盛塚）・「一谷を経て感有り」、厳島「厳島」・下関「壇浦」、九州―「箱崎八幡の祠に謁す」（蒙古襲来）・「太宰府菅廟に謁す」・「名古屋覧古」（名護屋）・「熊本加藤公の祠に謁す」

菅廟に謁する詩は、

萬籟全く収まり夜闌《たけなわ》ならんと欲す
松杉露は滴って客衣寒し

忠魂滅せず乾坤の裏
明月清風玉欄に満つ

(2)在京（その一）「八幡公画像」「源右府石橋山に難を逃るゝ図」「楠公像」「藤中将楠中将対面の図」「備後三郎詩を桜樹に題する図」「加藤公像」

(3)盛岡行　東海「桶峡を過ぐ」（桶狭間）・「久能山」・「小田原」

桶狭間の詩は、

原草高低幾《ちか》く営を列す
疾風雨に乗ず是れ奇兵
英雄の魂魄今何処ぞ
天籟猶成す萬馬の声

注―「丙甲詩集」では「千頃の平原一百の営、夜風雨に乗じて鯢鯨を斫る、英雄の枯骨誰か魄なけん、天籟猶成す万馬の声」

奥羽「高館を過ぎて感あり」（義経最後）、関原「関原を過ぎて感あり」

(4)越前行「賤が嶽」・「中川公（清秀）の墓」・「賤が嶽懐古」・「新田左中将の墓を過ぐ」

(5)在京（その二）「芭蕉翁肖像」・「鞍馬山に遊ぶ」（牛若丸）・「又」（同前）・「小督の墓」・「常盤雪を冒すの図」。最後のは、

雲は前途を没して凍え且つ飢ゆ
枉《まげ》て眉斧《びふ》を将《もちい》て①三児を護る
白旗西海天に翻るの日
一洗す当年の鉄面皮

① 自らの貞操を犠牲にしたこと。

(6)逸詩「一乗寺を過ぎ丈山先生を懐う」

右によれば、涼庭の関心は戦争や忠臣烈婦などにあり、科学者としての反面、封建的教養を身につけようとしたこと、その価値基準が儒教的かつ通俗的であったことが、容易に理解できる。

つぎに中国関係のものに移る。順序はほぼ詩作の順序とする。

「淵明図」

復た風塵の来って顔を撲《う》つなく
帰雲栖鳥心と与《とも》に閑なり
然りと雖も胸宇水よりも清く
いかでか及ばん巣由の山を出でざるに

「謝安棋を囲むの図」、「秦紀を読む」、「胡澹庵の封事を読みて」（胡澹庵は胡詮、宋の高宗につかえ、徽宗が金に捕えられて死し、宰相秦檜は金と和せんとした時、封事を上り、秦檜ら和議派を斬るべしと主張し、ために秦檜に忌まれて退けられた）、「呉越春秋を読む」（越王勾践と忠臣范蠡《れい》のこと）、「其二」（美女西施《せいし》のこと）、「「三国志を読む」（昭烈のこと）、「其二」（武侯のこと）、「韓忠武」「三朝実録を読む」、「昭烈武侯を訪う図に題す」、「韓非子」、「季子」、「晏子」、「范蠡」、「范増」（項羽の謀臣）、「孫権」、「魏文貞」（唐の名臣魏徴か）、「韓蘄《ぎ》王」、「文久山」、「張子房」（張良、唐の高祖の謀臣）、「断機の図」（孟母の故事）、「蘇文忠」（詩人蘇東坡のこと）、インドであるが「釈迦出山の図」などである。

逸詩には「朱夫子」がある。

つぎに文集としては『駆豎斎文鈔』・『順正楼丙申集』ともに、「晏子論」・「范蠡論」・「季子論」の三篇がのせられている。

以上のごとく、儒学的教養を主としているので、国文学については、ほとんどふれるところがない。わずかに、芭蕉の肖像に題した詩くらいであろう。

文藻　文章や詩はもとより専門でなく、その余技であるから、あまり批判すべきではなかろう。ただ、あの多忙な生涯において、よく文を作り、詩を作ったということはいえる。とくに詩は好きであって、中にはかなり見られるのもある。牛窪左近の詩集『如松軒人遺稿』のなかに「鬼国山人詩巻跋」がある。

山人は刀圭を以て鳴り詩筆は則ち其の緒餘のみ。故に人山人刀圭の技倆を知らざるは莫くして、詩筆の妙に至っては則ち称するもの鮮《すく》なし。今玆に戸野氏駈野氏を媒して山人の詩巻を得、跋を余に索《もと》む。余時に病を抱き戸を出でざる累日、偶《たまたま》此巻を把て之を読むに、未だ十行ならずして俊爽の気勃然として紙に溢れ、人をして聳《しょう》然起坐して疾の身に在るを知らざらしむ。然り、即ち山人詩筆の妙以て病を医すに足る。未だ必ずしも刀圭を待たざる也。花朝後二日如松生茂撰。

社会思想　社会思想についても、『破レ家ノツヾクリ話』等で述べたが、一括すれば、封建社会をいかに維持し、補強するかである。そのために、町人をいかにみたかといえば、町人は守銭奴であり、生活に困難を来しつつある武士が金を借りて苦しめられる存在であり、とくに勘定奉行や勘定役が、彼等と結託することによって私曲を行い、藩財政を一そう窮乏させる。だから、上下倹約して借金の必要のないようにし、財政立直しのために要する費用も、領内の町人からは借用しないようにとまで注意している。

一方、藩財政を立直す積極策は、倹約よりも殖産興業である。それには一部工業も考えられているが、主となるのは農業で、農本主義の立場を堅持している。しからばその農民観はどうかというに、やはり百姓一揆にはかなり注意を払っている。すなわち、農民はずるくなり、つけあがっている。しかも、農業は衰微している。この農業を立直し、農民を土地にしばりつけて大いに働かせ、土地生産物を多収することに重点がおかれている。そこには、くりかえして述べるごとく、天朝を尊び、幕府を尊敬する涼庭が、家康以来の幕府の農民政策を、若干時勢の推移への配慮はあれ、一貫して説いているあとがみられる。

第三節　涼庭の性格

涼庭の性格概観　涼庭の性格が、本質的には封建的人間像の一つの典型であったことは前節述べたとおりである。したがって、儒学的教養を堅持し、修身斉家治国平天下に連なるものであった。忠君愛国の精神を強調し、孝養に心掛け、師に対してもまた、尊崇の念を終始忘れなかったことはすでに述べたとおりであり、医国の志も、成功はとにかくとして、実行に移した。このためには、涼庭は幼時より勉強にこれ勤め、また倹約の志もあつかった。この知識と財とをもって、涼庭は晩年の栄誉をえたのである。

その反面、かかる立志伝中の人にありがちな名誉慾も、かなり強烈であったと思われる。その書院の建設にあたっても、名誉慾のためと誤解され、諸侯への用達も山師的行為と解されたのは、その一面を物語るものである。以下項をあらためて、若干の補足をしておきたい。

勉学心　涼庭が文学を好んだことについては前節にのべたが、その勉学も、少年時代よりきわめて熱烈なものであった。『鬼国先生言行録』に曰く、先生文学を好み、多く儒士と交わる。間《ひま》有れば則ち必ず書を読む。輿《かご》に乗り、廁《かわや》に上る亦皆書を携う。平生睡ること少なく、睫《まつげ》を交ゆる者一昼夜僅かに八刻強のみ。時に或は坐して睡り以て倦を排し、覚《さ》むれば則ち精神更に活潑、孜々《しし》として巻を手にし、最も人心道心、君子を義に喩《たと》え、小人を利に喩《たと》うるの語を服膺す。常に曰く、堪忍勉強ある者は君子也、之無きは小人也。予業を成す所以の者は、堪忍力と勉強力に在る已と。

とある。八刻とはいまの四時間である。涼庭の一生は、まさに勉学苦闘の連続であった。

『新宮涼庭先生言行録』中、横井俊介は次のごとく語っている。

(涼庭は)門戸太だ盛にして多数の病客に接し、往診の帰りが深夜に及ぶことは常であったが、其繁忙の中で文学の事業殊に許多の著訳のあるのは全く〃夜を以て日に継ぐ〃の故であった。先生は常に「余は長命なり、五十年の齢は人の百年に比較す」と語っていられた。

と。

性淡白　涼庭はまた性淡白、快活で、カッとなれば怒るが、怒ったことはすぐ忘れてしまう。話がすきで、面白ければ大いに笑い、悲しければ泣くという、まことに天真爛漫な感激家であった。『鬼国先生言行録』にも「先生人と為り快豁《かいかつ》善く談ず」とあり、また次のように、諸例をあげている。

先生怒を遷《うつ》さず、旧悪を念わず。故に喜怒哀楽、忽ち発すと雖ども亦忽ち散ず。朋友親戚門生数十人相会するに当り、或ひと語の詖淫《はいん》(非常にみだらなこと)に渉《わた》る者あり、先生忽ち大喝怒罵し、其不義不正を論弁すること猶を其事を面行するがごとく、其勢疾風雷雨の忽ち至るが如し。一坐喫驚色を失う。而して論尽き怒散ずるに及んでは、則ち猶雨霽《は》れ雲収まり、一天晴朗、衆人の心初めて舒《の》ぶるが如し。又諧謔を語る者有り。先生亦快談大笑し、捧(抱)腹絶倒する者あるに至る。又浄瑠璃を演ずる者あり、忠臣貞婦情事切迫する処に至れば、則ち先生感泣自から禁ぜず、涕泗滂沱《ていしぼうだ》(涙をハラハラ流す)・侍する所

の童児も之が為に泣く。其天真触発往々此の如し

と。また、相馬九方は『破レ家ノツヾクリ話』の序において、次のように述べている。

山人は長身巨口、偉貌魁梧、性忽略而して簡易の家居に衣を解て踞り、磅礴《ぼうはく》（気が満ちふさがる）として坐す。大人貴客にも其容を改めず、然して其談術事を論ずるの時に当っては、風雨暴れ至って、矢鋒四集して細大粗密一髪を容れず、其大略此語を視て以て概見すべし

とある。ここで相馬が〝性忽略〟と評したのもすこしく注意をひく。凉庭は読書においても大略をつかめとよく述べているが、細事にはあまりこだわらなかったようである。その反面やや性急のところもあり、長崎にいた時もオランダ人からロスメンス（疎漏）といわれたといい、この性格が災して、軽々に諸侯の用達に努力したとも後悔している。

なお凉閣の『白雲遺稿』に序文を書いた小野湖山（明治二十七年の序、ときに湖山八十一歳）は、序文中に、自分が入京して凉庭を訪ねたときのありさまを述べている。それは凉庭の晩年で、「慇懃欸接《いんぎんかんせつ》、往を談じ、蹤に時勢を論ず……余今において猶を其の言論時以て人に語るを記す。翁は真に快人也」と。

生活信条　凉庭の生活信条をうかがいうるものに「存養十五則」がある。

心に存するには仁を以てし
物に接するには愛を以てし
学術は精を以てし
事実は験を以てし
立言は確を以てし

読書は要を以てし
理を見るには達を以てし
変に応ずるには権①を以てし
師に事うるには問を以てし
事業は勤を以てし
人と交るには信を以てし
故旧には厚を以てし
慾に克つには剛を以てし
　己を守るには倹を以てし
善良には旌《せい》②を以てす

① 権道、奇効を奏する法。

② 旌。賞する意か。

右は横書の大額で順正書院の壁間に掲げられ、今に存している。

第四節　一族と後裔

概説　涼庭が本家の外に第一〜第四の分家を立てたこと、妹の千代に由良の新宮家をつがせたことはすでに述べた。いまその後と、涼庭と関係の浅からぬ有馬家のその後のことについて述べる。はじめに系図によって、その概要をしめしておこう。

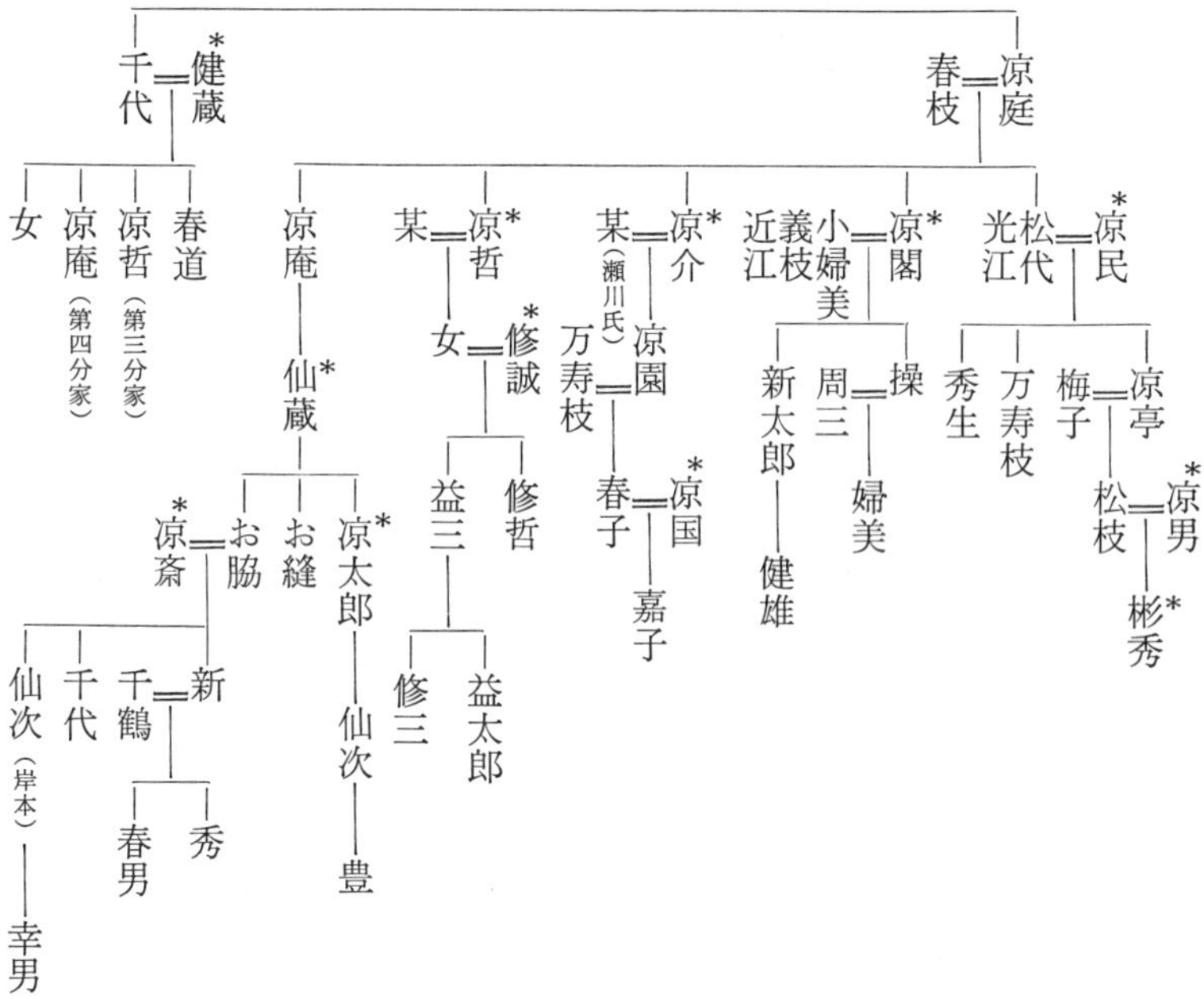

（注）＊は養子

上のごとく、すこぶる複雑である。左に本・分家ごとに、その後の状況を概説することとする。

本家　涼庭が門人柚木舜民の医術に熱心なのをみこんで養子とし、娘松代に配して本家をつがせたことは既述のとおりで、この舜民が涼民と改名した。松代との間に長男涼亭、長女増枝、次女秀生がある。

涼民は明治八年三月二十四日、五十六歳をもって没し、天授庵に葬り、春月院対翠微山居士と諡した。業績はあまり明らかでない。妻松代は慶応元年八月十三日没、諡は観月院桂林幽香大姉。後妻光枝は膳所藩士神谷兵左衛門の女。

つぎの涼亭は、初名機一郎、のち涼亭と改めた。東京医科大学卒。各地の学校病院に歴任後、涼庭以来の患家三井家の縁で東京に出た。大正十一年六十九歳をもって没。妻梅子は京都府知事槇村正直の娘。涼亭は大正五年に『新宮涼庭先生言行録』を刊行した。『鬼国先生言行録』の抜粋補遺で、仮名交わり文である（二六八ページ参照）。

涼亭の妹の万寿枝は新宮涼園の妻となり、末妹秀生は永田松治に嫁した。

涼亭には一女松枝（松江?）があり、これに京都の伊東家から養子を迎え（庶子）、涼男と改めさせた。涼男は京都府立医専卒、陸軍軍医少佐にすすみドイツに外遊し、ドイツ医学博士の称号をとり、昭和六年、五十四歳で没した。養子彬《よし》秀は堺の千野医博の子、大正九年生れ、学業途中召集されて南方に出征、帰還後書院を売却し、また実家千野家へも迷惑をかけたという。のち北海道へ移住したが、その後不明。最近胸を患い、死亡したとも伝えられている。

第一分家　涼閣は田辺藩士古河主馬の五男で、涼庭の養子となったことは既述のとおりである。寧寿堂先生と称し、別に白雲の号がある。明治十八年十二月四日、五十八歳にて没した。

本分家のうちで、もっとも活躍したのは、この涼閣であろう。涼閣は先人を顕彰するため明治十八年に『鬼国先生言行録』を刊行した。著書に『北邪新論』と、『白雲遺稿』その他がある。津藩につかえたことは、第三・四章で述べたとおりである。この『白雲遺稿』に涼閣の伝が収められている（第三章参照）。

室小婦美《こふみ》（また小文）は有馬玄哲の女、安政五年八月二十一日没、諡は円空院貞室不見大姉。二女を生む。次室義枝は蒲生秀復の女、嗣子新太郎を生む。三室近枝は西大路藩士加藤喜平の妹。以上三室天授庵に葬る。

長女操は京都の医森貞斎の子周三を乞うて養子とし、これに配した。その間に婦美を生んだが、周三はのち離縁し、操は建勲神社の宮司津田長興に再縁した。長男新太郎は東京医科大学の別科を卒業し、福島県平市に開業、大正九年、六十一歳で没した。

新太郎の子健雄は明治廿二年生れ、東京青山学院卒業後、英語の教員をし、戦時中仏印の軍通訳であった。のち福井市に病を養う。三男二女があったが、男子はすべて死去、健雄氏は半身不髄、二女秀子が家計をささえた。

第二分家　涼介は既述のごとく紀州安楽川《あらかわ》の医松山氏より入って養子となった。妻瀬川氏との間に涼園があり、その室は本家涼民の女万寿枝である。涼園は明治初年に上京し、大学東校に医を学び、ついで横浜で外人や西周《あまね》（『百一新論』の著者、明治初年の啓蒙思想家として著明で、明六社同人の一人）に英語を学び、十全病院（現横浜医大附属病院）で実習、日本橋に開業し、また叔父松山棟庵*の慶応医学所の業務をも助け、一時、一高に教鞭をとり、塩田博士も教えたという。大正十四年十二月九日、七十四歳で没した。妻万寿枝は昭和二十年没。

＊ **松山棟庵**　松山翠翁の四男、涼介の末弟。元治元年江戸に出て鉄砲洲の福沢塾に洋学を修め、塾が新銭座にあったころ助教をつとめた。いったん帰郷、維新後ふたたび上京し、明治四年大学東校に出仕、六年、福沢の支援で芝三田に医学所を開き、また石黒・緒方・三宅らの同学と東京医学会を結び、十四年高木兼寛と成医会を起し、また共立病院を創建した。大信銀行取締にもなり、大正八年、八十一歳で没した。

右の医学所は明治十三年廃校となったが、これが大正五年、北里柴三郎博士招聘の慶応義塾大学医学部の先容をなしたのである。ついでながら、松山家は涼園の弟誠二が祖父の生家松山を継ぎ、翠翁の三男は管吾の養子となり、医を修めてながく一高に教鞭をとった（羽倉氏の研究による）。

なお、涼介（貞亮）には『京華名勝集』（明治三年刊）四冊の著があり、また涼園には『中毒療法』（明治六年刊）、『病理問答』（明治十四年刊）の著がある。

涼園の一女春子には加賀大聖寺藩士の金谷氏の次男彦二（明治十二年生れ）をむかえ、涼国と改名させた。涼国は明治廿五年生れ、東京医科大学卒の医博で、大正初年以来三井診療所に勤務していたが、昭和三十六年四月十七日、八十四歳をもって没した。その子嘉子は大阪大学の理博村橋俊介の室である。

第三分家　涼庭の妹千代の第五子義悟が第三分家をたて、涼哲と称したことは既記のとおりである。文久二年、わずか三十一歳で没した。一女があり、これに山城相楽郡梅谷村の農業森川源四郎の長子修誠を養子としてむかえた。修誠は東京医大卒、愛媛県宇和島の病院長であったが、病のため奈良市に移り、明治三十一年、奈良市において五十一歳で没した。墓は奈良雑司町空海寺にある。二男があり、長男修哲は岡山の医専を卒業し、日露戦役に軍医として従軍、のち和歌山県御坊町で開業した。大正六年、四十歳にて没した。小児科の著書があり、また文筆に親しみ和歌を好んだという。次男益三は明治廿一年生れ。西宮市に居住して朝日新聞販売店を開いている。その長男益太郎は鳥取高農出身、獣医として出征し、中支衡陽で戦死した。次男脩三は父の業を助けている。

第四分家　第三分家の涼哲の弟精義、すなわち涼庵が第四分家をたて、安政四年四月大阪の緒方洪庵の門に入って学んだ。秀才の誉が高かったが、安政五年七月二十一日、テーリンク（病名?）で二十歳余りで死去した。涼庭の生家をついだので、由良の松原寺に葬り、南禅寺に分骨した。子なく、一時涼庭の妹千代の子仙蔵を養子に迎えた。仙蔵は明治二十二年に没した。諡は大翁仙蔵居士、墓は由良の松原寺にある。その後は福知山の塩見仙蔵の子涼太郎を養子とした。涼太郎は医を業とせず、明治三十七年十月十八日に没した。墓は由良村にあり、諡は愁岳涼雲居士。その室は諡は恵屋貞心大姉、昭和十六年六月三十日に没した。この間にできたのが仙次で、昭和二十三年五月三十日没、諡は仙嶺泰明居士、墓は由良にある。その子豊は大正十年生れ、由良村に住し、運送会社に勤めている。

涼太郎の妹お縫は、由良の中西六左衛門に嫁した。次妹お脇には養子をむかえた。養子は浜村（新舞鶴）の内藤玄譜の次男で涼斎と称し、嘉永二年生れ、大阪に出て浪華仮病院に学び堺医学校の教員であった。著書に『解剖組織論』（明治十二年刊）がある。明治十三年七月二十八日三十三歳で没した。諡は大安涼斎居士、墓は由良松原寺にある。その子新は京都医専卒。大正四年一月十二日、四十歳をもって没した。諡は医翁涼新居士、墓は松原寺にある。室の諡は千鶴齢代大姉、昭和十三年四月八日没、その間に秀、春男の二男がある。秀は京大医学部卒、医学博士、昭和十年四月三日、三十三歳で没した。諡は柏樹院陰涼宗秀居士、墓は由良にある。春男は京大卒、工学博士、現に京大教授である。

新の次は千代、沢井貫《カン》造氏に嫁した。次の仙次も京医専卒、八雲村中山（現舞鶴市）の岸本氏の養子となる。その子は岸本幸男で医博である。

妹千代の後…涼庭は自分が京都で開業したので、由良の新宮家を妹千代につがせ、門人檜垣健蔵を養子とした。ところが健蔵が天保十年に没し（諡は天功顕造居士）、千代は寡居八年、三男四女を養育するのに非常な苦労をした。そのうえ嗣子春道が放蕩無頼で、涼庭が厳戒したが、亡命して長崎にかくれ、のち島津氏に仕えて、ついに由良へは帰らなかった（明治九年四月の官員録では開拓使七等出仕、鹿児島県人とある）。このため千代は借財がかさみ、家を質として金四十五両、又義倉に納めるところの涼庭の三十両をも借りて七十五両を失っていた。涼庭は、

噫業を継ぎ家を守る洵に難し、温公の言う「金を積んで子孫に遺すも子孫守る能わず」と、信也。余書院を興す、書籍を貯え学田を付して他人をして守らしめ、之を子孫に付するを欲せず、蓋し亦此意味未だ其当否を知らざる也。是に於て家規を立て、千代を戒め、馬（有馬）玄哲に嘱して鑑せしむ

と『但泉紀行』に述べている。玄哲は丹山の子、その女小婦美は涼閣の室である。春道の弟涼哲と涼庵は、前述のごとく涼庭の第三、第四分家となり、さらにその妹は有馬文哲に嫁した。

新宮家墓地　付有馬家墓地　新宮氏の墓地は京都東山南禅寺の天授庵と、由良の松原寺とにある。

天授庵の塋域には、正面に、

鬼国先生新宮涼庭之墓

鬼国先生配有馬氏春枝之墓

がある。涼庭の墓は自然石の床しいもので、碑の裏面に「先生諱碩字涼庭丹後由良人歿于京師享年六十八葬瑞竜山之天授庵下実嘉永甲寅正月九日也孝男義慎泣血拝立」の刻文があり、また墓側右方に「贈正五位」と刻んだ石柱がある。

涼庭墓の右側には、左より、

燕石先生配新宮氏　（涼庭女松代）

燕石先生涼民

燕石先生後配神谷氏

と、本家涼民とその妻の三基があり、さらに、

瓶城先生涼介

翠崖涼哲先生

涼男長男

新宮涼菴

それと相対して右端より、

富美

白雲新宮涼閣

有馬小文　（涼閣初室）

柚木義枝　（〃二室）

加藤近枝　（〃三室）

の五基がならび、涼庭と対するところに、

新宮涼亭

新宮涼男

涼男室

の墓がある。

一方、由良新宮家の墓地は由良松原寺墓地にある。墓地の向って左の立派な新しいのが、

興道院大嶽恵勲居士　（新宮功）

柏樹院蔭涼宗秀居士　（新宮秀）

正面左端からは左のとおりである。

中峰道庵居士　（涼庭父）

春峯貞心大姉　（〃母）

天功顕造居士　（檜垣健蔵）

正道大心大姉　（千代？）
以正軒涼庵玄一居士　（涼庵）
大翁仙蔵居士　（仙蔵）
玄林妙達大姉　（右妻か）
大庵涼斎居士　（涼斎）
大姉　（お脇）
医翁涼新居士　（新）
千鶴齢代大姉　（右室）
新宮代々之墓
愁岳涼雲居士　（涼太郎）
恵屋貞心大姉　（右室）

有馬家は福知山藩医で、その家はいまの福知山市内記五丁目にあった。有馬家が此地を去ってから、その後は越山医院がある。有馬家の墓地は同市岡の壇の日蓮宗善行寺境内にある。有馬家の墓には、

前法眼有馬涼築先生
竜寿院前法印有馬玄哲先生
孺人姉小路亜槐卿女
宝永二年九月六日卒

「江戸麻布深広寺より此地に移す」として、巌恭敬甫の撰文があり、天保七年の十月有馬丹山が建てたものを中心に、

春山院松屋日清
六世有馬丹山先生之墓
明治十四年二月二十七日歿
義子有馬竜仙建

これと並んで、

新宮鉄女之墓
翠光院妙浄日春大姉
明治廿二年四月十四日歿　竜仙建

と丹山夫妻の墓が並んで建てられている。〝鉄女〟とあるのは、涼庭の妹千代と、その養子入夫檜垣建蔵との間に出来た子で、涼庭が養女として丹山に嫁せしめた。これに並んで、左の碑がある。

有馬隣之墓
明治二十七年十二月八日歿　八十七歳

有馬玄哲妻
「目は見えず耳は聞えず足立たず
なにも此世にのこる事なし」

玄哲は丹山の子、その女小婦美は涼閣の妻、玄哲の後は八世丹山、九世竜仙、十世康三郎（昭和十四年二月十二日没）となる。康三郎の碑銘は元海軍大将有馬良橘の筆になり、

青々と有馬の山の若松は

後の世までも枯れじとぞ思う

の一首が添えられている。この他有馬釭、省三、茂子などの墓碑はあっても、善行寺には七世玄哲、八世丹山、九世竜仙の碑は見当らない。同市の円浄寺には、涼築、丹山の墓はあるが、過去帳には記載がない。寺僧の説明では、有馬家の菩提寺は日蓮宗善行寺で、現在の郡是製糸の福知山工場のある場所に建っていたため、水災を蒙るから、涼築・丹山の遺骸を円浄寺境内に葬ってほしいとの願があったので、建てさせたのであろうとのことである。*

* 『朽木昌綱公』に収載の「有馬家略譜」には六代涼築、七代丹山とあるが、五代・六代が正しい。

一族 新宮氏は、丹後では惣兵衛、又兵衛が宗家で、現在、前者の裔は茂氏、後者のそれは健氏である。その他菩提寺の位牌に記してある支葉は、

弥左衛門家猪太郎、治助家春二、三郎右衛門家三郎、直司、文右衛門家直司、七兵衛家広司、喜平治家富士男など、本・分家八戸の名が連ねてある。その他、由良の新宮家は豊氏のほか、字下石浦に新宮茂、新宮寿太郎の二軒があり（小原新宮の分れ）、また上石浦に新宮義雄がある。丹後一国で、小原新宮氏（涼庭の父道庵もここから出ている）を宗とする同族は五十数戸を数える。

中山新宮氏の成立年代その他は不明であるが、丹後新宮の一族と思われる。その系譜は不詳であるが、

―作兵衛（下東佐識藤次郎より入養子）―鉄蔵＝多賀（水間、沢田兵右衛門女）
　├新＝をさは（和歌山県桃山町津田新養女）―道子
　└正雄（京都より入養子 現在京都で開業）＝道子

善四郎―?
角右衛門―?
宗太郎――しげ・ふじ

などがうかんでくる。大阪三国の新宮新左衛門氏の家譜によると、原の新宮氏は小原の新宮氏の始祖月久道清より三代ののち、頼定の弟頼常にいたり原村に住したとある。原と小原とは小さな山の腹背にあり、距離も数キロで、現在は舞鶴市桑飼下字原といい、新宮一成、同長蔵、同克己の三戸があって農を営んでいる。新宮新左衛門氏はここの出身であるが、早く原を去って出阪し、いまその宅趾を残しているにすぎない(由良を主とする家系については、矢田梧郎氏の調査によるところが多い)。

第五節 師友と門人

師友 師友については、ほとんど述べたので、ここでは簡単に整理するにとどめる。

まず、涼庭が家郷にあったころは、有馬涼築に医を学び、巌谷嵩台に儒学を学んだ。長崎行には、家老内海積斎が、同じく牛窪攬暉が尽力した。なお、内海はのちのちまで涼庭を庇護した人物とみることが出来る。宇田川玄随は、涼庭を発憤せしめた点において、書物上の師といえよう。

長崎遊学時代では、行く途中で各地の医家に学ぶところがあった。

京都では中神琴溪、吉益南涯、中川修亭などの古医方家、大阪では蘭学者の橋本宗吉と漢蘭折衷派の野呂天然、兵庫の小田仙菴、明石の高班国、正条村の吉益門の三輪敬節、田淵良悦、三石の赤石順治・大蔵、岡山では菅茶山とその門人小早川文吾・頼山陽・頼春風、広島では山陽地方に鳴った医家恵美三白・医生石原柳庵、儒者で書道に秀で、眼科もやった武元登々庵、木骨の中井厚沢、星野良悦がある。

九州に入っては博多で儒家で医でもあった亀井南冥と、その弟で詩僧の幻菴らがあり、長崎に着いては、師に吉雄権之介（はじめ六次郎、永保、また如淵）があり、蘭学は主として彼に学んだ。また吉雄忠次郎＝永民にも蘭学を、末次忠介＝独笑に孤算を学んだ。蘭医ではフェールケ（?）、ついでバティーが主たるものである。

京都に開業するようになってからの交友関係はすこぶる多い。涼庭自らも積極的に名士に交わることを求めた。堂上家では一条公、久我公がある。諸侯では越前松平侯・盛岡南部侯・鯖江間部侯・綾部九鬼侯・出石仙石侯・山家谷侯・田辺牧野侯・津藤堂侯・岸和田南山老公・佐賀鍋島侯・新見関侯・大坂町奉行跡部山城守・京都町奉行浅野楳堂などがある。蘭学者には小石元瑞が主であり、他に藤林普山、小森桃塢、宮本元甫、秋吉雲桂、箕作阮甫が考えられる。伊丹の蘭医原老柳（村上玄齢門人）は、かつて患家で涼庭に会い、処方が一致したので涼庭はその技に感じ、大阪開業をすすめたという（紫竹屏山著『本朝医人伝』）。儒家には佐藤一斎、斎藤拙堂、大槻磐溪をはじめ、また詩人では梁川星巌をはじめ、まことに多い。異色あるものとしては、僧侶では黄檗の璞溪禅師、茶人の千宗室、富豪の山中春嶺、画家では中林竹溪、日根対山などがある。

なお、肥前の文人谷口藍田が、弘化三年の春京都滞在のとき、東山の寓居を去って涼庭の家（順正書院?）に賓客となったことがある。藍田は言う。涼庭は快闊の人、詩会に赴くごとに藍田に代作させ、一首成るごとに金二朱をくれ、ことに佳作のときは金一分をくれたと。藍田西帰のさい、涼庭に左の一詩を送った（立松輝石著『谷口藍田伝』。池田市、肥田皓三氏の御教示による)。

六十ノ仙翁矍鑠タル哉①　名声四震恰カモ如シレ雷ノ　医人術ハ自リ二紅毛一得　窮理学ハ承ケ二朱子一ヨリ来ル　倚熱梁鴻②猶負ウレ気ヲ　耐寒范叔③孰レカ憐ムレ才ヲ
丈夫報徳何ゾ無ケンレ日　一片ノ壮心終ニ不レ灰ナラ④

①老いて元気なさま。②重任に当る人。③中国の二人の文人の一字づつをとったものか。④衰えてしまわぬ意。

門人　涼庭の門人録は残っていない。長崎行に随行した浅田容斎、長崎にいた時の菊谷芳満、京都で最初の門人横井俊輔と、その子の俊介がまず考えられる。弘化《カ》二年三月十八日に、涼庭は諸弟と文阿弥楼に会したが、その時の詩がよく門弟を語っている。この詩はすこぶる長いが、そのはじめの部分に、

嗣子何の幸ぞ豚犬に非ず
有才折肱良医と為る
円生（円山民治）宮子（宮本元甫）亦異器にして
文質彬々師となすべし
允（猪野允碩）大（大久保大蔵）慶（西慶介）元（賀来元貞）周（多田周治）先づ進み
惓々道を信じて気萎えず
南部国公識鑑明らかに
我に託す宗（八角宗律）了（飯富了吾）は嚢中の錐
誰か言う左郎（田中佐一郎）勤第一と
柔吉（後涼閣と改む）弱と雖も亦驥騏
松斎（大野松斎）勉励勁きこと弩《ど》の如く
道碩（福島道碩）論講嗤《ど》々《ど》せず
門に入れど未だ堂に升らざる者あり
二十三名璞疵無し
吾は天幸を獲て此上に坐し
昂然自遍吟髭を撚る
（下略）

と。ここには嗣子涼民以下十四名の名があげられている。宮本元甫は門弟ということは出来ないであろう。前には『鬼国先生言行録』に書かれた略歴を紹介したが、『近世名医伝』の記述を紹介しておこう。

元甫名は寛、字は子裕、葵園と号し、美濃大垣藩士田結某の子。故あって改姓、三十六歳長崎に遊び、蘭学を吉雄如淵にうけること数年、京師に出でて開業、のち医を以て業とするを屑《いさぎよ》しとせず、家居して教授し、活字典といわれるほどの博覧強記ぶりであった。彼は涼庭の南隣に卜居し、涼庭一見して門生の師とし、蘭学は専ら元甫に講ぜしめたという。のち涼庭のすすめで高槻藩医となり、慶応三年、年七十余歳で病没した。つねに貧に甘んじたという。

つぎに、涼庭の著書に関係した門弟をあげて見ると、次のとおりである。

盛岡	八角高遠宗律	窮理外科則一・六の校者
〃	飯田了吾了	同　右
仙台	菅　玄竜以貞	泰西疫論前篇の校者
陸奥	大久保大造醇	窮理外科則五の輯録者
相模	市川隆甫士曄	窮理外科則三の校者
下総	猪野允碩恭	泰西疫論前篇の校者
加賀	加藤邦安恕	同　後篇纂訂者
〃	上田玄白惟一	但泉紀行の校者
〃	黒川元良哲	西遊日記の校者、窮理外科則五の輯録者
〃	今邨鬼朔潤	窮理外科則一の校者
甲斐	大窪貞固章言	泰西疫論後篇の校者
遠江	長尾元鳳宗之	西遊日記の校者・窮理外科則二の輯録者
〃	長尾隆言信之	窮理外科則三の校者
尾張	金子敬一陶里	〃　八・九・十一の校者

尾張	水野民部義広	窮理外科則六の輯録者
山城	中村正記	但泉紀行の校者・随行者
〃	交部晁采香	泰西疫論前篇の跋記
〃	西　慶輔義材	窮理外科則十二の輯録者
〃	多田周治耕	〃　〃
伊勢	横井俊輔雄	窮理外科則四の筆録者
〃	横井俊介綱	泰西疫論後篇の校者
紀伊	有馬信斎崔	〃　後篇例言と纂訂、療治瑣言序記
〃	松山文卿	窮理外科則十の輯録者
丹後	新宮涼山惟義	窮理外科則四の筆録者
〃	新宮顕蔵潤	〃　二の輯録者
〃	新宮哲造義悟	〃　八・九・十・十一の輯録者
田辺	新宮文吾	方府授講者
元木	春庭　秦	〃
備中	山岡素庵正紀	窮理外科則五の輯録者
備後	浅田容斎	長崎遊学随行者
安芸	吉村文哲忱	窮理外科則例言記
〃	山田好謙粛	方府私語筆記者
〃	石津貞丈貞	〃

安芸　劉　状元戩　方府私語筆記者
〃　日高凉台精　窮理外科則三の校者
周防　中島玄潭郁　〃　四の例言記、泰西疫論前篇の校者
高松　六車鎌山　方府授講者
長崎　菊谷芳満藤太　窮理外科則七例言記
肥後　鳥飼道祐全明　〃　四の筆録者
不明　池村順吾　城崎入湯随行者
〃　塩見仙蔵　〃

などである。

右のうち日高凉台*は特記するに足る人物である。

* **日高凉台**　名は精、また惟一、字は子精、六六堂、立花道人、遯叟などと号した。安芸国山県郡新庄の人。寛政九年に生れ、はじめ凉庭の門に入り（文政五～七年の間に刊行した『窮理外科則』を校訂）、ついで長崎に遊学してシーボルトの門に入り、技をみがいた。大槻如電翁が凉台をシーボルト門下の主要な十人中にあげられているのをみても、その声名がわかる（シーボルト滞日文政六～十二年、凉台の書翰は『新撰洋学年表』文政八年の条、同文は古賀十二郎著『西洋医術伝来史』二四四ページにあり。この書翰は富士川游博士原蔵）。なお『年表』の天保六年の条には、大阪に開業してから十五年、天保壬寅十三年、四十六歳で故国竹原に徙った、とある。シーボルト事件のころ大阪に開業したようである。明治元年、七十二歳で没。なお前掲書翰は吉村文哲・仲礼にあてたもので、吉村は凉庭の『窮理外科則』第三篇の例言七則を書いている。凉台とは同郷で、かつて凉庭門下でともに勉学した間柄である。

八角高遠は宗律、杏斎、新宮塾に九年在塾、塾長となった。帰国後文久三年日新堂を開設、医学教育に尽し、明治十九年七十歳で没した（盛岡市・太田氏の調査による）。

第六節　涼庭伝記研究の著書と論文

1　**鬼国先生言行録**　新宮凉閣著、明治十九年ころ出版、寧寿堂蔵板

本書は涼庭伝のもっとも基礎的なものであって、一般に涼庭伝は本書を基礎としている。しかし、師であり養父である涼庭のことを記したので、いきおい彰徳の意味あいがつよく、その上、記事に誤謬のあること、また当然書かれるべきことが書かれていないことなどの欠陥がある。

本書は前文五枚、本文二十八枚よりなり、前文には三国幽眠*と宮嶋順治**の序文、および巨勢小石の涼庭肖像がある。宮嶋の序文によれば、本書は明治十八年の秋にほぼ脱稿し、翌十九年が涼庭の三十三回忌にあたるので、門弟および子孫を訓励するために出版したいとの考えで編さんされた。序文を托された宮嶋が、その序文（十八年十二月六日付）のなる二日前に凉閣が死んだ。三国幽眠の序文（詩）も十二月（日なし）になっているし、涼庭の命日が一月九日であるから、十二月末か十九年の一月はじめに出版されたものと思われる。欄外には儒者石津灌園***の評があり、奥付には非売品の印をおしている。

*　**三国幽眠**　幕末に活躍した三国大学のこと。安政の大獄に坐したころの回想録『笑ひ草』の著がある。凉閣の友人であった。

**　**宮嶋順治**　号は瑞岸。尾張藩の儒者（?）、前者同様凉閣の友人であった。

***　**石津灌園**　名は発、字は子節、またの名は賢勤、字は士倹、癸三郎と称した。京都の人で、江戸に学んだ。明治八年、一時史館に召されたが、間もなく辞し、京都に帰って生徒を教え、著述をなした。晩年は不遇で、明治二十四年八月廿九日四十九歳で没した。著書

に『近事紀要』（ペリー来航後の幕末史）、『灌園遺稿』（はじめに中村確堂の「灌園略伝」がある）、『古今勤王略伝』がある。『遺稿』には涼庭関係の記事はない。

2　新宮涼庭先生言行録　新宮涼亭編、大正五年刊

編者涼亭は本家の涼庭の孫にあたり、大正十一年、六十九歳で没した。本書巻頭の竹岡友仙の記述によれば、もともと友仙が涼庭の門人横井俊輔の子俊介と謀り、前項の『鬼国先生言行録』によって其の要を摘み、さらに横井俊介の見聞したところを加えて編集し、『京都衛生誌』明治二十九年十月発行の第三十一号から翌年七月の第四十号にわたって連載したものを、大正五年の贈位の祭典にあたり、順正医会の希望で再訂出版したものである。したがって、内容はかならずしも言行録の忠実な和文書下しではなく、要点をとったものであるが、読みやすく、かつ随所に挿入された横井の回顧談が特色といえる。

本書は巻頭に中林竹溪*筆の涼庭踞坐肖像の写真版があり、その上に「涼亭《ママ》山人碩」の署名のある詩および文（本章第一節に出したもの）がある。天保八年のものである。ついで「祭先王父文」があり、さらにこの祭文を代作した内藤湖南博士の文がある。本文は四十一ページよりなり、跋に涼亭の頒布の辞がある。

* **中林竹溪**　竹洞の子で、著名な画家。相馬九方の『立誠堂詩文存』によれば、竹溪がまだ無名時代に、相識の涼庭が士を愛するのゆえに、涼庭を頼って来た竹溪に名をなさしめた次第が述べられている（同書「送竹溪画史南遊引」）。

3　新宮涼庭言行録　稼堂叢書のうち、大正八年刊

これは既述のとおり、鬼川漁史の訳述で、前書よりは一そう忠実な和文書き下し（一部省略がある）で、巻末には『破レ家ノツヾクリ話』抜粋と、同書の相馬の序文からとった涼庭の人となりをのべた箇所、および著者の涼

庭や後裔に関する聞き書き、凉庭の上書などからとった「余聞四則」がある。

4 西遊日記 凉庭自著、門人校、天保八年（?）刊

本書は凉庭が文化七年故郷を出発して長崎へ遊学した際の記行で、その精粗は区々である。すなわち、最初は比較的くわしく、長崎滞在間は記事がほとんど一年毎にまとめられている。内容に全面的な信頼をおくことはできないが、長崎滞在間の凉庭については、凉庭の訳書の序文、例言などをのぞくほかは、これより以外に頼るものがない（『蘭館日誌』の訳本が刊行されれば、蘭館との関係は明らかとなろう）。本文にもその誤謬は指摘しておいたが、古賀十二郎氏も「この西遊日記は不正確とより外に考えようがない。記述に於て時間錯誤があるのではあるまいか」と述べられている（『西洋医術伝来史』二一九ページ）。記事は文化十四年で終っている。本書は巻之二が出る予定であったらしいが、未刊に終った。

第一ページには、

鬼国山人西遊日記　巻之一
遠江　長尾元鳳宗之
加賀　黒川元良哲　同校

とあり、本文三十一ページ。ほかに「順正楼丙甲集」として中国の人物論や、自作の詩がおさめられている。これらも、のち『駆豎斎詩文鈔』に収録された。

巻末には平戸の鎧軒高竹偕と、楓溪木山絅の評があり、前者は「丁酉陽月浣」の年次が入っている。丁酉は天保八年で、この年に出版されたものと思われる。欄外には驥斎（牧輗・百峯・山陽門人）、竹窗（不詳）、小竹（篠崎

小竹）、棲園（小石元瑞）の評がある。また「丙申集」には小竹の評がある。

5 『駆豎斎家訓』・『破レ家ノツヾクリ話』・『駆豎斎詩文鈔』・『但泉紀行』 これらは、すべてその都度その項で説明しておいたから、省略する。

なお医書の伝記に関係あるものも、その項で述べたとおりである。

6 明治以降の著書 これには松尾耕三著『近世名医伝』、富士川游博士著『日本医学史』、大槻如電著『新撰洋学年表』・『日本洋学史料』（京大文学部図書館蔵の筆写本の第二冊）などが涼庭をとりあつかっている。一部参考になる点もあるが、多くは『鬼国先生言行録』の範囲を出ない。墓については『京都名家墳墓録』がくわしい。

なお、戦後刊行されたものでは『明治前日本医学史』に、涼庭の業績について触れている。

7 研究 この分野はきわめてすくない。

(イ)本庄栄治郎稿「新宮涼庭」（『経済史研究』一七の二）と「新宮涼庭の経済思想」があり、のち『日本経済史研究』に収録された。経済論はとにかく、伝記研究としては見るべきものがない。

(ロ)「郷土と美術」の新宮涼庭特輯号。

水島彦一郎「涼庭先生と経国策」その他。これも現在としては、とりたてて述べるほどでもない。

(ハ)羽倉敬尚稿「新宮涼庭遺事」（「医譚」復刊第五号）は、涼庭の子孫についてのもっとも詳細な研究で、五ページ半にわたる。なお『文化史学』の九〜十一号に掲載された「蘭医小石家三代の行状」の付録に「駆豎斎家訓」および系譜のあること、本文に記したとおりである。

(ニ)中野操稿「新宮涼庭とシーボルト」（『綜合臨床』第一巻第七号・昭和二七年十月の「杏林随想」欄）。なぜ涼庭がシーボルトに冷淡であったかとの疑問から『鬼国先生言行録』の記載を疑ったもの。

(ホ)拙稿「新宮涼庭と長崎」(『蘭学資料研究会報告』一四〇号、昭和三十八年五月蘭研長崎大会で報告のもの)　涼庭の長崎における行動をその著書より整理し、大会で発表して長崎側の研究者に質すところがあった。しかし、新知見はえられなかった。

(ヘ)拙稿「新宮涼庭―伝記的研究とその人間像」(『華頂短大研究紀要』第十号、一九六五年)　従来の史料批判を経ない涼庭伝の誤謬を指摘し、涼庭の諸藩に対する財政援助を中心として、封建的人間としての涼庭の人物を論じたもの。

第七節　涼庭の学統

京都派と大阪派　京阪間の医学の系統は、のちには京都派と大阪派に分れる。しかして、この両派は現代にいたるまで、截然と区別され、また伝統のうえにも、かたく鎖されたものがある。いまこれを仮りに京都派、大阪派と称し、その学統をたどると、大要次ページの表のようになる。

もとより小石元俊は大阪より京都に出、その門人斎藤方策は大阪に開業したことその他を考えると、大阪と京都の医学上の交流はかなりあったとみられるが、のちの医大を中心に見ると、京都は新宮、大阪は緒方の系統がつよい。新宮涼庭の伝記を調べると、涼庭は在洛医家との交渉は比較的少なく、むしろ堂上家・大名・文人墨客の名士と交わっている。小石家は、元瑞ののち中蔵は種痘に活躍したが、藤林・小森ののちは振わない。このよ

〈京都派〉

長崎
フェールケ
バティー
吉雄如淵
―新宮凉庭―新宮凉閣
他一門
蘭　マンスヘルト
独　ヨンケル
独　ショイベ
→京都療病院―府立医大

〈大阪派〉

江戸
前野良沢―宇田川槐園―同榛斎―坪井信道
杉田玄白―大槻玄沢―稲村三伯―中天游
―緒方洪庵―惟準―郁蔵
蘭　ボードイン
同　エルメレンス
同　マンスヘルト
―浪華仮病院―大阪医大

うななかにあって、すくなくも新宮一門は、京都にあっては枝葉繁茂し、凉庭の経営的手腕の伝統がみられた。このような事情が、凉庭の学統を医大にまで発展せしめえたと考えてよいであろう。

京都医学研究会と京都療病院　慶応元年、京都医学研究会なるものが組織せられた。設立の趣旨は明らかでないが、その中心が蘭方医であったところから、従来の漢方のかなり混じた洋方を、いっそう前進させて洋方を重視し、あわせて医療施設に貢献しようとしたものではなかろうか。

その中心となったものは、新宮本家の涼民、第一分家の涼閣、明石博高*に、幕府医官栢原学介、儒医桂文郁である。

＊明石博高（天保一〇〜明治四三 一八三九〜一九一〇）は四条堀川の薬屋の主人で、桂文郁に師事して中国の古医方や後世の医方を学び、また宮本元甫・武市文造にオランダ語を、栢原学介に物理学を、新宮涼閣に解剖・生物・薬物など一般医学を、錦小路頼徳に解体術を、田中探山操本に本草学を、辻礼輔に化学、製薬を学んだ新進の化学者で、慶応二年（二十八歳）には錦小路家から医道免許状を与えられた。京都科学界の先覚である。

当時の記録は残存しないが、この会は一定日に参集して時務を論じたり、また洋医書の輪読などをしたであろうといわれる。明石はさらに自宅に理化学の研究を目的とする「煉真舎」をおこし、有志を集めた。この煉真舎の会合には、京都府御用掛の三井源右衛門も出席した。これは、三井家が前代からかかりつけの新宮を通じて明石を知ったからである。三井はこの会のために別邸を会場に貸した。また府参事槇村正直（のち知事、その娘梅子は涼民の子涼亭の室）も出席した。

さて、この京都医学会は、慶応三年秋冬の交に近畿諸地方を巡遊し、十月一日有馬温泉をはじめ、平野鉱泉、さらに明治初頭に各地の温泉を科学的に研究した。明治元年二月には、鳥羽伏見の戦いのさいの戦傷者を収容するため、「京都御親兵病院」（のち、兵部省治療所）を設け、新宮涼介、広瀬元恭、江馬権之介、山科元行が医員となった。

医学会はさらに、大病院と医学校の設立の必要を明治四年二月に建議、同年十月、府令をもって京都療病院設立が公示された。またドイツ医師ヨンケル・フォン・ランゲッグが五年八月に招かれた。京都へ来たのは九月である。「江馬日記」によると、

明治五年壬申九月八日　雨終日やまず
夕第六字（時）新宮涼閣、田中歌永より左の回章到来す

至急回達

昨日療病院教師孛露生（プロシヤ）出生英籍の人内科外科治療医学第一等 dr. Junkel von Langegg 木屋町二条下十九番路次行当りえ到着に相成り候に付今日より取締の者両人つゝ右旅館え昼夜交番相詰候趣御達に付至急御通達申上候　則別紙番割入御覧候　以上

九月八日夜夕四字より朝八時まで　新宮涼閣・田中歌永

同　九日昼朝八時より夕四時まで　赤沢寛輔・土肥春耕

（中略）

同　十三日昼　新宮涼民・百々一郎

とある。この療病院は粟田口の青蓮院の宮殿を修理し、同年十一月一日仮病院を開き、患者の診療と医学教授をはじめることになった。開業式は非常な人気で、知事長谷信篤以下、府当局者が挙って出席した。医師側は、医学教師ヨンケル、欧学教師ルドルフ＝レーマン、カルル＝レーマン、当直医員前田松閣、江馬権之介、小石中蔵、新宮涼閣、真島利民、安藤精軒、薬局出仕横井俊介らである。

この療病院の名称については、槇村参事官は「京都ホスピタル」または「京都病院」を提議した。しかし、設立の募財にもっとも活躍した僧侶は、この病院の様式は西洋流であるが、わが国でも千年の昔に聖徳太子が四天王寺建立のさい、悲田院・施薬院・療病院を創設されたとして「療病院」を主張した。明石博高は槇村に赤十字の旗を示し、わが国にも早晩赤十字社がおこるであろうから、これに擬えて黒十字の徽章を採用すべきことを提議、両者の主張を折衷して名前を「京都療病院」とし、その徽章には黒十字旗を用いることに決した。

ヨンケルは不遜な人物で教授も不熱心、患者にも信望がなかったが、上司に取入ることに巧みであったため八年三月まで勤続した。九年三月には長与専斎の紹介でマンスヘルトが来任、院長をおくべきことを建議したので五月には管学事兼医事半井澄を初代院長にした。マンスヘルトは周囲の状況が自分の予想に反したのに失望して十年春大阪に至り、同年八月ショイベが来任し、大いに成績をあげた。

以上が京都療病院の創建と、その発展の概要である。そして、これは進歩的な槇村正直参事官と、新進の科学者明石博高の熱心な奔走、経営的才能の所産であり、ひろくは明治初年の文明開化の風潮の一産物であるといえよう。この療病院が、のちの京都医大の前駆をなすものである。

このように、西洋医学の全面的採用にともなって、従来の漢方医学はどうなったかという問題は、文化史上興味がある。それには、次のような事情がある。療病院の設立に先立ち、明治五年三月二十日、府中取締り二十五人の医師に通達して、区内一統の医師を河原町二条の勧業場に集め、「御口達の写」を手交した。これを読んだ漢方医たちは、「支那流はどうやら廃せられる様子困ったことにて候」と驚ろき、騒ぎ出したので、同月二十八日付で、「支那流を廃するのが趣旨ではなく、支那流の医師で西洋流の規則を弁えず、峻劇な薬品を用いて誤ってはならない」ことを諭示したのであると申しわたして漢方医を安心せしめた。新旧交代の一挿話とみられよう。

療病院と新宮一族　明治五年十一月一日の療病院の設立にいたるまでの経過、およびその後の事情を、新宮一族を中心として述べると、つぎの通りである。

当時新宮本家の凉民は、医業取締であった。そのことは、六月十日付の療病院掛から凉民にあてた書翰によって知られる。また、出口容斎、楢原健吉から発した回章に、

至急御面談不レ仕候ては不二相叶一儀有レ之候間、大暑中乍二御苦労一、明二日午后第二字(時)迄に室町夷川上新宮凉民殿宅え御集会被レ下候様御頼申上候

とあり、九月十五日付で新宮凉閣、田中歌栄(永カ)の連名で、診察の件につき回章が発せられており、また『思議館日記』九月十六日の条には、凉閣についての種々の記載がある。

ヨンケルは着任後十日あまりの九月十五日から一般の診察をはじめた。その時療病院当直から発した至急の回章に、

以二回章一得二貴意一候　陳《のぶれ》は教師診察之儀左件相定り候間、区中医師中え為二心得一御通達可レ被レ下候　以上

一、診察請度者は毎朝第十字（より）

一、日曜日休館之事

診察謝儀左之通り

一、金一円

但診察三度を以て限りとす

一、金二円

但往診毎度　往診察の時日は教師の存寄次第之事

右の通り

　　　　　　　　　　新宮

九月二十一日

　　　　　　　　　　荒木

つぎに九月八日付の回章には、

療病院回章

以二回帖一得二貴意一候。然れば今八日療病院御掛りより御達之趣

　　　　　　　　　　荒木氏敬

　　　　　　　　　　新宮涼閣

療病院為二御用弁一取締中より惣代日勤申出候に付、荒木は学生の筋取締可レ申、就ては入学願出候者は取締より必ず荒木え相達可レ申候、新宮は治療向不行届無レ之様取締可レ申

とある。療病院における医療と教育の両面の体制が整いつつあるのをしめしている。あるいは、この当時すでに一部の経営を開始していたのかも知れない。

『壬申日記』によると、療病院の落成がまぢかに迫り、それにともなう諸準備がますます多端となったことを記し、十月二十三日の条には、

今日参事（槇村）御入来、只今粟田仮病院御覧に御越あり、程なく御帰りに相なり候間、暫く相待ち申すべき様に申さる。新宮両家、田中、楢林、荒木、出口等来る（下略）

とあり、同じく十月二十九日には、

朝療病院え行き開業後の勤方を明石氏に尋ね、其上新宮涼民、荒木当番にて来り居り候に付（下略）

とあり、二十一日回章の追書きには、

追て明廿二日より開業迄新病人診察不㆑致候。二十五日より当直とも粟田病院え引移り候間、新旧病人とも開業迄診察不㆑致候事

当直　新宮凉民
出口容斎

とある。すでに九月以来木屋町に開いて診療と医学教授を初めていた療病院が、粟田口の青蓮院に移るようになったので、府から左の辞令を発した。

新宮凉閣
江馬権之助
真島利民

仮病院当直医薬局掛兼勤申付候事

壬申十月晦日　京都府

このようにして、既述のとおり、明治五年十一月一日、療病院は開業式をあげた。療病院ができるまで、市医の開業は、たんに府庁に届出でればよかったが、以後開業しようとする者は府に申請し、療病院で試験のうえ許可すべきことを知事の名において通達（七月）、府庁内に医務係（明石博高、鈴木守行）が設けられ（十一月）、さらに市郡の医務取締長に新宮凉民、同副長に江馬権之助、以下医務取締、合薬取締、産婆取締を設け、医事衛生にかんする万般の事務を管掌させるようになって、療病院が管内の医事を主管する制度は廃止された。この当時、新宮一族で療病院勤務の職員は、当直医の新宮凉介、薬局掛の新宮凉湖の二名であった。

このほか、明治六年七月から翌七年五月まで逐次刊行された『京都療病院日講録』は、ヨンケルの講義した解剖学を新宮涼介・渡忠純・真島利民が筆記したもの、また『西医雑報』十三冊は、新宮涼園が神戸文哉・渡辺央とともに翻訳編集を担当した『京都療病院版行載籍』の一つである。

さて、京都療病院が青蓮院内に設けられたのは、もとより一時の間に合せであったので、明石博高らは移転を考え、募金に着手、ヨンケルの設計に基き、寺町広小路梶井町日光宮御里坊等三軒の土地を収用、明治七年十月に起工式の砂持踊を催した。この月の十三日、新宮涼民は上下京医取締長に、涼閣は下京一・二・三区の医務取締に任ぜられた。涼民は翌年三月二十四日に没した。

新築の療病院は明治十三年七月十八日に盛大な竣工移転祝賀会が行われた。これが府立病院の前身である。また医学校は十四年七月に独立し、翌十五年一月甲種医学校に昇格、明治三十六年六月京都府立医学専門学校と改称、病院は逆にこの学校の付属となり、大正十年十月に大学令で「京都府立医科大学」となった。この間涼民の子涼亭が東大出身の医学士として、明治十五年九月より翌十六年十月まで内科部長であった。

解屍　すでに述べたように、解屍については京都が江戸に先んじ、またその後の解屍と人体研究において、京都はかがやかしい伝統をもっている。それにもかかわらず、涼庭が解屍を行なわなかったのは、その理由は不詳であるが、遺憾なことである。その後において、新宮一族で解剖に従事したのは涼閣・涼民で、それも明治の初年においてである。

明治四年十月十九日、舎密局は、解臓学は医科の要務、理学舎密（化学のこと）に関渉した学科であり、実物研究で遺漏なきを期するため解剖所の設置と刑屍の払下げによって解剖を実施し、学術進歩に資したい旨の建議を提出した。これが許可されて、翌五年二月、解剖所は竣工したが、解剖の機会にめぐまれなかった。そこで、翌年次のごとき請願書を差出した。

医学為㆓研究㆒解剖学実試致度に付、無籍の刑屍御取捨相成候死体有㆑之候得ば御下渡し有㆑之度、於㆓粟田口解剖場㆒観可㆑致、此段奉㆑願候

明治六年一月卅一日　　　　療病院
　　　　　　　　　　　　　舎密局

この日早速罪囚の四屍骸を下附されたので、二月一日から四日にかけて二体を、九日より十四日にかけて他の二体を解剖した。これが明治に入ってから、京都における最初の解剖であって、府下ならびに近国の医師数百名が参観した。執事は明石博高、説明役は新宮涼閣、同涼民、大村達斎、木村得正、真島利民、安藤精軒であった。解剖終了後、屍体は山中に葬り、南禅寺に祭壇を設けてその霊を慰めたが、その時の「祭屍文」は瓶城子新宮涼介の筆になるもので、今に存している。

維れ年月日、解屍に従事する某等数人、清酒薫香之奠を執り以て刑人某之霊を祭る。嗚呼尓天賦の健体心を操る宜を失えり。法令畏るべし尓何んぞ無知なる。人にして人に非ず実に嘆噫に堪えたり。犯罪の報刑辟是れ随ふ。今や官に請て尓の屍を得脳を破り臓を捜る。我豈為すに忍びん。忍んで手を下す一は斯に有り。尓に顚末を告げん。それ之を諦聴せよ。夫れ解屍の学は医業の基なり。此術を明らかにせずんば到底庸医、治を誤り人を害す万々悲しむ可し。乃ち尓の体を解き人をして疑無からしむ。筋骨脈理細大遺さず実験して惟れ詳かなり。術仁慈を期するは是れ尓之賜、我に於ては師の如し。尓の前罪を償うは亦此時に在り。一切既に立ち収葬怡《よろこ》ぶべし。茫たる彼の原野に骨は腐り肉は糜《ただ》れ、螻蟻の腹を飽かしめ豺狼の飢を

充さしむる多くは尓の輩に在り。尓却って玆を免がる。昏迷の魂託依する所有り、惻怛已まず。聊か此に辞を述べ溟漠の際幽思を慰めんと欲す。嗚呼尓それ饗けよ。

なお、右については、次のような請願が出ている。

六年二月三日付「解剖場を療病院の管理に移さるゝ請願」

同日「解剖の節参観者より人別二十五銭の通券料を徴収して諸入費に充てる件」

同月十四日「引取人なき刑屍下渡しの件」

同年四月二十日「特志解剖許可申請」

ちなみに、京都でこれ以降行なわれた解剖数は次のようである。

七年…三　十二年…一四　八年…三　十三年…一四　九年…七　十四年…六　十年…五

十一年…八

なお、療病院域内の仮解剖所での最初の解剖は明治七年一月八日行なわれた。死因は脳脊髄膜炎の、二十二歳の婦人であったという（本節の以上の部分は主として故矢田梧郎氏の調査による）。

順正医会　明治十六年四月九日、「順正医会」が発足した。三国幽眠がこれによせた「祝順正医会発会文」によれば、はじめに涼庭の略伝を載せ、ついで養子涼民・涼閣（当時この三者を三涼と称したという）に言及し、この三者のうち前二者がすでに没し、涼閣独り存し、ここに「順正医会」を創設したことを述べる。いわく（原漢文）、

　山人・長子倶に仙逝年久し。蜞国手（涼閣のこと）独り屹然として存す。故に三国手の門客、咸《みな》之を敬畏す。頃《このご》ろ相共に協議して順正医会を創起し、以て新宮一家の医術を講究す。事は国手の序文に詳らかなり。故に贅せず。嗟乎、三国手父子

三人之性行、各同じからずと雖ども、其の経学を好み、業漢洋を兼ね、同じく大医先生と為すこと、猶を彼の三蘇父子三人の如し。其の文章体裁、各観を殊にすと雖も、今古文宗の大家たるに至りては則ち一にして別無き也。今日より以後、蜞国手一層奮発誘導、門客を策進し、亦一斉に刻苦尽力、専ら順正医会之正規を遵奉し、歳月の功を積まば、則ち後進年少、徐々遅々、国手之足迹に循いて歩む者、忽ち奮起皷勇、国手と雁行し、先進高足肩随する者一躍雲に入り、三国手をして瞠若せしめんか。豈唯鬼国山人之遺業を株守するのみならんや。予刮目して之を竢つ。門客或は余を叱して曰わん。言何ぞ容易ならん。吾曹何ぞ敢て蜞国手先生と肩を比せん。況んや三先生を超乗して冲雲せんやと。余笑って曰く、俚言に言わずや、棒様之願、鉄（針の意）様に成ると。子其れ勉旃せよと。遂に記して以て順正医会発会之祝辞と為す。

実に明治十有六季四月九日也。

碌々散人三国幽眠再拝

要するに新宮医学を存続させようという趣旨に出で、凉閣在世中に発会式をあげたものであり、大学ができるまでの一組織とみられよう。

新宮涼庭論

——結びにかえて——

涼庭の生きた江戸時代末期は、文化の爛熟期から、やがて外圧によって国内騒然となって来た時期である。封建制度から絶対主義への傾斜をしめしたといわれる時代に生きた人間の典型を求めようとすれば、その数はきわめて多く、涼庭はむしろ特異な例外に属している。しかしながら、その生涯には、やはりこの時代の生き方の一つの典型という面も、また色こく存在しているといわねばならぬ。

まず何よりも、涼庭は刻苦勉励して後年大をなした立身出世型の人物であった。そして、涼庭は賢明にも医学を選んだ。それは、もっとも安定した生活を保証される学問であった。並河天眠は、当時嘲笑された「儒医」という言葉に、なんら引け目を感じなかった。儒学をもって門戸を張ることは、生活の資を得る点で、到底医学に及ぶものではない。独立した生計を営むことがまず第一であり、安定した生活のうえに、学問に精進するということ、それは本居宣長にもみられるように、当時の学者のあるものがとった一つの手段であった。

涼庭は、むしろ医を本業としたが、宇田川玄随の『西説内科撰要』によって西洋医学の優秀さを知り、ただちに斯学の輸入さきである長崎に遊学を志したということは、たとえ藩老内海杢らの援助があったにせよ、卓抜な着想であった。青年笈を負うて長崎に遊ぶ、まさに青雲の志を抱き、人生の輝かしい門出の第一歩を踏み出した。

しかして、旅次治療によって旅費を得つつ西進する――医学の効能を、涼庭は十分に知ったにちがいない。少年期の逸話は多く信ずるに足りないが、この一事をもってしても、涼庭が一個の人物であったことは、十分に証明される。

長崎において、涼庭は良師をえた。吉雄如淵が蘭学に卓抜な才能をもっていたことは、斯界の具眼の士のひとしく認めるところであった。涼庭は、師の性行はともかく、その特技を十分に吸収した。そして、この語学力を基礎に、医学においてオランダ人直伝という、当時多くの医家が望んで得られなかった好機をつかみえ、さらに火災後の疫病流行に、臨床的経験を積んだ。この語学力と医術をもって、涼庭は丹後由良の僻地から京師に進出、数年にして洛中の名医となった。一介の田舎の開業医から、十数年のちには洛中の名医と称されるようになったということは、それなりに苦心研鑽を経たものであること勿論であるが、順調な立身出世であったことには間違いない事実である。しかもこの事実は、別に親の名声があったからでもなければ、とくに周囲の手厚い配慮があったわけでもなく、その十中の七八は、涼庭その人の努力に負うものであった。そこにこそ、涼庭の思想と行動の基盤がもとめらるべきであろう。

涼庭の思想と行動の根底にあるものは、もっともノーマルな封建的人間であり、現実の体制を、改良することによって、よりよくすることであり、そのなかで、自分が医技を磨き、名声を得、できうれば富を蓄え、子孫の繁栄をはかることであった。涼庭は、着実にその目的を実現した。そして、その結果は皇国の外国に冠絶する優秀性への讃美となり、二百数十年の泰平を維持してくれた幕府への感謝となった。朱子学的教養が、この傾向を増大した。現存の秩序を自明のこととして肯定するかぎり、その秩序のうえに生ずるさまざまの矛盾は、社会構造を変革すべき契機とはならず、現存秩序の欠陥として、改良の対象となる。涼庭が、その蓄財を諸侯に融資したことは、筆者自身は涼庭の名誉慾の満足のほうがより大きな因子であると思うのだが、封建社会の改良・再建という念願に支えられて行なわれたことも、また否定できない。しかも、一介の市井の開業医の力をもって、数藩に対する藩政・藩財政への意見具申ないし融資をなしたということは、かならずや金力の権威を感ぜしめたと考えられる。

つぎには、自然科学の探求と封建的思惟の関係である。とくに、オランダ人に直接接触してえた涼庭の知見は、オランダ医術の優秀性とオランダ医師の熱心な治療・熾烈な人命尊重への観念である。一般的にいって、前者の場合は「東洋道徳西洋芸」の観念のなかに解消されてしまうのであるが、この場合、医術は「芸」にあたる「小技」と解され、「精神」とは次元の低いものと解される。しかし、医師である涼庭にとっては、それは単なる「小技」ではなく、人の生命を左右する、涼庭が一生をかけた技術であるから、それは高い精神的要素とも連がるものであることが、自覚されていたに違いない。ましてや、オランダ医師の真摯な治療は、かならずや西洋の精神の高さを認める方向に連なるべきものをもっている。しかし、涼庭の場合は、それが強く前面に出たわけでもなければ、また、かかる精神のよって来る基盤を探求しようとする方向に努力がむけられたわけでもない。

右の原因は、鎖国下、西洋思想が自由に研究できなかったことや、研究・治療・諸藩への用達のために余暇がなかったことにもあるであろうが、それより以上に、環境と個人の思想に左右されることのほうが、より大きいと筆者は考える。なぜなら、一つには江戸の蘭方医の生活態度を、二つには蘭学に少しく触れた学者の社会批評の精神をみれば、そのことは明らかである。以下この二点についてふれよう。

江戸は政治の中心であり、政治情勢が、より身近かな問題として、学者の思考に迫るものをもつ。と同時に、参勤交代による文化交流は、国内全般の諸情勢を、より詳細に知る便宜をもつ。したがって、蘭医にしても、すこしく経世的関心をもつものは、自己の修得した学問的基礎から、より社会的な関心を深めるものである。そのことは、最低限、自国の外国観の誤謬を指摘することから、世界各国の社会・世態人情の紹介となって現われる。『紅毛雑話』や『蘭説弁惑』などが、そのことをしめしている。しかし、京都の蘭学者に、この方向をとったものはきわめて少なく、涼庭もまた全然といってよいほど、これらの点には触れず、むしろ敬遠しているといってよい。

つぎに、医術に専念することは、漢医の迂を批判し、新医術を発展させることに努力がむけられる。この点も、江戸と京都では、いささか事情がことなる。それは、杉田玄白の『形影夜話』や『後見草』にみられる社会的関心が、そのことをしめしているが、また、却って蘭学にすこしく触れた本多利明・司馬江漢・平賀源内などに、より活発な封建制批判がでてくることをみても、明らかである。このほかにも、高野長英・渡辺崋山、すこし性格は異なるが、大阪の山片蟠桃らをみれば、このことはいっそう明らかであろう。

以上の二点をとってみても、涼庭の限界というものが、ハッキリと出てくるのである。涼庭が、平賀源内のごとく、その有為の才にもかかわらず、立身の拠りどころがえられなかったならば、社会批判への方向につよく進んだであろうが（『破レ家ノツヾクリ話』を見ても、その批評精神――とくに経済面――は旺盛であるが、それは反封建制・非封建制へはむかない）、そのような状況は、涼庭にはまずなかったし、これは京都の蘭学家に共通した点である。そのなかで、海上随鷗（稲村三伯）の高弟小森玄良と藤林普山が、ともに官に仕えた（前者は典医、後者は後年有栖川宮の侍医）のに対し、新宮と小石の系統が一切仕官しなかった（涼閣も仕官というほどではない）という点が特徴であり、さらに涼庭が経済的にも活躍し、小石元瑞が、きわめて広範囲に詩人墨客と交わったことも、海上系と異なるところである。

× ×

涼庭が医学部門を八科に分ち、それぞれにテキストを示し、あるいはできうる限り自分が反訳したことは、その卓抜な医技と組織的な頭脳とをしめしている。このことは、わが医学史上、諸家の等しく高く評価するところであり、まさに新宮医学の建設者たるにふさわしい業績である。このような組織的教育によって門弟を育成し、傍ら繁劇な治療に従事したのであるが、治療にさいして三段階に分ったことも、いかにも涼庭らしい着想である。

卓抜な医技によってえた巨富の一部をさいて作った順正書院は、京都の名勝の一つとなった。そこは、学問所としては、単に一般庶民に教養を授けるというだけでなく、一条・久我らの公卿すら駕を抂げた。融資や寄付の関係から、諸侯や儒臣が来訪し、時には宿泊し、揮毫し、書院の記を書いた。このことは、前にもふれたように、涼庭の名誉心をいかに満足せしめたことであろうか。丹後由良出身の一介の医生は、いまや天下の名士と交わる、洛中の、いな、天下の名医となった。諸侯を迎えたときの涼庭の鄭重きわまる詩文は、この間の消息を物語るに十分である。そこには、もとより現存体制を否定する何らの契機もないことは勿論、逆に封建的指導者意識が先行する。諸侯に対しての意見具申は、その対象を称揚するに似て、実は名君のいかなるものかを説くものである。多くの名臣を擁したと述べても、名臣が多くあれば、別に涼庭の意見を求める必要はないのであって、裏返せば、名臣として具備すべき資質を説いているのである。医は国を医するものとの考え方——涼庭が医に志したときより描いた理想――は、ここに実現した。しかも当時の藩情に対する観察は、かなり精細であるところに、その経済的眼識の凡ならざるを認めうるのであるが、その救治策にいたっては、農本主義を根底とするものであり、新規卓抜なものとは称しがたく、三大改革の精神につながるものである。その一端は、凉庭の町人観・百姓観にも十分にあらわれている。ここにも、凉庭の思想が、その順調な社会的地位の向上に支えられたものであることは、容易に理解されると思う。

かくのごとく、凉庭はまさに封建社会の解体期に生きた、封建的な人間としての軌跡をたどったとみて大したまちがいはないであろう。しかも、その凉庭が西洋医学を研鑽し、天下の名医であるとともに、諸藩の財政の立直しという特異な方面にも、多大の力をさいたということは、市井の開業医として、まことに異色ある行動といわねばならぬ。凉庭はそのため融資した金をふみ倒されて後悔はしているものの、逆にそれによって一身の栄誉を誇りえたのであり、名声を獲得し、子孫への配慮を十分なしおえて、その輝かしい一生を終えた。

《付録》

その一　駆竪斎家訓

この家訓は、緒言にも述べたように、羽倉敬尚氏がすでに発表された。羽倉氏は「凉庭自筆本に依る」とされているが（大阪・中野操医博蔵）、西舞鶴図書館の糸井文庫にもまた「自筆本」と称するものが残されている。しかしその字は凉庭の自筆とは認めがたい。羽倉氏は原本を少しくずして、読みやすくされているが、ここには糸井文庫のものをそのままかかげる。それにしても、中野医博のものとは、文は同じでも字句に若干の差がある（やうと様、などと抔などが統一されていない点から）。

子弟心得方の話　余が家の子弟は勿論、門人に至る迄、余に従学する輩は、堅く余が家訓を守るべし。扨我皇国に生れし者、上古より天朝の御恩沢を、先祖代々より蒙むり来れば、素より有がたく尊崇し奉るは申述ぶるまでもなく、慶長以来は、将軍幕府の武徳に由て、大平に成されたれば、我輩其御恩沢にて枕を高ふして安眠するを、有がたく敬重し奉るは勿論、御掟を堅く守るべき事第一の心得なり。

立志の話　人は志を立と云ふ事が大切の事にて、小児の時より、心に第一に願ふの目的を立るなり。医師なれば第一に、上手に習ふと云ふ事を目的にして、昼夜心懸るなり。扨我家は曾祖父より医を業とすれば、人命に拘はるの事なれば、其心得とても、唯口を糊する為のみと思ふは、天地に対して畏れ多き事ゆゑ、志を高尚にして、卑劣ならぬ様に、小児より正心誠意の学を務め、仁義を旨として、常に人の疾苦を憐み治する事を、等閑に致間敷事なり。

然るに医業は、他の工商士庶人とも異なりて、志、行状共に道に適ふとも、医術未熟にては相不成の訳柄にて、忽ち目前に人命を毀なひ傷くるに至れば、仁義の心ありても仁義にならず、如何様の美行ありても美行に立たぬゆゑ、第一に医術に志を純一にして、医学執行可致事なり。

凡そ人たる者は、能々正心誠意より、致智格物の学びやうを会得すべし。本より中庸の開巻第一句を明かにすれば、天理自然の妙を悟るべし。天理は生々の徳なれば、何卒其の生々の天徳を佐くるが、人の道と云ふ事を知れば、自《ォ》ら志が正大に立ものなり。此場所の分らぬ人は、兎角私慾身勝手に心が流れて、志立がたきなり。余は及ばぬながら幼年より此所に心懸て居れ共、兎角に人心が差出て、思ひながらはづること多し。乍併先志は高く立おくべき事なり。

然るに志の挫くる一つの訳柄あり。弁ふべし。如何にと云ふに、我邦は、書を読て学文する人々甚以少きゆへ、文盲にして、医師の上手下手素人にしれかたく、医師も此を便りにして学ばず、唯弁口にて己が拙を掩ひ、婦女子を欺むひて利口に立廻り、随分四枚肩にて渡世の出来るを見て、医師も学術を等閑に致し学ばざるゆゑ、友連に流れて、志を立る輩も、自然と挫くる次第なり。余が子弟たる者は、右様の浅間敷心を持べからず。これ全く正心誠意の熱せぬより来るなり。天を畏れ、吾心に恥て、立志を挫くべからず。右等の輩は聖門の大罪人なり。

然るに世人一般に、百人が百人なから、文盲馬鹿にてもなければ、医術高年に至れば、急度その名世上に聞へて、我苦学の徳丈は、術も流行する者なり。人の知ざるを慍らずして、自分の学術を磨くべし。弁口美服せずとも、其術流行するに定まりある事なり。初学第一の心得なり。

人不知而不慍の話　年若き中は人々其才徳を知ずして、我より学術共に劣りたる医にても、上手と思ふて、人々其弁口に惑わかされ、転薬抔をする事あり。甚だ腹の立つ事あり。此におゐて、正心が乱れ転薬したる病人は、其癒るを聞ても、心持悪敷こと抔ありて、甚だ大切の所なり。我学術を磨けば、自然と人に信ずるやうに成者なり。必ず右様のことを心にかけて、心術を乱すべからず。天理を破るに至るなり。

言語の話　世上の医術、兎角に弁舌を上手に言廻して、薬を売り術を售ぐ輩多し。巧言令色は仁鮮と、聖人も仰せられて、医術は尤も慎むべし。巧言は、諂諛のことにはあらず。上手に言舞わして、己れが拙を掩ひ、又は人の長を撓めて、人を惑わすやうの意ろなり。令色も同様の意味にて、己れが短を上手に蔵す様のことなり。言語は大切のことにて、腹中心より発して、言語にて、其の人の器量不器量も、能々分る者にして、聖人も徳行の次に廻して、言語には子游、子夏と仰せられたり。言語は義理条達して貫ぬき、人之を聞て、感服する様に正して、差支無之やうに慎むなり。余が医則にも立言以確す（四言、十五章より成り、今、涼庭の銅像台石に訓言として銅刻されてある）と記し置きたり。巧言とは甚だ異なり。故に言語大切に心得て、苟くも放言戯言を致すべからず。余も甚だ天性粗忽にして、時に放言戯言を出して、徳を損すること尠からず。故に子弟輩に示すことなり。

学文仕様の話　余が家の子弟は、八歳に至れば、必ず父母を離し、家塾又良師あれば、択んで託すべし。師は厳師を良とす。初めに小学、大学、近思録抔を素読すべし。人心道心の分るゝ所、正心誠意の道理を、追々小児より会得せしむべし。

程朱の学を正学とすべし。才気ある者は、己れと歴史百家の書を読とも、朱学にて心術を正敷致し、其上ニ、諸子百家を読ざれば、得失利害のみニ目がつきて、徳行を治むること能わず。少々才ある者は、詩文抔を学ぶもよし。此ニ流れては、医術に疎くなりて、其の身治り難し。十六歳よりは、必らず医学を主として研精すべし。医術の学びやうは此にのせず。医則に詳かなり。生れつきの才不才にて、学文の次第ありて定め難けれども、無益の訳もなき書籍は、多く読べからず。唯正心誠意治身斉家の大体を弁まへて、致知格物を主とすべし。医術致知格物が大切の条目なり。先医則八条の大体を初めに学び、其より療治書を読べし。初より捷径に走り、奇方奇薬を求むるは、真の医術に非ずと会得すべし。奇薬奇方も医理に疎くしては、恃むに足らずと会得すべし。

医学仕様の話　論語開巻第一章に、万古を貫くの聖人の御詞「学而時習」と仰せられたり。学とは、心中に能々道理を覚知ることとなり。天下の事物、先己が心に覚へ悟りて習ふとは、其の事物何によらず仕慣ふことなり。先心に会得せざる事は、身に仕覚ゆることむつかし。士農工商に至るまて、此二字を除いて、事物を取扱ふ事は出来ず。殊更医術ハ、実物を取扱ふことなれば、其実物を覚知らずしては覚束なくして、取扱ふに付て危し。此御言は、宇宙の間、何事にもせよ、此を離れは参らず、医術は先八則を心に能々して習ふは、病人を療するなり。心に得て事に応じ、手に応じ、学術成功、響の応ずるが如く、如此して、其業の盛ならざること有間敷なり。豈巧言令色、衣服乗輿を飾りて、婦女小人の歓を迎へ取らんや。心を此に用ひば良医たるべし。

蘭書は才学鋭き子弟読ましむべし。唯医書を講窮せしむべし。才学なき輩に、蘭書を読ましむれば、日月を尽して医術十分に出来せず、如何にと云ふに、学才なき輩は、多端に流れ力及ばず、医業に疎くなりて、良医に至り難し。翻訳追々出来して、これを講窮すれば、学術ともに事足べし。

蘭書の教やうは、初には先文句の短かき書を教ゆべし。少々辞を覚へて後にガランマチカ抔を教ゆべし。初より文句の長き書、悟り難くして覚えがたし。復文抔は甚だ達者に成者なり。最才学のある輩には、測算窮理の書をよましむべし。致知格物にして、国益を起すにも便利なり。併　官の掟を守るべし。

分離術は薬石の性質を知るのみならず、万物を会得するに便利なれば、キペイの分析書を読しむべし。薬能の根源を知なり。

初学の療治書は、ゴルトルの外科書を読を良しとす。世上吹声の輩は、古書抔と云ふて悦ねども、当時此右に出るの外科書なし。此書中には察病則も論じ有ば、療治の規則を立て論じ有ゆへ、初学に鴻益なり。薬方におゐてはプレンキの外科書より方を摘て補ふべし。簡捷の薬品あり。医書の外は不読してよし。御定法に従ふべし。

窮理の医術、百年の間に大いに成就せり。分離の術は、千八百年以来に開けたり。日新の学問感ずるに余あり。

漢医書の読様の話　漢の医籍は必ず傷寒論、金匱万病回春、古今医統抔を読べし。外台千金方抔は薬方を摘でよろし。傷寒論は講究すべし。別に骨を折て読に及ばず。無益の労なり。素問抔も、漢医は六経の如く思ふ書故、其の大体を渉猟すべし。

薬方は、吾が使ひ覚たる方を、能々会得すべし。煎薬におゐては、良方多くして簡便なり。余は幼年の節より古医方を治めて、後世方にも及び、二十二三歳より蘭法を学んで、其不足を補ふて、治療を致し来れり。長崎に在し時ヘールケ、バディ、ハーゲン、スロイトル、アンスリー等に従事して、医術の大要を学びて、鴻益を得たり。曽てブレートホフ余に語曰、支那南北二十余度に跨がり、自然生の良薬多くして、精煉の巧を用ひずして、病を療する事を得べしと。和蘭医方に従事する者、漢土の薬剤は役に立ぬ者と思ふは固陋の識なり。欧羅巴は、其国北度に在て冱寒なれば、草木の薬品甚だ尠なし。多く他国の薬品を採用ゆるなり。右等の趣意を能々会得すべし。

家規の話　本家は医業を以て相続致すべき義なれば、医術におゐて、卓識俊秀なる人を撰んで、本家を相続致すべし。縦令ひ実子たりとも、其才なき者は、分家相続か、又其人の好に因て、他の業を可為致事なり。何事も本家助けて和睦して、相互ひに其才に準じて、分家本家の区別を立べし。分家の輩は、諸事本家の差図を受て背くべからず。最本家の代診を務めて、肩入手代同様に心得べし。余力あれば我業を務むべし。

分家相続とても、本家の下知を受て相続すべし。且又医業も出来ず、分家相続も難出来者は他の業を致すべし。医術は人命に係る大切の業故に、只糊口の為には致難き者なり。不仁の至りなり。順正書院の家守を致すべき者は、其人を撰んで致すべきか、又は本家相続の輩、隠居致して後、書院を守るもよろし。若輩の者、又奢侈の癖ある輩は、順正書院を守るの任にあらず。

一族の内、医術を好まず学才ある者は、書院の学頭を申付べし。

書院経済の義は、一統立合の上に而取捌くべし。一己の存寄にて、本家たりとも取扱ふべからず。委しき規則は書院規則に述置きたり。余が規則に背くべからず。

分家に生れたる者にても、医術に秀でたる者、選み挙て本家の相続とすべし。克己を本として、諸事公論を立て、評論すべき事なり。

本家は分家を愛憐して厳重に下知を致し、分家の輩は、本家を敬重して謹で其の下知を受、孝悌忠信を守れば、事六か敷筋は、有間敷事にて、上下親睦して相続出来すべし。

心術存養の話　人は万物の霊にして、天より生じ給ふ故に、只己れが口鼻耳目の楽みを為と云ふにあらず。賢不肖を生じ、上に立人は下を教へて、其所を得せしむ。故に仁義五常の道を説き給へり。智ある者は愚かなる者を導ひて、世話致し遣し、富る人は財を通融して、不足の者を賑はし、下たる者は、上を敬ふて使ひ、上下貧富各互に其宜敷所を得、安堵すべき義なれば、此等の次第を能々悟れば、心高き事山の如、其広き事海に似たり。況んや子弟五六人の、壱所に住で和合致難きの理あらんや。和合せざるの輩は、皆己れが私慾身勝手の振舞ある故なり。小人に相違無之事なり。慎むべし。

天工人其代」之の話　此聖人の御辞は、医則に詳かに述べたり。殊に医たる者は、常に服膺して、頃刻忘べからず。天の徳は、唯一向に万物を生々する思召なるべし。人の病あるも嫌ひ給ふ成るべし。医上手に成て、此病苦を救へと、取も直さず天徳を佐くる筋にて、人たるの道なり。余常に云ふ。医術下手にては、如何様の仁心あるとも、仁心役に立ず。下手にては、目前に天徳を賊なふが故に、余が子弟たる者は、医術を研精して、上手に至るが一大事の義なり。

惜寸陰の話　扨医術を上手ニ至るの手段は別に其工夫なし。唯寸陰を惜んで、須臾も怠らず、学術を勉むるハ勿論、家業を忽かせにせざるに有事なり。是を以て、遊芸飲酒等の無益ニ隙を費すの事を禁ずべし。福井丹州は、子弟に遊所飲酒の二ケ条を固く禁じて婚礼抔の外は決して不用と聞り。感服するに余りありと云ふべし。

勝手取締りの話　分家は勿論、本家とても、親の在中は乗輿すべからず。縦令ひ流行するとも、三十過るまでは、不常乗輿。自分倹約の為のみならず、病家も費少く、又其身も歩行すれば、堅固壮健に成者なり。余は京都に出張し、大ニ流行したれども、五ケ年が間は乗輿致さず、三十七歳の時より常乗輿致したれば、其故、六十四五に至りて歩行六ヶ敷、命を縮めたる様に思ふなり。是全く乗輿の祟りなり。戒むべし。大ニ流行する節か、不快の節は別格なり。

分家の輩は五十歳に致らねば乗輿すべからず。遠方に乗輿して、病家の請有とも、多人数を召連べからず。駕四枚に合羽籠尤遠方なれば、薬籠六人ニ限るべし。十里までは五人ニ限るべし、無益の費を致間敷事なり。身分を考てよし。爾のみならず、費しては志が挫くるなり。倹約の法は、炭と薪と油とを倹約すべし。此三品の倹約をする人は、身を持者なり。一ツ行燈に、凡ソ油壱ヶ月ニ四合ニて足べし。幼年より試みたり。

下婢抔を多く使ふべからず。人数多きハ却而用便あし。物事却而治りあし。

乳母を省ひて、実母の乳を以て小児を養育すべし。小児必ず壮健なり。天理自然の訳たり。下男下婢の過チは、丁寧に申聞せて正すべし。忽かせに致すべからず、給金は相応に遣すべし。

重立ちたる倹約は衣服にありと知べし。大切に用ゆべし。衣服を大切にする輩は身を持べし。

遊所へは近づくべからず。必ず梅毒を得て、其の身夭折するのみならず、子孫を絶べし。金を失なひ身を損じ子孫を失なふ。是大切の事ならずや、余が覆轍を以て固く戒とすべし。

病ありて酒を用ゆべき者は、薬酒を製し冷酒に而其身一人用ゆべし。打寄て用ゆべからず。

婚礼葬式は質素に致すべし。石碑とても小にすべし。別に式を書置たり、背くべからず。

妻は己れの家より富貴なる家より迎ふべからず。只其人物を選むにあり。親を選むべからず。持参金抔は決而受べからず。

諸色《シキ》を買調ふに、其値段を甚だねぎるべからず。相応の価にて求むべし。又買物代に、金の相場を多分に懸て払ふべからず。銀目を掛るにも方正ニすべし。

畳障子の仕替は、一時に不残致すべからず、古きを存するを良とす。診察の間は暗くしては、望の妨げあるゆへ別格に致すべし。

金銀不足の節は暮し方を減少すべし。無心講抔を漫りに企つべからず。

本家分家共に、家宅の沽券は、書院宝蔵に集めて封じ置べし。立合ニ而取扱ふべき事なり。本家の主人たりとも一人にて開封すべからず。且書籍器皿の如きも此例に準ず。

書院の沽券、書院附の田畑、其外の証文ニ至るまで、一人一己の取扱は堅く禁ずべし。

金銀貸借は決而致すべからず、余は守銭奴と言はれんことを恥て、門人出入の者は勿論、諸侯方までに、其国用を調達して倒され、人々の笑草と成たり。一ニ徳を敗り、二ニ学術を怠り、三ニ財宝を喪へり。是血気人慾より出る事なり。朱文公曰く財如膩（脂）、近則汚人とは名言と謂ふべし。和蘭人の戒語に「貸金於友則喪金与友とは一轍の智言なり。

親類又ハ義理ある、無余儀無心には、其度を量て進上すべし。多少に拘はらず、又他人の印形は決而致すべからず、貸借同様の事なり。

家内娘に申聞せの話　夫は外を務め、婦人は内を治むる筈の者なれば、内に居て、下男下女は勿論、門人までに、心を付て申聞すべし。殊に門人は家柄の者も有之、諸侯方の御家臣も有之義なれば、礼を厚くして猥りニ侮るべからず。

都而家を治むるは、第一に倹約を本とすれば、炭薪油火に至る迄、無益に費やすべからず。

医師は病家に出でゝ、心遣を致者なれば家内たる者別而心を付て敬やまひ仕ふべし。

病用は、夫留守中なれハ、頼来病家ハ勿論、当直に申付て帳面に記し置、忽かせにすべからず。

新たニ参りたる下女下男には、初め能々家の風儀を申聞すべし。初めニ忽かせニすべからず
夫留守中に重立たる事を、断なく専らニ取扱ふべからず。併分りたる義は、別段の事に候事。

出入の呉服屋、薬屋ハ勿論礼を正しくして付合ふべし。戯言して狎侮るべからず。婦人女子は、柔らかにして、礼を厳敷するを大切の義と心得てよし。是男女別あるの印なり。衣服ハ妻女共に潔光なるを用ゆべからず。殊更衣服ハ高金の品ゆへ大切ニ致すべし。

家事大切の評議は、猥りに評を入べからず。あしき評議と思はば、緩々と申出べし。兎角ニ女大学を深く信用すべし。

嘉永辛亥（四年）十月十八日、成書喘咳書之破寂寞旦凉庭老人為訓家人子弟。

その二　鬼国山人夜話

本文は西舞鶴図書館に所蔵され、奉書氏に書かれている。整った体裁のものでなく、その一部は書翰草稿・メモが裏面にある。また未完のものであるが、涼庭の思想傾向をうかがうに足る。なお原文には句読点はない。

湯武の話　湯王者桀を野ニ被レ放た利《り》。武王は紂の首を大桅に被レ懸られ堂利《たり》と謂へり。今日の所にて者云へハ武王の徳ハ湯王ニ劣りたまふと存するなり。定めて不レ得レ止の事ありて、難儀ニ被レ思召一たるならん。

○扨古より聖王賢主皆輔佐の臣阿利《あり》て、湯王ニ者伊尹阿利、武王に者呂望阿利云々。続て周公晋を佐けて周の八百年を保津《つ》、是皆周公の功な利《り》。此事に付ても神君様の大徳ニ而大坂を御征被レ遊候事ハ極めて御難儀に被レ思召一たることと奉二察上一候な利《り》。如何ニと云ふニ恒の産なき戦ニ慣れたる大衆集リたれハ、乱ハ存よらぬ事を御承知被レ遊候而、武徳を全く被レ遊たり。都て古の人の事実を稽ふるニ、其諸事ニ心を得て書に不レ載事までも、其徳不徳を推察して可レ論事な利《り》。

封建の話し　唐者《は》周の世よ利《り》始皇始めて天下を郡県ニして諸侯の藩屏を置かず。先輩色々と論して遺欠なし。余の思ふに者、是も自然の理な利《り》と存するなり。如何ニと云ふニ唐の国ハ曠博ニして三方蛮夷ニ境を接し、大徳ニなければ治め難きを、堯の大聖御承知阿利《あり》て土民の舜に譲りたまふ。禹王の徳、堯舜に劣りたまふにや。其子に伝へたまふ。是も余儀なき道理ニて、天下を譲遍《へ》きぞとの大徳の人もなきと見へて、賢臣夥多阿《あ》れハ、其輔佐ニ依利《り》て天下治まる遍《べ》きを看破被レ成て、子孫ニ伝へた満《ま》ふと思わるゝな利《り》。即ち其よりして郡県は進士乃第二千年来被レ行しが、堯の舜に譲りたまふの遺意を存して郡県の自然の道理な利《り》。諸侯を置て封建ニすれハ進士及第ハ行われず。唯天子のミ無禄ニて時の賢才の人々が政事を執捌くゆへニ、有徳の輩皆出身して賢愚其所を得たるの姿な利《り》。我

皇国の如きは唐と同様の議論を立遍《べ》からす。如何にと云ふに、唐とハ違ふて大海中ニ特立して境蛮夷ニ接勢《せ》ず、皇統無疆ニ伝へて源平藤橘清菅紀の如き名族者不レ残王族ニして異姓なく、開国以来君臣永続の国なれハ、無禄ニて治まるハ自然の理な利《り》と存するな利《り》。故ニ本邦にて湯武を聖人抔と云ふて手本に為難し。唐と者国勢大ニ異なる所ニ目を付て論ずべし。余常ニ云ふ。唐ハ郡県曠博無疆の国ニ郡県にて時の賢才有徳の人を及第勢《せ》ざれハ、下ニ乱民起りて治まり難し。是皆堯の天下の勢を看破な佐《さ》れたるを自然と手本とな利《り》たるな利《り》。唐と皇国とハ其理勢異なる事を承知阿利《あり》度事なり。

綱紀盛衰の話　我潔《カ》光なる　皇国にても、人主ハ綱紀を張と云ふ事ニ心を用ひされは矢張治まり難きな利《り》。人々惰弱安逸ニ流れてハ、吾綱紀弛へて人々利慾ニ走り、廉恥地を払て徳失れハ、小人志を得て出頭し、政事自然と鈍り、我まゝ身勝手を働く様ニ成行な利《り》。

政事武人の手ニ落たるも、其根源者此所よ利《り》来ると思はるゝな利《り》。何卒茲ニ人主たる者ハ沙多《さた》を用度事な利《り》。

武将の話　宋の大祖武将ヲ顧《カ》ミ□して、秦の白起ハ将卒四十万を穴ニ埋めたれハ、甚た不武の人物な利《り》。其像を撤して武将の列を除く遍《べ》しと命せられた利。是等ハ真ニ大君たるの器な利《り》。不仁にして偶一時諸侯と成者が阿《あ》れ

とも、天下を得者ハなし。武と云ふことハ禍乱を鎮め干戈を止むるの徳を云ふな利《（り）》。戦の勝負輸贏を云ふに阿《（あ）》らす。

山崎派学問の話　余も幼なき時よ利《（り）》程朱（朱子学のこと）を崇服し、其御蔭ニ而所々《（カ）》学の根源ニ通達志《（し）》たる心得な利《（り）》。扨山崎先生も一時の英傑ニして、其人物中々当世通儒の企及ふべき人ニ非ず。扨追々と説ニ従事する人を見るニ、其人物淳厚ニして、格別悪事も勢《（せ）》ず、浮華軽薄の風もなく、藩中抔ニハ宜敷様ニ致され候。能々勘考すれハ其弊なきニ志《（し）》も阿《（あ）》らず。如何ニと云ふに、もと小事をやかましく論して治乱の形勢は勿論、国体の大事ニ通勢《（せ）》ぬ輩多くして、其人材幹舒暢勢《（せ）》ず、唯人の小疵ニ目を付咎めて人の材能ニ目を付すして、小さき人物のミ出来て国家の大用を為者ハ稀なる様ニ思ハるゝな利《（り）》。其来る所ハ如何にと云ふニ、書を多く読ぬ故ニ小さく固りて古人の嘉言懿行を知らず、史に百家ニ通ぜぬ様ニ、天下治乱の大勢ニ心の付ざるなり。矢張り庸俗の手嶋学（心学のこと）ニ同じ様なり。併し山崎派ニ従事する輩ハ詩文ニ耽りて軽薄放誕する者ニ者《は》勝れり。何連《（れ）》の道読書しても識なき輩ハ役ニ立ず、識欲レ高、学欲レ博と者名言な利。併世上ニ発明なる人多けれと、何連ニ読書なき者の話ハ調子なき管絃を聞く様ニ思わるゝな利。

古人興亡の話　古よ利事を企てて中ころ断るゝ人阿利。又戦敗軍して亡ふる人なり。俗人或ハ其興亡成敗を運抔ニよ勢て云へとも、決而否らず。皆其人の徳と所置の善悪とに因る事ニ而、運不運を云ふ輩と者共ニ事物を語るニたらず。委敷勘考すれハ、不知克己なき人者必す改企を取と会得すべし。又知識阿利ても克己なき人ハ多く衆を服するニ足らずと知べし。克己なき人ハ身勝手多き故な利

策ハ一致を尊ぶ話

賈誼ハ過秦論（以下なし）

その三　逸　詩

涼庭の詩は『駆豎斎詩鈔』にのせられているが、その他にも各地で蔵されているものがある。そのうち、一部は本文にも載せたが、それ以外のものをかかげる。

険阻侵レ膚骨欲レ枯　金丹養得気漸蘇
人間何処無二生死一　馬革裹《つつむ》レ屍又丈夫
庚子四月疔潰三日応二南部侯之辟一　涼庭碩

乙巳仲冬上浣児五七郎患レ瘧、険悪苦楚百出、宗律看護百方尽、因書レ之報二其労一　碩

注―本文第四章第三節にも載せたが、これは宗律の看病の労に報いるため、庚子（天保十一年）の盛岡行きの際の詩を乙巳（弘化二年）に書いて与えたもので、『詩鈔』のものとは一部字句の相違がある。

獅膽鷹目　行以女手　術簡而易　識高而高　風自一家
庚子初秋念一日、書于盛岡旅舎宝善書屋、駆豎斎主人碩拝題

注―右はかりに四言として区切ってみた。盛岡を出発する数日前のもので、善宝書屋は本文に述べた小野栗野＝宝善斎主人の書屋。栗野は商賈にして富有を称せられ、『小石淵堂詩稿』があるという。栗野の後は弟の栗城が継ぎ、栗城は頼三樹をとどめて詩酒徹宵したという。このことは木崎好尚著『頼三樹伝』にも出ている（一一九ページ）。盛岡で小野清助（栗城―東大教授小野清一郎祖父）を訪うたとある。弘化三年八月のこと。本文「紺邸」とあったのは、小野邸が紺屋町にあったからであろう。（本文一二六ページ参照）。なお秋田県某氏

は司馬江漢梅竹図に題した凉庭の詩を所持しておられるよし。

祖公嘗是辞二皇畿一　青史万年仰二徳威一
野草山花駐二車駕一　（カ）金魚玉帯照二柴疵一
布衣何幸陪経席　台座不レ須下二錦幃一
和気恵風春若レ海　寀々籬落発二光輝一

一条相公久我亜相提携姉妹辱東山書院、牧輗、桜井茁講経（春秋詩経）、公信道愛士、枉屈至于兹、碩之栄大矣、因賦此詩註喜、時天保十五年二月十七日也、布衣順正主人碩（新宮碩再拝）

注―右の圏点を付した部分は、異ったものもあることを示す。右の詩も本文中に出したが（一九三～四ページ参照）、かなりの差異がある。

本詩は盛岡・太田氏が八角氏の後裔より所持する旨報告をうけられたものである。

竹亭臨水絶二喧塵一　薬圃風柔雨葉伸
堆堤西書有二奇趣一　散人読得倍二精神一

注―右は太田氏が古武弥四郎医博より所持の報告をうけられたもの。
De Tagi
meestel maakt
Stinkende wond
maar Wreede meestel
Herdoost clen lyder
医之徒者傷創
医之罪者傷人
碩訳
注―右も前のものと同じく古武氏蔵。

日既暮而烟霞絢爛　歳将晩而更橙橘芳馨　故米路晩年　君子更宜精神百倍

丙申三月為菊谷賢友一粲　　　　　　　　淳亭碩

注　菊谷は芳満ではないかと思う。丙申は天保七年で、長崎時代の友人とも長く交遊があったことを示す。「故米路晩年」は意味不詳。本詩は「書画骨董雑誌」一五七号・大正十年七月号にあり、池田市・肥田晧三氏の御教示による。

新宮凉庭年譜

年次（　）は改元日	年齢	○凉庭関係・△京都蘭学関係	参考事項
天明七 1787	一歳	○三月十三日丹後由良で生れる。父は義憲・道庵、母は岸田氏 △朽木昌綱『西洋銭譜』刊	徳川家斉将軍宣下　寛政改革始まる
八 88	二歳	△朽木昌綱『泰西輿地図説』刊（翌年）	大槻玄沢『蘭学楷梯』刊・『蘭説弁惑』撰
寛政三 91	五歳		林子平『海国兵談』刊
四 92	六歳		露使ラクスマン来航　『西説内科撰要』刊
六 94	八歳	○有馬竜寿斎に寄食（約半年）	オランダ正月の初め
七 95	九歳	△辻蘭室(40)『蘭語八箋』起稿	
八 96	一〇歳	△藤林普山(16)京都に出て医を学ぶ	『ハルマ和解』刊
九 97	一一歳	○伯父有馬凉築の学僕となる。竜寿斎より医を学ぶ（〜一七歳）。この頃巌渓嵩台に経書を学ぶ　△広川竜淵『長崎聞見録』刊	寛政新暦頒行
一〇 98	一二歳	△二月三雲環善・小石元俊(56)ら施薬院で解屍	玄沢『重訂解体新書』刊　ドゥーフ来日
一一 99	一三歳	△小石元俊第二回の東遊　△小森桃塢(18)伏見に移る	
一二 1800	一四歳	△吉雄元吉学塾「蓼莪堂」を建て、『蘭訳筌蹄』を著わす	伊能忠敬蝦夷地測量　吉雄耕牛没
一三 享和一（二・五） 01	一五歳	△小石元俊家塾「究理堂」を建てる	本居宣長没

享和二 1802	一六歳	○従兄有馬丹山の学僕として福知山侯に随行江戸藩邸に行く △四月朽木昌綱没	稲村三伯遁身
三 03	一七歳	○在江戸	前野良沢没
文化一（三・一一） 04	一八歳	○秋ころ帰郷、母のために反物を買って帰る。開業　△吉雄元吉『缺舌医言』撰	レザノフ長崎来航　高橋至時没
二 05	一九歳	○しだいに盛業、自分の技に不安を感じる　△広川竜淵『蘭療方薬解』刊　△稲村三伯京住	
三 06	二〇歳		中野柳圃没
四 07	二一歳	○この頃『西説内科撰要』を読み発憤、西遊の志をもったが両親許さず	山村才助没
五 08	二二歳	△小石元俊没	フェートン号事件
六 09	二三歳	△藤林普山(29)・小森桃塢(28)開業、小石元瑞(26)は家塾をつぐ　△海上随鴎『八譜』	三月一五日、将軍カピタン・ドゥーフ引見、フェールケ随行
七 10	二四歳	○八月六日、長崎遊学の途に上る　○六日夜福知山着、凉築を訪い、五日滞在　○十一日福知山を発し、近藤一之進宅一泊　○十三日京都着（〜十六日）、この間内海杢・中神琴溪・吉益南涯・中川修亭らに会う。夜伏見より舟行　○十七日大阪着、橋本宗吉・野呂天然を訪う　○九月六日大阪発、三影村小田仙菴宅に一泊、須磨をへて八日は正條村三輪敬節家に一泊、九日より七日間室津の名村三左衛門宅に宿泊　○十五日赤穂の田淵順悦を訪う　○十六日北方村赤石順治を訪い、六日間宿泊、武元登々庵に面会　○二十日は閑谷校を訪う　○二十一日藤井着　○二十二日岡山に入る　○二十三日神辺駅にいたる、菅茶山を訪う、頼山陽にも会う　○二十五日尾道　○二十七日三原着、七	上田秋成没　小野蘭山没　森島中良没

年次（ ）は改元日	年齢	○涼庭関係・△京都蘭学関係	参考事項
文化七 1810	二四歳	泊　○十月四日発　○五日、頼春風を訪う　○七日広島着　○八日恵美三白を訪う（〜翌年八月一日まで滞在） △藤林普山『訳鍵』を著わす	この年オランダ、フランスに併合される
八 11	二五歳	○一月十七日、中井厚沢・星野良悦に会う。「身幹儀の説」を作る。また厚沢を一カ月治療し、厚沢の所蔵本45冊を65日間で筆写　○八月一日広島発　○二日城東の瀬野村文哉、涼庭に師事、文哉宅で年末まで滞在　△海上随鷗（稲村三伯）没	五月、幕府天文方に蕃書和解御用を設けショメル百科辞典「厚生新編」反訳開始。 ドゥーフ＝ハルマ完成 ゴローニン事件
九 12	二六歳	○さらに滞在（〜八月）、この間千四百人治療　○八月三十日浅田容斎を伴い広島を出発（以後は日記の一カ年間の事項記載なし）　△藤林普山・小森玄良解剖実施	高田屋嘉兵衛露艦に捕えられる
一〇 13	二七歳	○九月一日錦帯橋を渡る　○二日徳山を過ぎ、三日宮市、四日小郡を過ぎ、五日下関にいたる　○七日海峡をわたり筑前に入る　○九日幻庵・十日亀井南冥を訪問　○十三日太宰府、十五日佐賀、十六日長崎に入り、石村儀兵衛宅に宿泊　○十七日長崎巡視　○十月二日福島某を介して吉雄如淵に入門。傍ら医療に従事し繁昌　△野呂天然生象学を唱える。『生象止観』成る　△辻蘭室「陸海戦図解」を訳す	ゴローニン釈放
一一 14	二八歳	○一〜七月、患者千四百余人、銀十一貫五百目・銭百六十緡を得　○七月十七日患者を断わるため密に竹尾温泉に行く ○八月二十三日竹尾を発し、大村を経て二十四日時津着、吉雄献作の家に到る。如淵と同居して教えをうけ、通詞石橋助十郎所蔵のプレンキ外科書を入手研究　△六月十二日フェールケ没	ドゥーフ江戸参府 夏諸国大旱 伊能忠敬沿海実測全図完成 ナポレオン、エルバ島に流される

年号	西暦	年齢	事項	一般事項
文化一二	1815	二九歳	○献作の楼上で研究、文法・短文を学習、吉雄永民にも師事。また天文学者末次独笑に算数を学ぶ　○十一月長崎大火、献作宅焼失につき福島家に移る　○プレンキ外科書を訳す（死後『解体則』として出版）　○またゴルトルの外科書を訳し『窮理外科則』の出版を意図。吉雄如淵はその第七篇に序文をよせる　△広川獬・竜淵『蘭例節用集』を著わす	七月、東海道洪水　杉田玄白『蘭学事始』述
一三	16	三〇歳	○正月を福島氏の別邸でむかえる　○三月、菊谷芳満は『窮理外科則』第七篇に「附言」を、七月末次独笑は跋をよせる　○四月ホゼマンの頭痛をなおす　△小森玄良訳『蘭方枢機』	人口調査　四～八月江戸疫病　国友一貫斎蘭銃にならい空気銃を製す　英船琉球に渡来、通商を求める
一四	17	三一歳	○正月を唐通詞彭城東作の読書亭で迎える　○七月十五日長崎大火、その後翌年にかけ流行病蔓延、涼庭はバティーの教えを受け治療に従事。傍らヒュッヘランドの神経疫論、コンスプリュグの治療書を読む　○七月頃『窮理外科則』第七篇刊　○七月三日商館長後任ブロムホフ・医師バティー来朝、十一月三日ドゥーフ日本出発	杉田玄白没　英船浦賀来航
一五 文政元（四・二二）	18	三二歳	○七月十日、長崎において『血論』序を書く　○この年長崎を発し、熊本で肥後藩士に西洋砲術書を講じ、二百石で召抱えるというのを辞退、広島の恵美三白に自家創製の薬を示し、しばらく滞在、弟子もふえたという　○この年（?）帰郷、有馬涼築の娘春枝を妻とす　△藤林普山『和蘭薬性弁』起稿	ブロムホウ江戸参府　伊能忠敬没　司馬江漢没　英人ゴルトン浦賀来航
二	19	三三歳	○春、京都開業（室町通高辻南）　○この頃（?）前年藩老内海杢が藤林普山に委嘱した『和蘭薬性弁』の反訳に涼庭も参加	六月京都、美濃地震　米価下落
三	20	三四歳		『群書類従』完成

年次（ ）は改元日	年齢	○涼庭関係・△京都蘭学関係	参考事項
文政四 1821	三五歳	○三月八日父道庵義憲死去　△伊藤圭介、藤林普山に入門 △十二月藤林・小森刑屍解剖	諸国大風雨 松前奉行廃止 山片蟠桃・本多利明没
五 22	三六歳	○『窮理外科則』第三篇刊　△十一月、頼山陽山紫水明処に移る この年刊行の『平安人物志』に涼庭の名なし	カピタン江戸参府 箕作阮甫江戸遊学 人口調査
六 23	三七歳	○『窮理外科則』第四篇刊　○この年より初めて肩輿に乗る	シーボルト来朝
七 24	三八歳	○『泰西疫論』前編神経疫部二冊刊、小石元瑞、跋をよせる △藤林普山『西医方選方剤』刊	英捕鯨船大津浜上陸 英捕鯨船宝島上陸
八 25	三九歳		シーボルト鳴滝で講学　打払令出る
九 26	四〇歳	○二月十日、小森玄良とともに江戸参府途中のシーボルトを訪う　△宇野蘭斎『西医知要』刊	メイラン江戸参府 大槻『重訂解体新書』
一〇 27	四一歳	△小森玄良『病因精義』・『泰西方鑑』刊	大槻玄沢没 将軍11代家斉太政大臣
一一 28	四二歳	○春、某藩家老、財政立直しのため涼庭の意見を問う。『破レ家ノツヾクリ話』を書く　○三月三十日、山陽贈物の礼を述べ来邸を促す　○山木善美著『海内医林伝』に涼庭の小伝あり	人口調査 シーボルト事件
一二 29	四三歳	△小石元瑞『究理堂方府』	シーボルト国外追放 大阪キリシタン事件 松平定信没

文政一三 天保元（一二・一〇） 1830	四四歳	○三月八日母死去　○「京都医者番付」（十一月）に涼庭は小結　○『平安人物志』（再版）に涼庭の名が出る　△藤林普山、有栖川宮侍医となる　○十二月、越前藩に召され、福井に赴く	メイラン江戸参府 京都大地震 仏七月革命
二 31	四五歳	○一月越前侯松平斉家より勝手向世話を頼まれる　○『窮理外科則』第五篇刊　○このころ頼山陽ら文人と交わる（十二月十日山陽書翰）	吉雄権之介・如淵没
三 32	四六歳	○春双林寺—仁和寺—嵐山に遊ぶ　○六月ころ宇治に遊ぶ　○六月越前藩にさらに調達　○六月十二日頼山陽喀血、涼庭治療（その後も数回治療、九月二三日山陽没）	諸国飢饉
四 33	四七歳	○越前藩へ三ヵ年間用達を引受ける	青地林宗・杉田伯元没 冬奥羽飢饉 ドゥーフ＝ハルマ完成
五 34	四八歳	○越前藩へ急に二千五百両調達　△三月十五日野呂天然没（71）	人口調査、諸国飢饉 宇田川玄真没
六 35	四九歳	○『泰西疫論』後篇腐敗熱部二冊刊　△十二月辻蘭室没（80）	カピタン、ニーマン著任 日高涼台『和蘭用薬便覚』刊
七 36	五〇歳	○『窮理外科則』第二篇刊　△藤林普山没（56）　△松田玄々堂『地球図幷略説』刊	諸国飢饉、一揆さかん 橋本宗吉没
八 37	五一歳	○越前藩へ凶作につき千六百両調達　○この年以前、南部藩財政に関係	二月大塩の乱　将軍家斉隠居 モリソン号浦賀入港 宇田川榕庵『舎密開宗』刊
九 38	五二歳	○四月越前藩より四カ年間元利とも返金せぬ沙汰あり　○十一月綾部藩の奥山弘平を招き藩政を聞く　○この年以前鯖江藩に五千両用達　△日野鼎哉京都開業（42）	緒方洪庵適塾を開く 末次忠助没

年次（ ）は改元日	年齢	○凉庭関係・△京都蘭学関係	参考事項
天保一〇 1839	五三歳	○三月、南禅寺畔に順正書院を設立	蕃社の獄おこる　六月箕作阮甫天文台訳員
一一 40	五四歳	○四月京を発し財政立直しのため盛岡に赴く　○六月富士山麓をすぎ途中江戸の藩邸に祗侯し、盛岡着、二十四日登城　○七月二十二日盛岡発　○八月ころ帰洛　○十一月上旬篠崎小竹「順正書院記」をつくる	売薬の看板に蘭字使用を禁止　アヘン戦争始まる
一二 41	五五歳	○正月、後藤彬「順正書院記」を作る（この頃聖廟未建設）　○越前藩年限満ちても借金返納せず　○十二月、順正書院維持費として田辺藩へ千五百両を預け、利子年二回払下げを伺う　○この年古河柔吉（14、のち凉閣）入門	前将軍家斉死　天保改革始まる　徳丸原で洋式調練　佐藤一斎儒員となる　渡辺崋山没
一三 42	五六歳	○正月田辺藩林丹下より書院資金諒承の返信　○越前藩借金の半額返済、新たに五千八百両調達（この分年末返金）　○冬備中新見侯順正書院を訪う　○この年？『療治瑣言』前編四冊刊　△小森玄良欽官診察	蘭書反訳出版は町奉行の許可制となる　高島秋帆処罰　天保薪水令
一四 43	五七歳	○九月「与桜井石門」　○十一月「上仙石侯書」　○十二月「呈風月楼先生」　○三月頼三樹・四月木山綱・夏近藤義制・八月佐藤一斎ら「順正書院記」を作る　△小森玄良没（62）	上地令　佐藤泰然堀田侯に仕える
弘化一 一五 44（一二・二）	五八歳	○二月牧百峯書院に書を講じ、一条忠香・久我建通聴講を兼ね来訪　○春、川田興「順正書院記」を作る　○冬、上甲礼が書院を訪う	仏船琉球に来り通商を求める　水戸斉昭謹慎　オランダ軍艦国書を持参、開国を勧める
二 45	五九歳	○三月十五日城崎温泉へ出発、十六日福知山、二十日田辺、二十四日由良着、各数日間遊び、四月一日城崎着、二十五日まで逗留、四月二十八日由良着滞在、五月十六日田辺発、	幕府開国勧告謝絶　英船琉球来航通商強要　水野忠邦ら処罰

弘化二	1845		十八日帰宅　○八月、九鬼侯と大津水亭に遊ぶ　○上甲礼「順正書院記」を作る　△異国草本会開催	高野長英脱獄
三	46	六〇歳	○二月伊勢参宮に出発、四月参拝　○六月十日松平春嶽に掛物など献上、十二日面会、十三日三処物拝領、七月六日調達金上納　七月十二日長浜着　○この年古河柔吉（19）を第二養子とし涼閣と改称　○『窮理外科則』第六編刊　○四月、長戸譲「順正書院記」を作る	英船・仏艦琉球来航　ビッドル浦賀来航　仏艦三隻長崎来航　海防厳の勅令　高島秋帆処罰　この頃海防書多く出版
四	47	六一歳	○二月ころ『駆豎斎方府』二冊刊　○十一月浅野楳堂に招かれる　○この年牛窪攬暉・園木某書院に来訪（翌年も）　△広瀬元恭京都開業、医学に七科を設ける	沿岸防備を厳にする　佐賀に牛痘苗舶載
五 嘉永一（二・二八）	48	六二歳	○春、川田興・十一月奥野純、書院訪問　○この年詩人宮沢雉・中島規が詩を送る	外船対馬北海に出没　モーニッケ牛痘苗持来る　坪井信道没
二	49	六三歳	○三月奥野純「順正書院記」を作る　○初秋宮沢雉来訪　○綾部侯・宮津侯・出石侯が順正書院を訪う　△広瀬元恭『牛痘奇方』刊	佐賀藩種痘実施（萩藩も）　海防論おこる　幕府海防厳令　医師の蘭方使用を禁ず
三	50	六四歳	○『窮理外科則』第八・十一篇刊　○この年上甲礼来訪	レファイスソーン江戸参府（最後）　洋書の反訳制限　高野長英没
四	51	六五歳	○この年京都所司代鯖江侯に招かれる　○十一月浅野楳堂に招かれる　○この年、ようやく老衰した詩あり	水野忠邦没　十組問屋再興
五	52	六六歳	○正月斎藤拙堂・八月後藤松陰が「順正書院記」を作る　○牧輗・平松楽斎・藤堂多門・斎藤拙堂（以上三人津藩）藤井竹外書院訪問　△広瀬元恭訳『理学提要』	風説書に米艦来航予報　英船琉球に来航　帆足万里没

年次（ ）は改元日	年齢	○凉庭関係・△京都蘭学関係	参考事項
嘉永六 1853	六七歳	○春、平松楽斎より梅をおくられる ○十月違和 ○十一月、偏頭痛を発し衰弱加わる	ペリー浦賀来航 プチャーチン長崎来航 将軍家慶没
安政元七 54	六八歳	○一月九日没、諡号「順正院新開凉庭居士」、南禅寺天授庵に葬る	ペリー再来、和親条約成る
二 55		○四月二十八日妻春枝没（62）、天授庵に葬る	
五 58		○『解体則』全七冊刊	
六 59		○三月『人身分離則』三冊刊	

《著者紹介》

山本四郎（やまもと・しろう）

1920年　京都府生まれ
1949年　京都大学文学部史学科（国史専攻）卒業
1971年　京都大学文学博士
　　　　華頂短期大学教授，京都女子大学教授，神戸女子大学教授を経て，
現　在　神戸女子大学名誉教授
主　著　『蘭学の泰斗藤林普山先生』（藤林普山先生景仰会，1957年），『三浦梧樓関係文書』（明治史料研究連絡会，1960年），『小石元俊』（吉川弘文館，1967年／新装版，1989年），『大正政変の基礎的研究』（御茶の水書房，1970年），『原敬 政党政治のあけぼの』（清水書院，1971年／清水新書，1984年），『初期政友会の研究　伊藤総裁時代』（清文堂出版，1975年），『京都府の歴史散歩』（山川出版社，1975年），『日本政党史（上・下）』（教育社，1979年・1980年），『第二次大隈内閣関係史料』（京都女子大学，1979年），『原敬をめぐる人びと』（日本放送出版協会，1981年），『政変 近代政治史の一側面』（塙書房，1982年），『山本内閣の基礎的研究』（京都女子大学，1982年），『続原敬をめぐる人びと』（日本放送出版協会，1982年），『寺内正毅関係文書』（京都女子大学，1984年），『原敬関係文書（第１～10巻，別巻）』（日本放送出版協会，１・２＝1984年，３・４＝1985年，５・６＝1986年，７・８＝1987年，９・10＝1988年，別巻＝1989年），『寺内正毅内閣関係史料』（京都女子大学，1985年），『元老』（静山社，1986年），『近代日本の政党と官僚』（編著，東京創元社，1991年），『京都府の歴史散歩 新版（上・中・下）』（山川出版社，1995年），『日本近代国家の形成と展開』（編著，吉川弘文館，1996年），『評伝原敬（上・下）』（東京創元社，1997年），『石川丈山と詩仙堂』（自費出版，2002年）　ほか多数

ミネルヴァ・アーカイブズ
新宮涼庭傳

2014年８月20日　初版第１刷発行　〈検印省略〉

定価はカバーに
表示しています

著　者　山　本　四　郎
発行者　杉　田　啓　三
印刷者　和　田　和　二

発行所　株式会社　ミネルヴァ書房
607-8494　京都市山科区日ノ岡堤谷町１
電話代表　(075)581-5191
振替口座　01020-0-8076

平河工業社

ISBN 978-4-623-07135-7

Printed in Japan

《著者紹介》

山《やま》本《もと》四《し》郎《ろう》

1920年　生まれる
1949年　京都大学文学部史学科(国史専攻)卒
現　在　華頂短期大学教授
著編書　『蘭学の泰斗藤林普山先生』(同景仰会),『三浦梧桜関係文書』(明治史料連絡会),『小石元俊』(吉川弘文館),『京都地方労働運動史』(同刊行会・共著),『米騒動の研究』(有斐閣・同),『明治前期の労働運動』(御茶の水書房・同),『現代労働運動史年表』(三一書房・同)
主要論文　「小石元俊伝研究」(1—4,医譚),「大正政変」(岩波講座『日本歴史』現代1所収),〔辛亥革命と日本の動向」(『史林』),「第一次山本内閣の研究」(同),「第一次大戦におけるアメリカの参戦と日本」(『ヒストリア』),その他
現住所　京都市左京区下鴨西林町17の1

新宮涼庭伝

1968年3月20日　第1版第1刷発行

定価 1600 円

著　者　山本四郎
発行者　杉田信夫
印刷者　中村勝治

発行所　株式会社 ミネルヴァ書房
京都市東山区山科日の岡堤谷町1
電話代表 075(58)5191番
振替口座・京都8076番

中村印刷・酒本製本

人　名　索　引

ア　行

カ　行

サ 行

タ 行

ナ 行

ハ　行

ラ・ワ行

事 項 索 引

ア 行

カ 行

サ 行